DIDÁTICA E FAZERES-SABERES PEDAGÓGICOS

CB069299

Dados Internacionais de Catalogação na Publicação (CIP)
(Câmara Brasileira do Livro, SP, Brasil)

Didática e fazeres-saberes pedagógicos : diálogos, insurgências e políticas / Vera Maria Candau, Giseli Barreto da Cruz, Claudia Fernandes (organizadoras). – Petrópolis, RJ : Vozes, 2020.

Vários autores.
Bibliografia.

1ª reimpressão, 2023.

ISBN 978-65-5713-050-6

1. Didática 2. Educação – Brasil 3. Política educacional 4. Prática de ensino 5. Professores – Formação I. Candau, Vera Maria. II. Cruz, Giseli Barreto da. III. Fernandes, Claudia.

20-43306   CDD-370.7

Índices para catálogo sistemático:
1. Didática : Prática de ensino : Educação   370.7

Cibele Maria Dias – Bibliotecária - CRB-8/9427

VERA MARIA CANDAU
GISELI BARRETO DA CRUZ
CLAUDIA FERNANDES
(ORGANIZADORAS)

DIDÁTICA E FAZERES-SABERES PEDAGÓGICOS

DIÁLOGOS, INSURGÊNCIAS E POLÍTICAS

EDITORA VOZES

Petrópolis

© 2020, Editora Vozes Ltda.
Rua Frei Luís, 100
25689-900 Petrópolis, RJ
www.vozes.com.br
Brasil

Todos os direitos reservados. Nenhuma parte desta obra poderá ser reproduzida ou transmitida por qualquer forma e/ou quaisquer meios (eletrônico ou mecânico, incluindo fotocópia e gravação) ou arquivada em qualquer sistema ou banco de dados sem permissão escrita da editora.

CONSELHO EDITORIAL

Diretor
Gilberto Gonçalves Garcia

Editores
Aline dos Santos Carneiro
Edrian Josué Pasini
Marilac Loraine Oleniki
Welder Lancieri Marchini

Conselheiros
Elói Dionísio Piva
Francisco Morás
Ludovico Garmus
Teobaldo Heidemann
Volney J. Berkenbrock

Secretário executivo
Leonardo A.R.T. dos Santos

Editoração: Elaine Mayworm
Diagramação: Raquel Nascimento
Revisão gráfica: Alessandra Karl
Capa: Rafael Nicolaevsky

ISBN 978-65-5713-050-6

Este livro foi composto e impresso pela Editora Vozes Ltda.

Sumário

Apresentação, 7
   Vera Maria Candau, Giseli Barreto da Cruz e Claudia Fernandes

Parte I – Didática e fazeres-saberes pedagógicos: questões históricas, epistemológicas e políticas, 15

1 Qual a contribuição dos Endipes para a educação brasileira? Reflexões em torno de uma trajetória, 17
   Maria Isabel da Cunha

2 Didática: revisitando uma trajetória, 22
   Vera Maria Candau

3 Didática novamente em questão: fazeres-saberes pedagógicos em diálogos, insurgências e políticas, 33
   Vera Maria Candau

4 Implicações epistemológicas no campo teórico, investigativo e profissional da Didática e desafios políticos e pedagógico-didáticos em face do desmonte da educação pública, 48
   José Carlos Libâneo

5 A questão da epistemologia e suas implicações a uma episteme didática: apontamentos preliminares, 65
   Evandro Ghedin

6 Educação escolar e sociedade democrática: o impacto dos Endipes no movimento da Didática em busca de um projeto de escola pública, 87
   José Carlos Libâneo

7 A Didática na Base Nacional Comum da Formação Docente no Brasil – Guinada ao neotecnicismo no contexto da mercadorização da educação pública, 104
   Selma Garrido Pimenta e José Leonardo Rolim de Lima Severo

8 Sala de aula democrática: tempo e espaço do conhecimento, 121
   Lilian Anna Wachowicz, Pura Lúcia Martins e Joana Paulin Romanowiski

9 Didática, formação e trabalho docente: convergências e tensões no campo da formação e do trabalho docente, 136
   Ângela Imaculada Loureiro de Freitas Dalben

10 Didática, formação e trabalho docente: relações com o conhecimento, 146
   Alda Junqueira Marin

11 A Didática e a Prática de Ensino: questões contemporâneas em debate, 158
   Maria do Socorro Lucena Lima e Isabel Maria Sabino de Farias

12 Desafios políticos da docência: raça, subalternidade, performatividade, 177
   Silas Borges Monteiro

13 Para onde vai a Didática? – O enfrentamento às abordagens teóricas e desafios políticos da atualidade, 198
   Cristina d'Ávila

Parte II – Didática, currículo e formação de professores: relações históricas e emancipadoras, 211

14 Didática, Currículo e Formação de Professores: relações históricas e emancipadoras, 213
   Maria Rita Neto Sales Oliveira

15 Didática e Formação de Professores: caminhos e construção emancipatória, 230
   Bernardete A. Gatti

16 Por uma relação outra entre Didática, Currículo, Avaliação e qualidade da educação básica, 246
   Lucíola Licínio Santos

17 Didática da Educação Superior: construindo, caminhos para a prática pedagógica, 258
   Ilma Passos Alencastro Veiga

18 Explorando o campo de conhecimento da Educação em perspectiva internacional, 272
   Menga Lüdke

Apresentação

Vera Maria Candau
Giseli Barreto da Cruz
Claudia Fernandes

Este livro reúne textos de autores que ocupam posição-chave no pensamento educacional brasileiro, com particular contribuição à Didática e suas conexões com as áreas de Currículo e Formação de Professores. Em torno do tema *Didática e fazeres-saberes pedagógicos: diálogos, insurgências e políticas,* suas falas, tecidas no seio de uma consistente trajetória de estudos e pesquisas no campo, cumprem uma dupla finalidade: celebrar a vigésima edição do Encontro Nacional de Didática e Prática de Ensino, amplamente conhecido como Endipe, do qual boa parte teve a chance de coordenar uma das edições; e oferecer uma reflexão crítica sobre o ensino e a pesquisa na área.

O Endipe, com percurso de aproximadamente quatro décadas e vinte edições, inscreve-se de modo incisivo na educação brasileira. Ele representa um movimento histórico e político de luta pela democratização da educação, de onde emanam reflexões, críticas, constatações, evidências e proposições com e contra as múltiplas tensões e perspectivas que permeiam o campo pedagógico. De sua história, portanto, podemos extrair pistas de caminhos trilhados e por trilhar, tendo em vista a luta ainda necessária a favor de uma educação comprometida com a justiça, a autonomia dos sujeitos e a transformação social. Que pistas seriam estas?

1) Analisar o contexto político, social, econômico, cultural e educacional que estamos vivendo:

- Um marco histórico: a realização do seminário "A Didática em Questão", em 1982, na PUC-Rio, referência especialmente significativa da gênese do movimento hoje materializado nos Endipes, cujo contexto estava marcado de forte compromisso com a construção dos caminhos de redemocratização da sociedade brasileira. Para todos os implicados, esta era uma exigência iniludível: articular os processos educacionais com as dinâmicas de transformação e com a reconstrução do estado democrático de direito no país. Além disso, outro foco fundamental foi a superação da orientação tecnicista então predominante na área Didática.

• Hoje: a didática, as Práticas de Ensino e a área de educação, em seu sentido mais amplo, estão desafiadas por um contexto marcado por forte retrocesso nas conquistas de direitos, nas políticas sociais e educacionais; consolidam-se políticas neoliberais, o conservadorismo no plano político e ético, multiplicam-se as desigualdades, violências, discriminações e intolerâncias, e testemunha-se o que podemos chamar de um neotecnicismo. Atrevemo-nos a afirmar que a educação apresenta um quadro sombrio, anacrônico e incompetente. É este o contexto que nos desafia a superar a falta de ânimo, o cansaço e a desesperança.

2) Promover um amplo diálogo com os diferentes atores sociais sobre os rumos da educação, enfatizando perspectivas de afirmação de uma educação comprometida com a democracia, a justiça, o reconhecimento dos diferentes grupos socioculturais presentes na nossa sociedade, pautada numa perspectiva transformadora, multidimensional e plural, orientada à formação de cidadãos e cidadãs, sujeitos de direito, protagonistas, individual e coletivamente, da construção social. Nesse sentido a interlocução com movimentos sociais, sindicatos, associações científicas e culturais se faz especialmente relevante e necessária. Somente coletivamente podemos construir uma nova perspectiva.

3) Visibilizar e socializar práticas educativas insurgentes. Partimos da afirmação de que não basta resistir. É necessário ir além. Insurgir supõe criar. Construir. Identificar perspectivas teórico-práticas que apontem para outro horizonte de sentido, outras formas de desenvolver processos educacionais que se confrontem com as tendências dominantes. Mobilizar saberes e ações, muitos dos quais já presentes no cotidiano de nossas escolas e outros espaços educativos, que provocam a emergência de dinâmicas outras que apontam para processos educativos que rompem com a homogeneização e favorecem o protagonismo de sujeitos sociais silenciados.

4) Valorizar a profissão docente. Os educadores têm sido fortemente atacados por diversos grupos sociais. Acusados de "doutrinadores", incompetentes, parecem ser vistos por algumas autoridades e políticos como verdadeiros inimigos da sociedade e da educação. No entanto, nós sabemos como os professores e as professoras, os educadores e as educadoras, em meio, muitas vezes, às condições de trabalho mais adversas, realizam seu trabalho com seriedade, compromisso e coragem. Nesse sentido, o diálogo entre professores universitários e professores do ensino básico, assim como com educadores que atuam em outros espaços sociais, é fundamental. Construir interlocuções e parcerias entre estes diferentes atores é uma exigência fundamental para a educação democrática.

5) Favorecer a superação do "formato escolar" dominante e reinventar a escola. Reinventar não é negar a relevância social da escola. Reinventar exige reconhecer seu processo de construção histórica. Sua configuração atual apoiada na lógica da Modernidade; seus vínculos com uma visão homogeneizadora e monocultural dos processos educativos. Reinventar desafia a nós, professores e professoras, educadores e educadoras, a construir novos formatos escolares, outras maneiras de organizar o espaço e o tempo escolares, os currículos, de dinamizar os processos de ensino-aprendizagem que permitam dar respostas aos desafios da contemporaneidade.

Tendo isso em mente, alguns dos principais referenciais da área e atores protagonistas dos Endipes se encontram nesta coletânea para celebrarem o percurso de quatro décadas e o movimento histórico e político que estes encontros representam, brindando-nos com textos que se articulam em torno das temáticas das vinte edições e que denotam tensões e perspectivas que ainda permeiam os diálogos, as insurgências e as políticas referentes à Didática e às Práticas de Ensino.

O livro organiza-se em duas partes: na primeira, são discutidos aspectos históricos, epistemológicos, políticos e prospectivos da área com acentuada ênfase no seu compromisso com a Educação e com a luta democrática; na segunda, o debate continua, porém com um apelo maior às questões que interpelam as relações entre Didática, Currículo e Formação de Professores.

O fio condutor é puxado no primeiro capítulo, em formato de prólogo, pelo depoimento de Maria Isabel da Cunha acerca da contribuição do Endipe para a educação brasileira. A autora coordenou, ao lado de Helena Abrahão, o XIV encontro realizado no ano de 2008, em Porto Alegre, sob o tema *Trajetórias e processos de ensinar e aprender: lugares, memórias e culturas*.

Na condição de representante da pauta mobilizadora do debate na década de 1980 – a reinvenção do campo da Didática no Brasil – e interlocutora ativa de todas aquelas que o movimentaram, Vera Maria Candau, no segundo capítulo, revisita a trajetória da Didática no Brasil, a começar pela emblemática discussão que pôs a Didática em questão, nos idos de 1980, fazendo emergir a proposta de Didática fundamental, passando pela Didática crítica e pela perspectiva intercultural, questionando-nos se não estaria hoje a Didática mais uma vez em questão. Esta interpelação mobiliza a reflexão da autora no capítulo seguinte, que problematiza a ressignificação da Didática em estreita articulação com concepção de escola, de conhecimento, de tecnologias e de diferenças culturais, além de retomar um debate que atravessa o campo, a revisitação de seus temas clássicos. Do primeiro ao XX Endipe, Vera Maria Candau, coordenadora dos seminários iniciais (*A Didática em questão*), do X encontro (*Ensinar e aprender: sujeitos, saberes, espaços e tempos*) e coorganizadora do atual, o vigésimo, entrelaça o ponto histórico de partida com aqueles alinhavados no percurso, dando relevo à perspectiva que acompanha a sua trajetória histórica e que nomeia este livro, a saber: *Didática e fazeres-saberes pedagógicos: diálogos, insurgências e políticas*. Esta é a trama do segundo e terceiro capítulos.

Na tessitura, entrelaçam-se o quarto e o quinto capítulos, que se dedicam ao debate sobre questões epistemológicas da Didática. Em uma ponta, José Carlos Libâneo apresenta o conjunto de seus posicionamentos acerca da relação entre Didática e epistemologia, em forma de memória das suas investigações e intervenções durante os encontros. Oferece, como sempre faz, uma imprescindível contribuição à área ao construir um marco histórico-conceitual de questões epistemológicas da e na didática. Na outra ponta, Evandro Ghedin evoca a relação com a Pedagogia para analisar, com a devida e necessária acuidade, o que há de epistêmico na Didática.

Nessa tela, ganham forma os capítulos sexto, sétimo e oitavo, que têm em comum a educação pública e democrática. Sob três perspectivas diferentes, é possível entrelaçar os(as) autores(as), os encontros que coordenaram e os desafios da área. José Carlos Libâneo, coordenador das duas edições realizadas em Goiânia, sendo uma em 1994 (*Produção do conhecimento e trabalho docente*) e outra em 2002 (*Igualdade e diversidade na educação*), apresenta a sua visão acerca de como os Endipes impactam o movimento da Didática em busca de um projeto democrático de escola pública. Selma Garrido Pimenta, coordenadora do IX e do XVI encontros, ambos realizados no estado de São Paulo, sob os temas *Olhando a qualidade do ensino a partir da sala de aula* (1998) e *Didática e Práticas de Ensino: compromisso com a escola pública, laica, gratuita e de qualidade* (2012), em parceria com José Leonardo Rolim de Lima Severo, apresenta uma crítica atual e necessária a respeito da concepção neotecnicista de Didática presente na Base Nacional Comum da Formação Docente, questionando a quem interessa que os avanços na teoria e nas disciplinas didáticas, evidenciados em consistente produção de pesquisa, não alterem o quadro de desigualdade e baixa qualidade nos resultados da educação escolar. Na sequência, Lilian Anna Wachowicz, Pura Lúcia Oliver Martins e Joana Paulin Romanowisk, coordenadora e suas parceiras de organização do XII encontro, realizado em Curitiba/PR, no ano de 2004, sob o tema *Conhecimento universal e conhecimento local*, focalizam a sala de aula como espaço e tempo do conhecimento, tendo por base o Endipe que coordenaram, o movimento de transformação da Didática, da escola e da democracia no contexto das práticas pedagógicas.

A formação e o trabalho docente entram na tessitura da trama nos capítulos nono e décimo sob os olhares de Ângela Dalben que, juntamente com Julio Emílio Diniz-Pereira e Luciola Licinio Santos, dirigiu o XV encontro, no ano de 2010, em Belo Horizonte, sob o tema *Convergências e tensões no campo da formação e do trabalho docente: políticas e práticas educacionais*, e de Alda Junqueira Marin que, em parceria com Selma Garrido Pimenta, dirigiu o já mencionado XVI encontro. A natureza complexa do trabalho do professor permeia o debate entre Didática e Formação docente nestes dois capítulos como uma espécie de preâmbulo à segunda parte do livro.

O acabamento desta primeira parte fica por conta daqueles que coordenaram as últimas três edições do Endipe: a de 2014 (XVII), realizada em Fortaleza (*A didática e as práticas de ensino nas relações entre escola, formação de professores e a sociedade*); a de 2016 (XVIII), realizada em Cuiabá (*Didática e Prática de Ensino no contexto político contemporâneo: cenas da educação brasileira*); e a de 2018 (XIX), realizada em Salvador (*Para onde vai a Didática? O enfrentamento às abordagens teóricas e desafios políticos da atualidade*). Nos capítulos onze, doze e treze, respectivamente, Maria do Socorro Lucena Lima em parceria com Isabel Maria Sabino de Farias, Silas Borges Monteiro e Cristina D'Avila conduzem o leitor a uma reflexão sobre questões contemporâneas que interpelam a Didática com implicações teóricas, políticas e de intervenção prática.

A segunda parte reúne cinco textos em torno da Didática e as relações possíveis com suas áreas conexas: o Currículo e a Formação de Professores. Os seus autores representam cada uma das áreas em questão e foram escolhidos pela influência que exercem em seu seio, bem como pelas contribuições sempre presentes, como interlocutores, nas diferentes edições do Endipe. Cada um deles oferece um conjunto de argumentos devidamente consubstanciados que, se por um lado nos ajudam a reconhecer os mecanismos da construção social dessas relações e assumir o compromisso com uma educação e um ensino de qualidade social, o que por si só é emancipador, por outro nos interpelam a questionar as condições e as concepções que sustentam tais relações e a estabelecer outras apostas e intervenções possíveis.

Nessa perspectiva, Maria Rita Neto Sales Oliveira, no capítulo quatorze, dirigida pelo título que nomeia a segunda parte – *Didática, currículo e formação de professores: relações históricas e emancipadoras* – afirma a constituição dessas áreas como campos de conhecimento com âmbitos comuns de atuação que se interagem na prática pedagógica escolar.

Bernardete A. Gatti, em ensaio apresentado no capítulo quinze, vislumbra caminhos de construção emancipatória para a Didática e a Formação de Professores em diálogo com dois pensadores/educadores em temporalidades distantes – Comênio, homem do século XVII, e Paulo Freire, homem do século XX. A sua análise oferece uma contribuição essencial para a reflexão atual e necessária sobre o tema que orienta esta obra: *Didática e fazeres-saberes pedagógicos: diálogos, insurgências e políticas*.

Luciola Licinio Santos, no capítulo seguinte, intitulado *Por uma relação outra entre Didática, Currículo, Avaliação e qualidade da educação básica*, ressalta tensões e discute perspectivas referentes a outro elo entre os campos: a avaliação e o sentido de qualidade da educação, adotando como principal objeto de problematização a Base Nacional Curricular Comum para a Educação Básica e a Base Nacional Comum da Formação Docente.

Ilma Passos Alencastro Veiga, no capítulo dezessete, coloca em cena o tema da docência na Educação Superior e seus fazeres-saberes pedagógicos. A sua abordagem entrelaça as áreas de Didática, Currículo e Formação de Professores por meio de uma exposição ancorada teórico-metodologicamente na Pedagogia Histórico-crítica, contribuindo, de um lado, para romper com o autodidatismo do professor desse nível de ensino e, de outro, para consolidar os elementos constitutivos de uma Didática da Educação Superior.

Menga Lüdke conclui a segunda parte e o livro explorando um estudo amplo e cuidadoso sobre a construção histórico-sociológica do conhecimento da

Educação. O ensaio provoca-nos à reflexão e ao debate acerca de processos de identificação de um conhecimento específico, próprio da Educação, que tem na Formação de Professores importantes reverberações.

Assim se organiza este livro sobre *didática*, tecido nos contornos do tema *Fazeres-saberes pedagógicos: diálogos, insurgências e políticas* e concebido em um contexto de retrocesso e perda de conquistas sociais expressivas. Muitos são os nossos desafios neste momento sombrio que estamos vivendo[1]. No entanto, juntos(as), estamos chamados(as) a resistir, a insurgir e a criar espaços de diálogo que orientem a construção de processos educativos que fortaleçam a democracia, a justiça e a solidariedade no nosso país.

Nesta direção, situa-se o XX Endipe Rio 2020. Esperamos que, quase quarenta anos depois, ele também fique marcado pelo forte compromisso com a orientação dos caminhos de sustentação da democracia brasileira. Uma marca não só do primeiro, mas de todos os Endipes que se sucederam.

Nesta direção, igualmente, se insere este livro que tem na temática do XX Endipe Rio 2020, o fio condutor de suas discussões. Esperamos que ele cumpra um papel semelhante ao de *A Didática em questão*, coletânea organizada por Vera Maria Candau e publicada pela Editora Vozes no início dos anos de 1980, composto pelos principais trabalhos apresentados no Seminário que, aliado ao que acontece em separado sobre as Práticas de Ensino, originou o Endipe e marcou de forma fulcral o campo da Didática entre nós, propondo a superação da Didática instrumental pela fundamental. Que consigamos, como sempre, articular os processos educacionais com as dinâmicas de transformação e de afirmação de uma sociedade justa e plural em que a democracia seja uma prática cotidiana.

---

1. Esta apresentação foi escrita em plena crise sanitária mundial provocada pela pandemia do Covid-19, que instaurou um tempo de isolamento social com forte impacto em todas as esferas da vida. Mais do que nunca o campo da Educação está desafiado a lutar pela valorização e cuidado de todas as formas de existência cotidiana.

Parte I

Didática e fazeres-saberes pedagógicos: questões históricas, epistemológicas e políticas

1
Qual a contribuição dos Endipes para a educação brasileira?

Reflexões em torno de uma trajetória

Maria Isabel da Cunha

Bastante provocadora a oportunidade de refletir sobre a trajetória do Endipe. Está aí um exercício de memória que, no seu conjunto, pode se constituir num importante relato, porque os temas assumidos em cada edição explicitam tensões contemporâneas e culturas expressas pelos contextos nacionais e regionais que os produziram.

É importante registrar que o Evento – já de larga tradição – se institui a partir de dois encontros que tratavam tanto da Didática como da Prática de Ensino, em separado. Em 1985 se encerrou essa etapa e foi decidido, acertadamente, respeitar a intensa relação entre os dois campos, caros na formação de professores.

Desde então, de forma regular e com intervalo de dois anos, os Endipes acontecem sem interrupção. Assumindo seu caráter nacional peregrinou por diferentes estados brasileiros, articulando regiões, atores e culturas. De forma democrática, mas preservando a tradição acadêmica, na finalização de uma edição se decide o local e a equipe responsável pelo próximo evento.

Em se tratando de uma iniciativa da comunidade ampla da área da formação de professores, assumir a coordenação de um Endipe representa uma grande responsabilidade e um poder de mobilização coletiva para dar conta de tal empreendimento. Muitas são as decisões em jogo: a temática central, a proposição dos simpósios, o financiamento, a constituição do comitê científico, os convidados estrangeiros e nacionais, a publicação dos anais, a preparação do espaço físico, a hospedagem... Enfim tudo que demanda um evento que reúne em média cerca de três mil pessoas. Quase sempre é organizado de forma artesanal, com os recursos humanos das próprias instituições responsáveis e contando com possíveis financiamentos das agências de fomento, nem sempre disponíveis.

Por um lado, a dimensão dessa responsabilidade – como efeito paralelo – provocou uma articulação regional entre as IES, inaugurando um trabalho coletivo não muito comum, até então. E foi ficando evidente que o Endipe também se transformava num espaço de compartilhamento de gestão, além da esperada partilha de estudos e pesquisa.

No campo político e epistemológico os Endipes atravessaram períodos importantes da educação brasileira. De princípio, foram ainda caudatários da tímida abertura política, mas já trazendo temas e teorias que representavam um arejamento da perspectiva tecnicista que tanto atingiu a pedagogia, a didática e a formação de professores.

Nessa época os Programas de Pós-Graduação em Educação inauguravam um período de produção de conhecimentos sem precedentes na história da educação nacional. Se os Programas ainda eram pouco expressivos numericamente, eram muito importantes no impacto que produziram nos educadores da época. A perspectiva política e sociológica, vinda da tradição europeia, abalava as anteriores formulações da neutralidade da educação que, por décadas anteriores, sustentava o conhecimento didático. As teses de Jamil Curi, Moacir Gadotti, Acácia Kuenzer, José Carlos Libâneo, Guiomar Mello, só para citar alguns, interpelavam a relação da escola com a sociedade e assumiam a perspectiva freireana da educação como ato político. As Conferências Brasileiras de Educação – nossas históricas CBEs – foram estimuladoras de profundas reformulações no pensamento educacional do país, impactando os campos específicos e estimulando respostas a um novo paradigma que assumia a condição política da prática pedagógica.

Nós, professores de didática atravessando esta época, vivemos um período de grande instabilidade pois, se as teorias críticas de fundamento nos arrebatavam, a cada semana entrávamos nas nossas salas de aula com os planos e materiais didáticos que tínhamos sem grandes alterações. Como formar professores críticos e competentes? Que instrumental precisávamos para alcançar tal façanha? Um grande esforço era preciso para responder as demandas de uma outra didática e de uma prática em movimento.

É certo que desde a metade do século passado temos estudos que criticam a pedagogia que se instala com a Modernidade, especialmente em se tratando da escola e do desenvolvimento da criança e do adolescente. Estudiosos como Dewey e Piaget, para citar alguns, já denunciavam os formatos universais e generalistas dos currículos escolarizados, apontando características do desenvolvimento como referentes de outra pedagogia. Mas, em que pese suas importantes contribuições, não houve uma referência mais explícita, nas suas teorias, entre pedagogia e epistemologia. Pelo menos que chegasse nas escolas e nos espaços de formação de professores.

A crítica a esse modelo, mesmo que fundamental, nem sempre tem encontrado energias capazes de fazer vigorar uma perspectiva emancipatória. As preocupações decorrentes dessa dimensão têm estimulado, entretanto, alguns questionamentos: Que saberes precisam ser mobilizados pelos professores para que a visão crítica dos processos regulatórios redunde em movimentos de resistência, em diferentes campos e oportunidades? Como tomar essa realidade como ponto de referência para uma discussão mais sistematizada? Há espaços para a continuidade de iniciativas emancipatórias, contra a corrente dominante? Como elas se constituem?

Vera Maria Candau, capitaneando o evento "A Didática em Questão", inaugurou um espaço de reflexão e produção para enfrentar os novos tempos. O livro daí decorrente, na época, se tornou quase uma bíblia para docentes e estudantes de didática. E não posso deixar de mencionar o livro *Repensando a Didática* organizado por Ilma Veiga, em 1988, que tomava os temas integradores desse campo, procurando avançar em direção a uma didática socialmente comprometida. Ambos tiveram inúmeras edições e, é provável, que continuem como referentes até nossos dias.

A partir desses marcos iniciais e da possibilidade política da abertura, o campo da educação e da pedagogia no Brasil foi testemunha de um significativo entusiasmo e esforço para produzir um pensamento nacional, mais próximo de nossa cultura, possibilidades e utopias. E, nesse cenário, nossos Endipes representaram uma força extraordinária.

Foram eles o lugar e o pretexto para sistematização e divulgação de estudos e pesquisas no campo da educação e da didática. Foram eles responsáveis por oportunizar aos docentes brasileiros a relação direta com destacados intelectuais, do Brasil e do exterior. Foram motores de parcerias acadêmicas e, sem medo de ser piegas, de expressivas amizades que protagonizam as trocas simbólicas que tanto impactam nossa subjetividade como professores.

Está para ser realizado – e deixo este estímulo para todos nós – uma análise ampla e contextualizada das produções das diversas edições dos Endipes. Por si só elas contam também a história galopante da tecnologia no país, pois atravessaram a divulgação em papel, em disquete, em CD-Rom, em pen-drive e já chegam à nuvem! O virtual foi substituindo o impresso, mas, há de se convir que este mantém sua importância para o estudo de memórias. E se não fosse o custo e o impacto ambiental, eu apoiaria a permanência dos livros e catálogos registrando nossa produção.

Fui responsável, junto com a colega Maria Helena Abrahão, pela coordenação do XIV Endipe realizado, em 2008, nas dependências da PUC do Rio Grande do Sul, em Porto Alegre. Vivíamos, então, um período de esperanças em um Brasil mais igualitário e plural. Para tal, a permanente preocupação com a qualidade da educação, nos levou a, coletivamente, optar pelo tema central definido como as *Trajetórias e processos de ensinar e aprender: a didática e a formação de professores*. Movia-nos a intenção de dar continuidade aos eventos anteriores, privilegiando um olhar sobre os caminhos percorridos e, ao mesmo tempo, marcar, para o futuro, a condição da esperança.

Certamente estávamos cientes de que o tema da educação e da prática pedagógica não conhece fronteiras, pois a universalidade de seu objeto faz parte da natureza humana. Mas também assumíamos a importância de reconhecer os contextos de sua produção e as culturas que as identificam. Certamente a experiência não se transmite, mas a partilha que delas se faz pode ser estimuladora de avanços coletivos. Esse pressuposto é que inspirou a temática das *trajetórias e territórios*, entendendo a educação como processo, inserida nas contingências de seu tempo e espaço.

Na época, além dos importantes colegas brasileiros que atuam na área, contamos com a presença dos professores Maurice Tardif, Kenneth Zeichner, Almerindo Janela Afonso e Marie Cristine Josso, além do colega brasileiro Mario Sergio Cortella que proferiu a conferência inicial.

Com especial sentido nos espinhosos dias atuais, vale lembrar que o XIV Endipe foi dedicado à memória de Paulo Freire, em homenagem aos dez anos de sua morte e trinta anos de seu retorno do exílio. Hoje, mais do que nunca, nossos espaços coletivos precisam gritar muito alto sobre sua importância no Brasil, na América Latina e no mundo. Dizia ele que "os objetivos da prática não podem estar, de maneira nenhuma, esquecidos nem separados das maneiras como se faz a prática".

Inspirados pelas suas contribuições e dos demais estudiosos que nos acompanharam nesse evento reafirmamos que a nossa visão da Didática e da Prática de Ensino foi se afastando da perspectiva da racionalidade técnica e incorporando as dimensões sócio-históricas que trouxeram uma multiplicidade de tendências e possibilidades de constituição.

Essas questões continuam a mobilizar nossas reflexões e esperanças. O homem é por natureza inventivo e carrega a possibilidade da contradição. Sua capacidade nessa direção é inesgotável e a possibilidade de uma energia emancipatória está sempre presente na educação que, necessariamente, numa inspiração freireana, precisa estar prenhe de esperanças.

Cada vez mais é preciso manter nossas convicções e nossa luta por uma formação acadêmica que incorpore o compromisso social e político, a pluralidade humana, a capacidade do diálogo como fonte da humanização.

O enfrentamento exige, de forma exponencial, o reforço das ações coletivas, onde nossos Endipes podem significar um potente espaço de resistência.

Não esmorecer é o que precisamos.

Por isso, ninguém larga a mão de ninguém!

2
Didática: revisitando uma trajetória

Vera Maria Candau

A Didática, como um campo do conhecimento pedagógico, possui um longo recorrido histórico desde a Didática Magna (COMÉNIO, 1631), a obra considerada referência fundacional da reflexão sistemática sobre as questões do processo de ensino-aprendizagem, muitas foram as controvérsias presentes em seu desenvolvimento provocadas por diferentes correntes e tendências da filosofia, sociologia, psicologia e pedagogia.

É possível afirmar que a Didática sempre se caracterizou por produzir um conhecimento contextualizado em diferentes momentos históricos, interagindo com a problemática social e educativa que os caracterizava, assim como com diversas perspectivas sobre o papel social da educação, a formação dos educadores e educadoras e a problemática da educação escolar.

Neste sentido, parto da afirmação de que a reinvenção é um componente que atravessa toda sua trajetória histórica. Esta é a tese que queremos defender neste trabalho. A Didática constitui um campo do conhecimento pedagógico dinâmico, sempre em movimento e atento aos novos desafios colocados pela realidade socioeconômica, cultural e educativa em que se insere.

Reinventar não é negar o já construído. Reinventar supõe fazer dialogar o já elaborado com as novas questões e perspectivas que interpelam a educação. Reinventar supõe reconhecer distintas formas de se construir conhecimento. Reinventar desafia a nós, educadores e educadoras, a propor novos enfoques pedagógicos que permitam dar respostas significativas aos desafios da educação na contemporaneidade.

Focalizarei a produção da Didática no nosso país. Concretamente a sua trajetória a partir dos anos de 1980. Uma produção ampla, plural e criativa. Durante este período, realizei periodicamente leituras desta produção, participei de seminários, mesas redondas e debates sobre seu desenvolvimento, assim como das controvérsias presentes no campo. Portanto, me coloco como um dos atores e atoras do mesmo, uma vez mais desafiada a explicitar minha posição em relação a sua construção. Procurei analisar sinteticamente alguns momentos que me parecem especialmente relevantes neste processo permanente de reinvenção.

Da Didática Instrumental à Didática Fundamental

Em 1982, realiza-se no Rio de Janeiro o seminário "A Didática em questão". No contexto do intenso processo de redemocratização do país que se acentua cada vez mais a partir do final dos anos de 1970, teve como objetivo central promover uma revisão crítica do ensino e a da pesquisa em Didática naquele momento histórico.

No período da ditadura militar adquiriu forte hegemonia a denominada abordagem tecnicista das questões educativas e da Didática. Segundo Veiga (1988, p. 34) esse período pode ser caracterizado da seguinte maneira:

> O modelo político-econômico tinha como característica fundamental um projeto desenvolvimentista que buscava acelerar o crescimento socioeconômico do país. A educação desempenhava importante papel na preparação adequada de recursos humanos necessários à incrementação do crescimento econômico e tecnológico da sociedade de acordo com a concepção economicista de educação.

Neste contexto, a Didática é concebida como estratégia para o alcance dos "produtos" previstos para o processo de ensino-aprendizagem. Enfatiza-se a importância de objetivos instrucionais formulados com caráter comportamental que possam ser claramente medidos, assim como a construção das sequências de ensino elaboradas de modo preciso, dos instrumentos de avaliação, das diferentes técnicas e recursos didáticos. O centro das preocupações é a produtividade, eficiência, racionalização, operacionalização e controle.

Esta é a perspectiva instrumental que é posta em questão pelo seminário (CANDAU, 1983). Desenvolve-se um intenso debate sobre o papel da educação e da escola como mediações do desenvolvimento de processos democráticos. É neste clima político-social e cultural que pode ser situada a perspectiva fundamental da Didática, assim caracterizada:

> A perspectiva fundamental da Didática assume a multidimensionalidade do processo de ensino-aprendizagem e coloca a articulação

das três dimensões, técnica, humana e política, no centro configurador de sua temática.
Procura partir da análise da prática pedagógica concreta e de seus determinantes.
Contextualiza a prática pedagógica e procura repensar as dimensões técnica e humana, sempre "situando-as".
Analisa as diferentes metodologias explicitando seus pressupostos, o contexto em que foram geradas, a visão de homem, de sociedade, de conhecimento e de educação que veiculam.
Elabora a reflexão didática a partir da análise e reflexão sobre experiências concretas, procurando trabalhar continuamente a relação teoria/prática.
Nesta perspectiva, a reflexão didática parte do compromisso com a transformação social (CANDAU, 1983, p. 23).

Superar o tecnicismo e a perspectiva instrumental da Didática e afirmar os processos democráticos constitui o principal foco de muitas reflexões e experiências. A *Didática Fundamental* pode ser considerada um impulso especialmente significativo nesta direção. Emerge neste contexto a perspectiva crítica da Didática.

Afirmação da Didática crítica

A década de 1980 foi, sem dúvida, de especial relevância para o desenvolvimento da Didática. Multiplicam-se as produções acadêmicas, os seminários, congressos e palestras, as buscas pela construção de uma Didática na perspectiva crítica.

Segundo Veiga (1988, p. 39),

O enfoque da Didática, de acordo com os pressupostos de uma Pedagogia Crítica, é o de trabalhar no sentido de ir além dos métodos e técnicas, procurando associar escola/sociedade, teoria/prática, conteúdo/forma, técnico/político, ensino/pesquisa. Ela deve contribuir para ampliar a visão do professor quanto às perspectivas didático-pedagógicas mais coerentes com nossa realidade educacional, ao analisar as contradições entre o que é realmente o cotidiano da sala de aula e o ideário pedagógico calcado nos princípios da Teoria Liberal, arraigada na prática dos professores.

No entanto, a Didática Crítica não se constituiu em um bloco monolítico. Diferentes autores, abordagens plurais integraram seu desenvolvimento. Tensões entre diversas tendências (p. ex., entre a Didática inspirada na pedagogia libertadora de Paulo Freire, e a fundamentada na pedagogia crítico-social dos conteúdos, proposta por Dermeval Saviani e José Carlos Libâneo) suscitaram debates produtivos e instigantes.

Oliveira (2000), membro da mesa redonda que no X Endipe, realizado no Rio de Janeiro, foi dedicada à análise dos 20 anos de produção dos Endipes, afirma em relação à década de 1980:

> Pode-se constatar, então, o fato de que, para além das diferentes posições sobre o objeto de estudo das áreas, o que existe é um grande consenso. Ele se refere à luta em defesa da legitimidade do saber didático-pedagógico, enquanto constituindo um campo de conhecimento e enquanto conteúdo do currículo da formação do educador, no contexto da luta pela especificidade e importância do papel dos processos da educação e do ensino, no movimento de recuperação e democratização da escola pública e na transformação social (p. 164-165).

Em 2004, no contexto do projeto de pesquisa *Ressignificando a Didática na perspectiva multi/intercultural*, desenvolvido de março de 2003 a fevereiro de 2006, com o apoio do CNPq, pelo grupo de Estudos sobre Cotidiano, Educação e Cultura(s) (Gecec), do Departamento de Educação da PUC-Rio, que coordeno, foram realizadas vinte entrevistas com profissionais da área, selecionados segundo os seguintes critérios: frequência significativa e contínua no GT de Didática da Anped, participação sistemática nos Endipes, comprovação de expressiva produção acadêmica na área e representatividade regional. Os seguintes depoimentos expressam, de modo significativo, a postura que permeava o grupo como um todo em relação à década de 1980:

> Acho que o nosso movimento da didática acompanhou esse processo [dos movimentos políticos, sociais e culturais do final da década de 1970 e início dos anos de 1980], foi sujeito e objeto. Acho que ele não foi assim um fenômeno isolado, ele veio junto do que se discutia, se misturaram um pouco a nossa didática com a questão da CBE e depois mais tarde a Anped e aquilo vinha num processo, assim, acho que foi um momento intelectual muito rico que a gente viveu no país com todas as suas tensões.
> No campo da didática nos anos de 1980, eu tive a oportunidade de estar participando por dentro um pouco [...] num movimento muito forte, muito intenso que nós tivemos na década de 1980, sensacional, porque eu acho que a produção foi extremamente rica e nós ti-

vemos várias elaborações e vários trabalhos que nos deram, embora tivéssemos objetivos comuns todos voltados para o desenvolvimento de uma proposta mais progressista de trabalho, essa busca de articulação de teoria e prática, que era uma questão muito forte, e essa prática focalizando mesmo a prática social do sujeito; eu acho que a produção nessa época foi muito fecunda, ela se ampliou bastante, nós tivemos grupos significativos que trabalharam essas questões (CANDAU & KOFF, 2006, p. 479-480).

A afirmação da perspectiva crítica penetrou profundamente o campo da Didática, mobilizou muitas reflexões, debates e produções acadêmicas. Atrevo-me a afirmar que passou a constituir o ponto de referência a partir do qual as buscas, questões e disputas se situavam e se situam até hoje.

A emergência da perspectiva intercultural

Com a década de 1990, emerge progressivamente outro cenário sociopolítico e cultural: intensificação dos processos de globalização, hegemonia neoliberal, a ideologia do pensamento único, o desenvolvimento de novas formas de exclusão e desigualdade, a crescente violência urbana, a transformação dos processos produtivos, o desemprego, a afirmação da sociedade da informação e das tecnologias de comunicação. Estes são apenas alguns elementos configuradores do novo cenário. Diante dele, de suas contradições e ambiguidades, os caminhos são incertos e a falta de clareza em relação aos possíveis horizontes de futuro [fica] cada vez mais presente no tecido social, junto com um descrédito crescente nas mediações disponíveis para a construção do Estado, da esfera pública e da democracia. Ao mesmo tempo, movimentos sociais e organizações da sociedade civil adquirem maior visibilidade e protagonismo.

Certamente, os anos de 1990 também estão marcados por uma valorização da educação, por mais contraditórios que sejam os discursos configuradores das políticas educacionais, e por um esforço sistemático de reformas, de modo especial de reformas curriculares, nos diferentes países latino-americanos. É importante assinalar que, junto com a matriz oficial das reformas educativas que, com pequenas variantes, segue o mesmo esquema das orientações dos organismos internacionais nos diferentes países do continente, desenvolveram-se também no período reformas e experiências educativas baseadas em outras matrizes político-pedagógicas, não se podendo, portanto, ter uma visão reducionista, uniforme e padronizada das experiências realizadas.

Tendo como referência os depoimentos dos professores de Didática das entrevistas acima mencionadas, é possível afirmar que a partir dos anos de 1990, embora possamos dizer que há uma continuidade das reflexões em torno da perspectiva crítica, de modo menos intenso, se dá uma incorporação de novos temas, tendo presente outros enfoques teórico-metodológicos, como professor reflexivo, professor-pesquisador, identidade docente, manifestações de discriminação, preconceito e violência no cotidiano escolar, entre outros, que vão ganhando espaço no campo da Didática. Para alguns entrevistados, começa a aparecer, a partir da segunda metade da década de 1990, o tema do multiculturalismo, ainda de modo tímido, apontando para o tema das diferenças culturais como uma possibilidade de enriquecimento da reflexão e ação didáticas.

Assumi fortemente esta perspectiva a partir deste momento. Realizei várias pesquisas [sobre] as relações entre educação, diferenças culturais e Didática, assim como orientei dissertações e teses, focalizando diferentes questões sobre esta temática. Foi crescendo minha convicção de que a cultura escolar está fortemente marcada pela lógica da homogeneização e da monoculturalidade e que a pluralidade de sujeitos, saberes e linguagens, que emergem com força na contemporaneidade, estão exigindo outra configuração dos processos educativos e, consequentemente da Didática. Assumo a posição de Ferreiro quando afirma:

> É indispensável instrumentalizar didaticamente a escola para trabalhar com a diversidade. Nem a diversidade negada, nem a diversidade isolada, nem a diversidade simplesmente tolerada. Também não se trata da diversidade assumida como um mal necessário ou celebrada como um bem em si mesmo, sem assumir seu próprio dramatismo. Transformar a diversidade conhecida e reconhecida em uma vantagem pedagógica: este me parece ser o grande desafio do futuro (FERREIRO, apud LERNER, 2007, p. 9).

Nos trabalhos de pesquisa que tenho desenvolvido nos, praticamente, últimos 20 anos, o termo diferença, nos depoimentos dos educadores e educadoras, é frequentemente associado a um problema a ser resolvido, à deficiência, ao *déficit* cultural e à desigualdade. Diferentes são aqueles que apresentam baixo rendimento, são oriundos de comunidades de risco social, de famílias com condições de vida de grande vulnerabilidade, que têm comportamentos que apresentam níveis diversos de violência e incivilidade, os(as) que possuem características identitárias que são associadas à "anormalidade" e/ou a um considerado baixo "capital cultural". Enfim, os diferentes são um problema que a escola e os educadores(as) têm de enfrentar. Somente em poucos depoimentos e experiências, a diferença é articulada a identidades culturais plurais que enriquecem os processos pedagógicos e devem ser reconhecidas e valorizadas. No entanto, considero fundamental trabalhar na perspectiva da diferença como *vantagem pedagógica,* como aponta Ferreiro e, para tal, é necessário ressituar a Didática nesta perspectiva. Este é um desafio que me parece fundamental. A dimensão cultural é intrínseca aos processos pedagógicos, potencia processos de aprendizagem mais significativos e produtivos.

Em 2012, organizei o livro *Didática crítica intercultural: aproximações* (Vozes, 2012), com trabalhos realizados por diferentes membros do Gecec, que expressavam nosso caminhar na perspectiva de construir uma Didática Crítica e Intercultural. Um passo importante neste desenvolvimento foi a elaboração de um mapa conceitual sobre educação intercultural (CANDAU, 2014) e estabelecer relações de suas principais categorias com as questões da Didática.

A primeira categoria, *sujeitos e atores,* se refere à promoção de relações tanto entre sujeitos individuais quanto entre grupos sociais integrantes de diferentes grupos socioculturais. Neste sentido, é importante que as práticas educativas partam do reconhecimento das diferenças presentes na escola e na sala de aula, o que exige romper com os processos de homogeneização, que invisibilizam e ocultam as diferenças e reforçam o caráter monocultural das culturas escolares. Romper com este *daltonismo cultural* (STOER & CORTESÃO, 1999) nas práticas educativas supõe todo um processo de desconstrução de práticas naturalizadas e enraizadas no cotidiano escolar para sermos educadores(as) capazes de criar novas maneiras de nos situar e intervir no dia a dia de nossas escolas e salas de aula. Exige valorizar as histórias de vida de alunos(as) e professores(as) e a construção de suas identidades culturais, favorecendo a troca, o intercâmbio e o reconhecimento mútuo. Esta categoria também convida à interação da escola com os diferentes grupos presentes na comunidade e no tecido social mais amplo, favorecendo uma dinâmica escolar aberta e inclusiva.

Quanto à categoria *conhecimentos,* sem dúvida, tem uma especial importância para a Didática. O que se denomina conhecimentos está, em geral, constituído por conceitos, ideias e reflexões sistemáticas que guardam vínculos com as diferentes ciências. Estes conhecimentos tendem a ser considerados universais e científicos, assim como a apresentar um caráter monocultural. No entanto, é cada vez mais reconhecida a presença nas relações sociais e educativas de diversos conhecimentos, produções dos diferentes grupos socioculturais, referidos às suas práticas cotidianas, tradições e visões de mundo. São concebidos como particulares e assistemáticos. Parto da afirmação da ancoragem histórico-social dos diferentes conhecimentos e de seu caráter dinâmico, o que supõe analisar suas raízes históricas e o desenvolvimento que foram sofrendo, sempre em íntima relação com os contextos nos quais este processo se vai dando e os mecanismos de poder nele presentes. Considero importante reconhecer a existência de diversos conhecimentos no cotidiano escolar e procurar estimular o diálogo entre eles, assumindo os conflitos que emergem desta interação.

A categoria *práticas socioeducativas* exige colocar em questão as dinâmicas habituais dos processos educativos, muitas vezes padronizadores e uniformes, desvinculados dos contextos socioculturais dos sujeitos que dele participam e baseados no modelo frontal de ensino-aprendizagem. Favorece dinâmicas participativas, processos de diferenciação pedagógica, a utilização de múltiplas linguagens e estimulam a construção coletiva. Destaco dois aspectos incluídos nesta categoria de especial relevância para a Didática: a diferenciação pedagógica e a utilização de múltiplas linguagens e mídias no cotidiano escolar. A diferenciação pedagógica não constitui um tema novo na reflexão pedagógica. No entanto, hoje exige uma abordagem mais ampla que incorpore também a utilização de distintas expressões culturais. A construção de materiais pedagógicos nesta perspectiva e a criação de condições concretas nas escolas que permitam uma efetiva diferenciação são outras exigências. Supõe "desengessar" a sala de aula, multiplicar espaços e tempos de ensinar e aprender. Quanto o que diz respeito a linguagens e mídias, trata-se de conceber a escola como um centro cultural em que diferentes linguagens e expressões culturais estão presentes e são produzidas. Não se trata simplesmente de introduzir as novas tecnologias de informação e comunicação e sim de dialogar com os processos de mudança cultural, presentes em toda a população, tendo, no entanto, maior incidência entre os jovens e as crianças, configurando suas identidades.

A quarta categoria, *políticas públicas*, aponta para as relações dos processos educacionais e o contexto político-social em que se inserem. Reconhece os diferentes movimentos sociais que veem se organizando em torno de questões identitárias, defende a articulação entre políticas de reconhecimento e de redistribuição e apoia políticas de ação afirmativa orientadas a fortalecer processos de construção democrática que atravessem todas as relações sociais, na perspectiva de radicalização dos processos democráticos. Na perspectiva da Didática, supõe ter sempre presente o contexto onde se realizam as práticas educativas, os constrangimentos e possibilidades que lhe são inerentes, e desenvolver um diálogo crítico e propositivo orientado a fortalecer perspectivas educativas e sociais no sentido de radicalizar os processos democráticos e articular igualdade e diferença, em todos os níveis e âmbitos, do macrossocial à sala de aula.

Esta perspectiva da Didática crítica e intercultural tem tido um amplo desenvolvimento nos últimos anos, tanto na reflexão acadêmica e na pesquisa quanto na prática cotidiana de educadores e educadoras. Recentemente, tem incorporado também uma interlocução com a perspectiva decolonial (BALLESTRIN, 2013), corrente de pensamento presente especialmente no continente americano que vem promovendo instigantes reflexões e debates no âmbito das ciências sociais e da educação.

Didática: novamente "em questão"?

No XIX Endipe, realizado em 2018, em Salvador, participei de uma sessão especial apresentando uma reflexão com este título. Nela tive como referência fundamental uma afirmação do sociólogo Boaventura de Sousa Santos que me pareceu muito pertinente para o momento que estamos vivendo:

> Vivemos em tempos de perguntas fortes e de respostas débeis. As perguntas fortes são as que se dirigem [....] às nossas raízes, aos fundamentos que criam o horizonte de possibilidades, entre as quais é possível escolher. Por isso, são perguntas que geram uma especial perplexidade (SANTOS, 2010, p. 7).

Sim, vivemos um momento de perguntas fortes. Estamos desafiadas por um contexto marcado por forte retrocesso nas conquistas de direitos, nas políticas sociais e educacionais; radicalizam-se políticas neoliberais, o conservadorismo no plano político e ético, a "escola sem partido"; multiplicam-se as desigualdades, violências, discriminações e intolerâncias. Atrevo-me a afirmar que as políticas educacionais apresentam um quadro sombrio, anacrônico e desarticulado. Este contexto nos desafia a superar a falta de ânimo e a desesperança. Que caminhos podemos trilhar, particularmente na educação e na Didática?

Estamos urgidos, mais do que nunca, a afirmar a democracia, uma democracia plena, que reconheça os diversos sujeitos individuais e coletivos. A apoiar os movimentos sociais que lutam nesta perspectiva, enfatizando a afirmação de uma educação comprometida com a justiça, o reconhecimento dos diferentes grupos socioculturais presentes na nossa sociedade, pautada num perspectiva transformadora, multidimensional e plural, orientada à formação de cidadãos e cidadãs, sujeitos de direito, protagonistas, individual e coletivamente da construção social. Somente coletivamente podemos construir uma nova perspectiva. Uma educação baseada em valores, que reconhece que não é jamais neutra ou desprovida de horizonte ético e político, que combate todas as formas de discriminação e preconceito e afirma a dignidade de toda a pessoa humana. Que promove o diálogo entre diferentes conhecimentos capazes de favorecer uma leitura ampla e plural da realidade. Que é possível construir outros formatos de escola, em que o diálogo intercultural se faça presente. Que explore o potencial das tecnologias da informação e comunicação, particularmente das mídias digitais, para favorecer processos de ensino-aprendizagem ativos, interativos e reflexivos numa perspectiva crítica, que assuma as diferenças culturais como vantagem pedagógica. Que se deixa interpelar pela perspectiva decolonial.

Esta reinvenção da educação e da Didática já está em marcha. Já existem experiências "insurgentes" que apontam nesta direção. São construídas outras formas de organizar os currículos, os espaços e tempos, o trabalho docente, as relações com a comunidade, de conceber a gestão de modo participativo, enfatizando as práticas coletivas, utilizando múltiplas linguagens e tecnologias, assumindo um conceito amplo e plural de sala de aula etc. Reconhecê-las, visibilizá-las e apoiá-las é uma tarefa urgente se queremos construir respostas fortes para os desafios que enfrentamos na atualidade.

Referências

BALLESTRIN, L. "América Latina e o giro decolonial". In: *Revista Brasileira de Ciência Política*, n. 11, mai.-ago./2013.

CANDAU, V.M. *Concepção de educação intercultural*. Rio de Janeiro: PUC-Rio, 2014 [Documento de trabalho].

_____. "A didática e a formação de educadores: da exaltação à negação – A busca da relevância. In: CANDAU, V.M. (org.). *A Didática em questão*. Petrópolis: Vozes, 1983.

CANDAU, V.M. (org.). *Didática Crítica Intercultural*: aproximações. Petrópolis: Vozes, 2018 [2. reimpr.; 1. ed., 2012].

CANDAU, V.M. & KOFF. A.M.N.S. "Conversas com... Sobre a Didática e a perspectiva multi/intercultural". In: *Educação e Sociedade*, vol. 27, n. 96, 2006. Campinas.

LERNER, D. "Enseñar en la diversidad". In: *Lectura y Vida*, 26(4), 2007. Buenos Aires.

OLIVEIRA, M.R.N.S. "20 anos de Endipe". In: CANDAU, V.M.. et al. *Didática, currículo e saberes escolares*. Rio de Janeiro: DP&A, 2000.

SANTOS, B.S. *Descolonizar o saber, reinventar o poder.* Montevidéu: Trilce, 2010.

STOER, S.R. & CORTESÃO, L. *"Levantando a pedra"* – Da pedagogia inter/multicultural às políticas educativas numa época de transnacionalização. Porto: Edições Afrontamento. 1999.

VEIGA, I.P.A. "Didática: uma retrospectiva histórica". In: VEIGA, I.P.A. (org.). *Repensando a didática.* Campinas: Papirus, 1988.

3
Didática novamente em questão: fazeres-saberes pedagógicos em diálogos, insurgências e políticas

Vera Maria Candau

Gostaria de começar este texto com uma afirmação de Boaventura de Sousa Santos, sociólogo português e um dos intelectuais mais criativos e produtivos da atualidade, militante de inúmeras causas sociais e políticas, que tem sido uma referência fundamental para as pesquisas que venho realizando nos últimos anos. Afirma Boaventura[2]:

> Vivemos em tempos de perguntas fortes e de respostas débeis. As perguntas fortes são as que se dirigem [....] às nossas raízes, aos fundamentos que criam o horizonte de possibilidades, entre as quais é possível escolher. Por isso, são perguntas que geram uma especial perplexidade (SANTOS, 2010, p. 7).

Em relação à temática que nos convoca, algumas perguntas fortes são:

> Por que a escola, construída a partir da lógica da Modernidade, com promessas de igualdade e cidadania para todos, não conseguiu até hoje realizar seu ideal?
>
> Por que a Didática inspirada nesta concepção, nas suas diversas manifestações, não parece oferecer, na atualidade, aos/às educadores(as) referências significativas para a construção de processos de ensino-aprendizagem significativos?

---

2. Utilizarei várias vezes no presente texto o primeiro nome do autor, como é mais conhecido e referido no âmbito acadêmico e social.

Este texto quer ser uma provocação. Pretende abordar estas questões fortes, procurando estimular a reflexão, o diálogo, a construção de propostas que não sejam débeis para que a Didática possa oferecer aos educadores e educadoras elementos para dinamizar processos de ensino-aprendizagem cada vez mais significativos, que respondam aos desafios da sociedade contemporânea.

Apontamentos iniciais

A Didática tem uma longa trajetória histórica, sempre relacionada com os diferentes contextos sociopolíticos e culturais, assim como às diversas concepções de educação e das relações entre escola e sociedade. Ao longo de sua história, da Didática Magna (1631) de Comênio, considerada o ponto de partida da construção da didática na Modernidade, até hoje, tem sido objeto de ardorosas discussões, controvérsias e intensas buscas.

Entre nós, principalmente a partir da segunda metade do século XX, vem se desenvolvendo de modo produtivo e plural. A realização do seminário *A Didática em Questão*, em 1982, na PUC-Rio, referência especialmente significativa da gênese do movimento hoje materializado nos Endipes (Encontro Nacional de Didática e Prática de Ensino), estava marcada pelo contexto de forte compromisso com a construção dos caminhos de redemocratização da sociedade brasileira. Para todos os implicados esta era uma exigência iniludível: articular os processos educacionais com as dinâmicas de transformação e resgate do estado democrático de direito no país. Conscientes de que a educação tinha um papel limitado, mas significativo no processo sociopolítico e cultural de afirmação da democracia, colocamos nossos melhores esforços na construção de uma pedagogia e de uma didática em consonância com esta perspectiva, superando a perspectiva tecnicista então predominante.

Certamente, a década de 1980 constituiu uma etapa fecunda e mobilizadora de um pensamento pedagógico e didático originais e diversificados, a partir da perspectiva crítica, assim como de construção de diferentes propostas, tanto no nível de sistemas educativos como de escolas e salas de aula.

Quanto aos anos de 1990, os depoimentos analisados pela pesquisa *Ressignificando a Didática numa perspectiva multi/intercultural*, que coordenei no período 2003-2006, com o apoio do CNPq, salientaram uma menor convergência de ideias e, embora possamos dizer que há uma continuidade das reflexões em torno da perspectiva crítica, naquele momento esta abordagem se faz presente de modo mais frágil. Sobre essa década, os(as) entrevistados(as) parecem concordar com o fato de que existe uma incorporação de novos temas, a partir de outros enfoques teórico-metodológicos. Por exemplo, temas como professor reflexivo, professor-pesquisador, identidade docente, assim como questões relativas ao cotidiano escolar ganham força. Para alguns(mas) entrevistados(as) começa a aparecer nesta década o tema do multiculturalismo, mas ainda de modo bastante tangencial.

No que diz respeito aos anos de 2000, é possível afirmar que, em geral, estão sendo percebidos como um período em que a confluência de olhares e perspectivas se fragilizou ainda mais, e se acentua a diversificação de temas e abordagens.

Novas questões parecem "afetar" o campo da Didática, tais como: retomada de uma visão tecnicista e produtivista da educação em consonância com as atuais políticas educacionais de corte neoliberal, as disputas de sentido sobre o que se entende por qualidade da educação, as avaliações de larga escala, a pluralidade de conhecimentos continuamente em (re)elaboração nas diferentes áreas, as violências no cotidiano escolar, os impactos das tecnologias da informação e comunicação, os múltiplos sujeitos presentes na escola, as disputas em torno de distintas concepções de currículo.

Partindo do reconhecimento da significativa produção do campo, gostaria de assinalar que, nos últimos anos, emergem diversas críticas aos cursos de Didática oferecidos nas licenciaturas, particularmente pela distância entre os temas abordados e as questões presentes no exercício da docência. É o que vim identificando em diferentes pesquisas, assim como nas discussões que tenho presenciado e/ou das quais tenho participado em espaços acadêmicos sobre a atual configuração do campo da Didática. Ao mesmo tempo, se afirmam buscas para ressignificar o conhecimento do campo da Didática, no sentido de construir abordagens e perspectivas que ofereçam elementos significativos para se trabalhar os desafios atuais do/no cotidiano escolar.

O foco da Didática, o que lhe dá identidade, é, segundo a posição que assumo, a reflexão sobre os processos de ensino-aprendizagem em sua complexidade, pluralidade e multidimensionalidade e a busca de intervir em suas dinâmicas, visando construir respostas significativas aos interesses e questões dos atores neles envolvidos e da sociedade em que se situam.

É nesta perspectiva que se coloca o presente trabalho que visa contribuir para uma reconfiguração da Didática no momento atual, uma reconfiguração de seu conteúdo, a partir de questões que considero urgentes. Apresentarei algumas delas, tendo como referência pesquisas que tenho realizado nos últimos anos, a produção da área e debates das quais tenho participado.

Ressignificar a Didática: questões fundamentais

Didática: para que escola?

Basta ler os jornais diários de ampla circulação, assistir os jornais televisivos e/ou participar de redes sociais para constatar a pluralidade de questões que atravessam hoje a dinâmica escolar. A escola está na ordem do dia: universalização da escolarização, qualidade da educação, projetos político-pedagógicos, dinâmica interna das escolas, concepções curriculares, relações com a comunidade, função social da escola, gestão educacional e escolar, sistemas de avaliação no plano internacional e nacional, formação e condições de trabalho de professores(as), manifestações de violência e *bullying* na escola, entre outras. É possível detectar um crescente mal-estar entre os profissionais da educação. Insegurança e estresse parecem cada vez mais acompanhar o dia a dia dos docentes.

Tendo presente esta realidade sombria, é possível identificar diferentes modos de abordá-la. Destacarei dois que me parecem especialmente presentes na nossa realidade e ter consequências para a Didática.

O primeiro está configurado por considerar os problemas que afetam as escolas como disfunções que podem ser resolvidas por meio da implementação de estratégias de gestão mais eficientes e sistemas de avaliação, regulação, controle e monitoramento. A lógica da produtividade é considerada fundamental e a avaliação de resultados, tanto do desempenho de alunos(as) quanto de professores(as) e escolas, se impõe. Assistimos nos últimos anos a afirmação desta perspectiva que inspira e estrutura muitas das políticas públicas na área de educação orientadas pela perspectiva neoliberal.

Do ponto de vista da Didática, esta volta a ser encarada na perspectiva fundamentalmente instrumental. Afirma-se que os cursos de Didática têm negligenciado a dimensão técnica do processo de ensino-aprendizagem e colocado a ênfase na dimensão política e em questões gerais e dos fundamentos dos processos educacionais. Assume-se então, de modo mais sofisticado e atualizado, o que, em 1982, denominei tecnicismo:

> Quanto à dimensão técnica, ela se refere ao processo de ensino-aprendizagem como ação intencional, sistemática, que procura organizar as condições que melhor propiciem a aprendizagem. Aspectos como objetivos instrucionais, seleção do conteúdo, estratégias de ensino, avaliação etc., constituem o seu núcleo de preocupações. Trata-se do aspecto considerado objetivo e racional do processo de ensino-aprendizagem.

> No entanto, quando esta dimensão é dissociada das demais, tem-se o tecnicismo. A dimensão técnica é privilegiada, analisada de forma dissociada de suas raízes político-sociais e ideológicas, e vista como algo "neutro" e meramente instrumental. A questão do "fazer" da prática pedagógica é dissociada das perguntas sobre o "por que fazer" e o "para que fazer" e analisada de forma, muitas vezes, abstrata e não contextualizada.
>
> Se o tecnicismo parte de uma visão unilateral do processo de ensino-aprendizagem, que é configurado a partir exclusivamente da dimensão técnica, no entanto, esta é sem dúvida um aspecto que não pode ser ignorado ou negado para uma adequada compreensão e mobilização do processo de ensino-aprendizagem. O domínio do conteúdo e a aquisição de habilidades básicas, assim como a busca de estratégias que viabilizem esta aprendizagem em cada situação concreta de ensino, constituem problemas fundamentais para toda proposta pedagógica. No entanto, a análise desta problemática somente adquire significado pleno quando é contextualizada e as variáveis processuais tratadas em íntima interação com as variáveis contextuais (CANDAU, 2014, p. 15).

Considerei necessário fazer esta longa citação para evidenciar que a questão do tecnicismo não é nova. Nesta abordagem, a Didática é concebida como um conjunto de procedimentos e técnicas que o(a) professor(a) deve dominar para promover um ensino eficiente. É a operacionalidade do processo que constitui a preocupação central. Hoje esta proposta se manifesta de forma mais sofisticada, configurando o que podemos chamar de neotecnicismo, presente em muitos cursos oferecidos aos professores e professoras por secretarias de educação, em convênio com potentes fundações privadas que atuam na área de educação, assim como em diversas publicações. Nesta perspectiva, não se questiona o modelo dominante de escola, limitando-se a procurar torná-lo mais eficiente e eficaz.

No entanto, é possível também situar a crise da educação escolar em um nível mais profundo e radical. A posição de François Dubet (2011) me parece que é representativa desta posição, com a qual me identifico.

> Em todos os lugares e não somente na escola, o programa institucional [republicano] declina. E essa mutação é muito mais ampla que a simples confrontação da escola com novos alunos e com os problemas engendrados por novas demandas. É também porque se trata de uma mutação radical, a identidade dos atores da escola fica fortemente perturbada, para além dos problemas específicos com os quais eles se deparam. A escola foi um programa institu-

cional moderno, mas um programa institucional apesar de tudo. Hoje somos "ainda mais modernos", as contradições desse programa explodem, não apenas sob o efeito de uma ameaça externa, mas de causas endógenas, inscritas no germe da própria Modernidade (DUBET, 2011, p. 299).

Para esta segunda posição é o próprio *formato* escolar, marcado pela lógica da Modernidade, que está em questão. Tenho afirmado reiteradamente nos últimos anos a urgência de se *reinventar a escola*. Reinventar não é negar a relevância social da escola. Reinventar exige reconhecer seu processo de construção histórica. Sua configuração atual apoiada na lógica da Modernidade. Seus vínculos com uma visão homogeneizadora e monocultural dos processos educativos. Reinventar desafia a nós, educadores e educadoras, a construir novos formatos escolares, outras maneiras de organizar o espaço e o tempo escolares, os currículos, de dinamizar os processos de ensino-aprendizagem que permitam dar respostas aos desafios da contemporaneidade.

Esta é uma questão fundamental para a Didática: que escola queremos construir? Como reinventar a escola? Que "formatos" escolares estamos privilegiando? Se não colocar estas questões, a Didática se limitará a reforçar o "formato" escolar dominante, tornando-o, no melhor dos casos, mais eficiente.

Didática: dialogar com que conhecimentos?

O que ensinar? Que conhecimentos devem integrar os currículos escolares? Estas perguntas, mais ou menos óbvias e tranquilas em outros tempos, passam hoje a ser questões desestabilizadoras e instigantes, que admitem respostas múltiplas, segundo as concepções epistemológicas e educativas que informem nossas práticas cotidianas.

Não estamos acostumados a fazê-las, a colocar em questão o que consideramos importante como conhecimentos que a escola tem como referência. Parece que os conhecimentos escolares estão naturalizados e são dados como um referente óbvio do cotidiano escolar, explicitados nas orientações curriculares oficiais e nos materiais didáticos adotados. No entanto, nas acaloradas polêmicas suscitadas no processo de elaboração da Base Nacional Curricular Comum (BNCC), ficou evidente como os conhecimentos escolares estão atravessados por diferentes concepções epistemológicas, diversas abordagens educativas e disputas de poder.

A teoria curricular, nos últimos anos, vem questionando a visão dominante do conhecimento escolar em que este é considerado um "dado", inquestionável e "neutro", a partir do qual nós professores(as) configuramos nosso trabalho docente. Este conhecimento passa a ser concebido como uma construção específica do contexto educacional, em que o cruzamento entre diferentes conhecimentos, cotidianos e/ou sociais e científicos, referenciados a universos culturais plurais, se dá no dia a dia das escolas em processos de diálogo e confronto. Trata-se de uma construção permeada por relações sociais e culturais, processos complexos de transposição/recontextualização didática e dinâmicas que têm de ser ressignificadas continuamente.

Reconhecer os diversos saberes produzidos pelos diferentes grupos socioculturais, promover uma ecologia de saberes, expressão utilizada por Boaventura de Sousa Santos (2010), no âmbito escolar, favorecendo o diálogo entre o conhecimento escolar socialmente valorizado e dominante e estes saberes, considero que é uma questão fundamental na perspectiva de ressignificar a Didática.

Supõe ampliar nossa concepção de quais conhecimentos devem ser objeto de atenção no contexto escolar. Trata-se, segundo Boaventura, de promover uma justiça cognitiva, componente indispensável da justiça social, que "não terá sucesso se se basear apenas na ideia de uma distribuição mais equitativa do conhecimento científico" (SANTOS, 2010, p. 57).

Para que a alcancemos é imprescindível uma ecologia de saberes. Neste sentido, procura-se promover a inter-relação dos saberes assumidos como científicos com outros saberes, considerados não científicos. Não se trata de afirmar uns e negar os outros e sim de colocá-los em diálogo e promover a interação entre eles.

Para Boaventura, "a ecologia dos saberes nos capacita para uma visão mais abrangente daquilo que conhecemos, bem como do que desconhecemos, e também nos previne para aquilo que não sabemos e é ignorância nossa, não ignorância em geral" (SANTOS, 2010, p. 66).

Esta perspectiva nos desafia a problematizar o conhecimento escolar. A reconhecer os diversos saberes produzidos pelos diferentes grupos socioculturais. Supõe ampliar a nossa concepção de quais conhecimentos devem ser objeto de atenção e, portanto, ser trabalhados na escola. O que considero importante é estimular o diálogo entre diferentes saberes presentes nos processos de ensino-aprendizagem desenvolvidos no cotidiano escolar.

Didática: articulada com que tecnologias?

A palavra tecnologia está, em geral, associada a modernização, progresso, inovação. As tecnologias se multiplicam e penetram nas diferentes esferas da vida social. É importante ter presente que sua inserção na educação não é recente. Muito pelo contrário. Do quadro-negro aos computadores. Do livro aos vídeos. Dos audiovisuais às mídias digitais, afetaram/afetam os processos de ensino-aprendizagem.

Certamente hoje o impacto das tecnologias de informação e comunicação, particularmente das mídias digitais, é cada vez mais intenso e abrangente. No entanto, o acesso e a navegação *on-line* ainda são muito desiguais entre nós, tanto no que diz respeito às diferentes áreas geográficas como aos diversos sujeitos socioculturais. Promover a inclusão digital constitui um grande desafio e estamos chamados a favorecer processos que permitam uma maior democratização do acesso à Internet, das plataformas e dos dispositivos digitais.

Se cada vez um maior número de pessoas e grupos socioculturais estão afetados por estes processos, as crianças e os jovens são considerados por muitos especialistas *nativos digitais,* no sentido de que constituem a primeira geração que cresceu com a internet, na utilização das mídias digitais e no acesso aos recursos da web.

No âmbito da educação, segundo Pischetola (2016, p. 10-11)

> O que observamos nos últimos anos é a multiplicação de intervenções políticas que preveem a inserção de artefatos tecnológicos nas escolas, com ênfase sobretudo na mobilidade e na presença constante da tecnologia digital em sala de aula. [...] Porém, pesquisas realizadas nos últimos dez anos apontam que há falta de orientação sobre o que fazer com as tecnologias; há pouca discussão sobre as escolhas metodológicas dos professores; há pouco desenvolvimento de habilidades necessárias para a utilização crítica do *laptop*, tanto de professores quanto de alunos; e não há evidência de melhorias no processo de aprendizagem.

É nesta perspectiva que a Didática está chamada a contribuir. Em geral, as Tics, especialmente as mídias digitais, são encaradas como uma ferramenta, um apoio para o trabalho pedagógico do(a) professor(a). No entanto, esta posição pressupõe que há uma dinâmica já estruturada pelo professor(a) que não é afetada, sendo simplesmente reforçada e, quando muito, enriquecida pelo uso de determinadas tecnologias. Sendo assim, fica minimizado o potencial transformador da inserção das mídias digitais nas práticas pedagógicas.

Não se trata simplesmente de mudanças de caráter operacional. As mídias afetam nossos modos de aceder e construir conhecimentos, nossas formas de relacionamento, nossas subjetividades, atitudes e comportamentos.

Neste sentido, afirma Almeida (2018, p. 9):

> Na convergência entre espaços presenciais e virtuais surgem novos modos de expressar pensamentos, sentimentos, crenças e desejos, por meio de uma diversidade de tecnologias e linguagens midiáticas empregadas para interagir, criar, estabelecer relações e aprender. Essas mudanças convocam participação e colaboração, requerem uma posição crítica em relação à tecnologia, à informação e ao conhecimento, influenciam a cultura levando à emergência da cultura digital.

As tecnologias são artefatos culturais potentes e sedutores. A cultura digital nos desafia a entender, como educadores, formas de aprendizagem múltiplas, suas possibilidades e limites. Estamos convidados e penetrar em sua lógica e identificar as potencialidades pedagógicas que podem mobilizar diferentes dinâmicas de ensinar-aprender na perspectiva da construção e novos formatos escolares. Não se trata de demonizar nem exaltar a inserção das tecnologias digitais na escola. Elas são um componente potente da contemporaneidade e devem ser trabalhadas pedagogicamente. As mídias digitais de informação e comunicação têm um significativo potencial para mobilizar processos de reinvenção da escola. Os educadores são os agentes fundamentais para se avançar na construção de culturas escolares mais inclusivas, criativas e democráticas, assim como para explorar o potencial das tecnologias digitais de informação e comunicação a partir da perspectiva crítica. Este é o desafio que considero fundamental e deve informar nossas reflexões e ações.

A familiaridade das crianças e adolescentes com as Tics é cada vez maior. Os alunos e alunas manifestam intimidade com este mundo, "navegam" com autonomia e, muitas vezes, nos ensinam. Esta é uma realidade que vem se impondo cada vez mais. Como integrar de modo consistente as Tics nos processos de ensino-aprendizagem? Como utilizá-las na perspectiva de favorecer processos de construção de conhecimento, análise e reflexão críticas? Como operar com as múltiplas possibilidades que as Tics oferecem a partir de uma visão reflexiva e crítica de sua utilização, tanto no meio escolar como na sociedade em geral? Considero estas questões fundamentais no processo de ressignificar a Didática.

Didática: conceber as diferenças culturais como "vantagem pedagógica" (Ferreiro)?

Esta expressão de Emilia Ferreiro (apud LERNER, 2007), reconhecida educadora argentina, tem sido uma referência constante dos trabalhos que tenho realizado. Reitero sua afirmação por considerá-la de especial relevância para a Didática. Esta autora assim se expressa, tendo presente a realidade latino-americana:

> A escola pública, gratuita e obrigatória do século XX é herdeira da do século anterior, encarregada de missões históricas de grande importância: criar um único povo, uma única nação, anulando as diferenças entre os cidadãos, considerados como iguais diante da lei. A tendência principal foi equiparar igualdade à homogeneidade. Se os cidadãos eram iguais diante da lei, a escola devia contribuir para gerar estes cidadãos, homogeneizando as crianças, independentemente de suas diferentes origens. Encarregada de homogeneizar, de igualar, esta escola mal podia apreciar as diferenças.

E conclui:

> É indispensável instrumentalizar didaticamente a escola para trabalhar com a diversidade. Nem a diversidade negada, nem a diversidade isolada, nem a diversidade simplesmente tolerada. Também não se trata da diversidade assumida como um mal ou celebrada como um bem em si mesmo, sem assumir seu próprio necessário dramatismo. Transformar a diversidade conhecida e reconhecida em uma vantagem pedagógica: este me parece ser o grande desafio do futuro (FERREIRO, apud LERNER, 2007, p. 9).

Gostaria de sublinhar duas afirmações do texto. A primeira diz respeito à íntima articulação da concepção da escola na Modernidade com os processos de homogeneização. A busca da igualdade é enfatizada mas, em geral, se privilegia os processos de padronização. Do "uniforme" aos processos de avaliação, passando pelas dinâmicas das aulas, a organização de espaços e tempos, os materiais didáticos, as estratégias de avaliação, todos são, em geral, os mesmos para todos os sujeitos, concebidos como alunos com características comuns. Na mesma perspectiva, em artigo que publiquei com Antônio Flávio Moreira (2003, p. 161), afirmamos:

> A escola sempre teve dificuldade em lidar com a pluralidade e a diferença. Tende a silenciá-las e neutralizá-las. Sente-se mais confortável com a homogeneização e a padronização. No entanto, abrir espaços para a diversidade, a diferença e para o cruzamento de culturas constitui o grande desafio que está chamada a enfrentar.

Esta característica homogeneizadora impregna também as produções da Didática e, na grande maioria dos casos, os cursos de formação de professores(as). A homogeneização está intimamente articulada com a monoculturalidade e as duas negam as diferenças como pedagógica e didaticamente relevantes.

Quanto à segunda afirmação que destaco, refere-se ao reconhecimento da diferença como *vantagem pedagógica*. A autora identifica diversos modos como se pode encarar as diferenças: negar, silenciar, tolerar, considerar um mal necessário ou celebrá-la como um bem em si. Estas posturas estão presentes no cotidiano escolar. Acrescentaria outras que tenho identificado nas pesquisas que realizei: encarar as diferenças como problema, *déficit* cultural, anormalidade, desigualdade. É expressivo o depoimento de uma professora sobre as diferenças hoje nas escolas: "as diferenças estão bombando na escola e não sabemos o que fazer".

No contexto atual, tanto social quanto educacional, as diferenças estão sendo explicitadas com cada vez mais força. Diferentes grupos reivindicam não somente direitos orientados à afirmação da igualdade, mas também o direito à diferença. Movimentos sociais se organizam e atuam combatendo desigualdades, preconceitos e discriminações, e lutam por reconhecimento e pela afirmação de suas especificidades. Múltiplas diferenças se entrecruzam, não existindo de modo isolado.

Na reflexão pedagógica e Didática, a temática das diferenças não é nova. Em trabalho que publiquei em coautoria com Miriam Soares Leite, intitulado *Diálogos entre diferença e educação* (2006), analiso/analisamos alguns marcos da construção do discurso sobre a diferença no campo pedagógico brasileiro, buscando identificar a especificidade e o sentido das contribuições atuais da perspectiva cultural na abordagem desta questão.

É importante ter presente que hoje assistimos um alargamento da temática das diferenças nos processos educativos. A perspectiva cultural tem se afirmado e promovido uma nova sensibilidade para o reconhecimento das diferenças presentes no cotidiano das escolas. Diferenças de gênero e sexualidade, étnico-raciais, religiosas, entre outras. No entanto, ainda são incipientes as buscas de construir um cotidiano escolar que trabalhe positivamente as diferenças e promova um diálogo entre os diversos sujeitos socioculturais nele presentes. É nesta perspectiva que se situa a educação intercultural, assim definida pelo grupo de estudos que coordeno, Cotidiano, Educação e Culturas (Gecec), vinculado ao Departamento de Educação da PUC-Rio:

> A Educação Intercultural parte da afirmação da diferença como riqueza. Promove processos sistemáticos de diálogo entre diversos su-

jeitos – individuais e coletivos –, saberes e práticas na perspectiva da afirmação da justiça – social, econômica, cognitiva e cultural –, assim como da construção de relações igualitárias entre grupos socioculturais e da democratização da sociedade, através de políticas que articulam direitos da igualdade e da diferença (CANDAU, 2014).

Considero fundamental para ressignificar a Didática na atualidade assumir o desafio que nos coloca Emilia Ferreiro de *transformar a diversidade conhecida e reconhecida em uma vantagem pedagógica*. Trabalhar nesta perspectiva tem sido o foco de muitas pesquisas, reflexões e discussões que tenho desenvolvido nos últimos anos.

Didática: revisitar os chamados "temas clássicos"?

Alguns temas podem ser considerados "clássicos" no âmbito da Didática, tais como planejamento, estratégias de ensino, avaliação, relação professor-aluno. Pode-se entender temas "clássicos" como aqueles que guardam uma articulação significativa com a identidade de uma determinada área do conhecimento, no nosso caso a Didática, e sua referência atravessa os diferentes momentos de evolução desta área, permanecendo presentes. Sendo assim, a sua minimização pode ser vista como a fragilização do próprio campo, no nosso caso da Didática.

Em vários estudos e pesquisas recentemente realizados se afirma que estes temas estão, muitas vezes, ausentes dos cursos de Didática ou minimizados. No entanto, constituem questões fundamentais para o dia a dia dos professores.

No X Endipe, realizado no Rio de Janeiro no ano de 2000, foi realizada uma Mesa Redonda sobre 20 *anos de Endipe*. Nela apresentei um trabalho intitulado A *Didática hoje: uma agenda de trabalho* (CANDAU, 2000), em que propunha alguns componentes fundamentais para esta agenda, um dos quais era "Uma preocupação: revisitar temas clássicos".

Considero importante perguntar-nos: se estes temas são configuradores dos processos de ensino, por que há resistências em abordá-los? Por que silenciá-los ou minimizá-los? Acredito que uma possível explicação seja a seguinte: o tratamento destes temas em geral assume um caráter puramente formal e pretensamente neutro, dissociado das perguntas sobre o contexto em que se situam e o sentido das aprendizagens propostas. Por outro lado, o modo como estes temas são com frequência trabalhados está implicitamente associado ao formato escolar dominante e ao ensino frontal e reforçam uma perspectiva instrumental da

Didática, no momento atual, vinculada ao neotecnicismo. Ainda não dispomos de uma produção significativa que reconfigure estes temas e os trabalhe desde outras perspectivas.

No entanto, a solução não é desconsiderar estes temas na reflexão Didática, e sim ressignificá-los em interação dinâmica com a construção de outros formatos escolares, provocando o diálogo com a ecologia de saberes, as tecnologias de informação e comunicação, a diferenciação pedagógica, as múltiplas linguagens, a concepção do professor(a) como mediador de processos de aprendizagem, a visão multidimensional do cotidiano escolar, assim como formas diversificadas de conceber o currículo e organizar espaços e tempos na escola. Os desafios são muitos, mas já existem buscas, algumas produções e experiências com este horizonte. Investir nesta perspectiva considero fundamental.

Retomando a questão inicial

Iniciei este texto com a afirmação de Boaventura de que vivemos em tempo de perguntas fortes e respostas débeis. Enunciei duas questões fortes sobre crise do formato escolar dominante e o momento de questionamento da relevância da Didática na atualidade.

É possível identificar uma tendência de tentar responder a estas questões na perspectiva do que Boaventura denomina resposta débil. Esta reduz a busca de uma escola que responda aos desafios atuais a uma questão operacional, de melhorar sua eficiência a partir de novas formas de gestão, controle e avaliação. Ensinar fica reduzido a preparar para ter êxito nas avaliações de larga escala. Predomina uma visão produtivista e operacional. O neotecnicismo informa suas propostas. A Didática fica reduzida a oferecer estratégias operacionais, materiais didáticos e tecnologias que promovam o adequado desenvolvimento dos sistemas de ensino-aprendizagem e o educador a um gestor destes sistemas. Considero esta uma resposta débil porque não aborda a questão fundamental da crise do formato escolar construído a partir da lógica da Modernidade e não trabalha a multidimensionalidade dos processos de ensino-aprendizagem.

Para se construir uma resposta forte às questões propostas, formulei algumas provocações para o nosso diálogo. Apresentei alguns apontamentos sobre o desenvolvimento histórico da Didática, especialmente entre nós. Afirmei que hoje a Didática está novamente "em questão" e procurei analisar alguns questionamentos para ressignificar seu conteúdo. São eles: problematizar o formato escolar dominante e reinventar a escola; desnaturalizar o conhecimento escolar e promover uma ecologia de saberes (Boaventura); explorar o potencial das tecnologias da informação e comunicação, particularmente das mídias digitais, para favorecer processos de ensino-aprendizagem ativos, interativos e reflexivos numa perspectiva crítica, assumir as diferenças como vantagem pedagógica, trabalhar desde outra perspectiva os chamados "temas clássicos".

Nesta perspectiva a educação escolar e a Didática estão chamadas a desenvolver uma reflexão crítica e intercultural sobre os desafios atuais à produção de conhecimentos e práticas que ofereçam elementos significativos para a construção de respostas fortes às perguntas fortes que hoje as interpelam.

Já existem experiências "insurgentes" que apontam nesta direção. São construídas outras formas de organizar os currículos, os espaços e tempos, o trabalho docente, as relações com a comunidade, de conceber a gestão de modo participativo, enfatizando as práticas coletivas, utilizando múltiplas linguagens e tecnologias, assumindo um conceito amplo e plural de sala de aula etc. Reconhecê-las, visibilizá-las e apoiá-las é uma tarefa urgente se queremos construir respostas fortes para os desafios que enfrentamos na atualidade.

Referências

ALMEIDA, M.E.B. "Apresentação". In: BACICH, L. & MORAN, J. (orgs.). *Metodologias ativas para uma educação inovadora*: uma abordagem teórico-prática. Porto Alegre: Penso, 2018.

CANDAU, V.M. *Concepção de educação intercultural*. Rio de Janeiro: PUC-Rio, 2014 [Documento de trabalho].

_____. "A Didática hoje: uma agenda de trabalho". In: CANDAU, V.M. et al. (orgs.). *Didática, currículo e saberes escolares*. Rio de Janeiro: DP&A, 2000.

CANDAU, V.M. (coord.). *Ressignificando a Didática na perspectiva multi/intercultural* – Relatório de pesquisa. Rio de Janeiro: PUC-Rio/CNPq, 2006.

CANDAU, V.M. & LEITE, M.S. "A didática na perspectiva multi/intercultural em ação: construindo uma proposta". In: *Cadernos de Pesquisa*, vol. 37, n. 132, set.-dez./2007. São Paulo: Fundação Carlos Chagas.

CANDAU, V.M. & MOREIRA, A.F.B. "Educação escolar e cultura(s): construindo caminhos". In: *Revista Brasileira de Educação*, n. 23, 2003.

DUBET, F. "Mutações cruzadas: a cidadania e a escola". In: *Revista Brasileira de Educação*, vol. 16, n. 47, mai.-ago./2011, p. 289-322.

LERNER, D. "Enseñar en la diversidad". In: *Lectura y Vida*, 26 (4), 2007, p. 6-17. Buenos Aires.

SANTOS, B.S. *Descolonizar o saber, reinventar o poder.* Montevidéu: Trilce, 2010.

_____. "Para além do pensamento abissal: das linhas globais a uma ecologia de saberes". In: SANTOS, B.S. & MENESES, M.P. (orgs.). *Epistemologias do Sul.* São Paulo: Cortez, 2010.

4
Implicações epistemológicas no campo teórico, investigativo e profissional da Didática e desafios políticos e pedagógico-didáticos em face do desmonte da educação pública

José Carlos Libâneo

Considerações iniciais

O presente texto tem a intenção de, num primeiro momento, reiterar meus posicionamentos acerca das implicações epistemológicas no campo teórico, investigativo e profissional da didática e, num segundo, apontar desafios políticos e pedagógicos em face do desmonte da educação pública promovido pelas atuais políticas educacionais. O tema a ser abordado neste texto está presente em muitas publicações da área, de modo explícito ou implícito, em que se reconhece que a didática lida com o conhecimento. A epistemologia é vista no meio acadêmico como o estudo da gênese do conhecimento humano, das formas de conhecimento, da sua organização, da sua história, do contexto cultural e político de sua produção, da validade dos seus produtos. O estudo do conhecimento se faz com base em diferentes raízes filosóficas desde as modernas como o empirismo, o racionalismo, a fenomenologia, a dialética, até as chamadas pós-modernas como as abordagens fenomenológica-hermenêutica, a arqueológica e a epistemologia de segunda ordem (ou de fronteira) (SEVERINO, 2015). Ao se ocupar do ensino e aprendizagem de conhecimentos, a didática vincula-se inevitavelmente à epistemologia, pois, o modo de conceber o trabalho didático decorre de uma visão epistemológica. Tome-se um exemplo muito conhecido. A epistemologia tradicional tem o entendimento de que a ciência produz conhecimentos verdadeiros, estabelecidos independentemente de tempo e lugar. Nesse caso, aprender não tem nada a ver com descobrir, tem a ver com tomar conhecimento de algo já sabido e não questionado. Ensinar é transmitir, aprender é receber o conhecimento. Está claro que este entendimento se reproduz na didática.

Cumpre considerar, portanto, que, em primeiro lugar, a própria discussão sobre o objeto da didática, a pesquisa em didática, seus procedimentos investigativos, a validade de seus resultados, é um problema epistemológico. Em segundo lugar, a epistemologia das disciplinas direciona a organização do trabalho didático, ou seja, a natureza e o método da ciência ensinada interferem no método didático. Está claro, assim, que falamos de epistemologia da didática e epistemologia na didática. Trata-se, como se vê, de uma problemática complexa, impossível de ser esgotada num só texto. Desse modo, me limitarei aqui a trazer a minha visão das relações entre epistemologia e didática no que se refere às implicações dessas relações para uma determinada concepção de didática e ao lugar da epistemologia das disciplinas na didática. Farei, num primeiro momento, a apresentação de conjunto dos meus posicionamentos acerca da relação entre didática e epistemologia, em forma de memória das minhas investigações, abordando simultaneamente questões epistemológicas da didática e questões epistemológicas na didática.

A busca das relações entre didática e epistemologia

Meus estudos sobre didática tiveram início com a publicação do livro *Democratização da escola pública* (1985), cujo capítulo mais procurado pelos leitores tem sido *Tendências pedagógicas na prática escolar,* um assunto tipicamente didático. Na verdade, esse livro veio em sequência à minha dissertação de mestrado na PUC de São Paulo denominada *A prática pedagógica de professores da escola pública,* defendida em 1984. No mesmo ano em que defendi minha tese de doutorado (LIBÂNEO, 1990), foi publicada a 1ª edição do livro *Didática* (1990). Na tese, eu anunciava minha intenção de investigar os fundamentos do trabalho docente na perspectiva do materialismo histórico dialético. No livro, eu já introduzia uma discussão epistemológica a respeito do objeto da didática, incluindo na definição a didática das disciplinas específicas; eu escrevia:

> A didática investiga os fundamentos, as condições e os modos de realização do ensino. A ela cabe converter objetivos sociopolíticos e pedagógicos em objetivos de ensino, selecionar conteúdos e métodos em função desses objetivos, estabelecer vínculos entre ensino e aprendizagem tendo em vista o desenvolvimento das capacidades mentais dos alunos. [...] A didática e as metodologias específicas das matérias de ensino formam uma unidade, mantendo entre si rela-

ções recíprocas. A didática trata da Teoria Geral do Ensino, as metodologias específicas, integrando o campo da didática, ocupam-se dos conteúdos e métodos próprios de cada matéria na sua relação com fins educacionais (LIBÂNEO, 1990, p. 26).

Em meus estudos, por ocasião do doutorado, estive vinculado explicitamente às premissas do materialismo histórico dialético. Ao longo dos estudos posteriores fui aprofundando e refinando as definições iniciais de didática trazidas na tese de doutorado e no livro *Didática*. Por volta de 2000, passei a sustentar-me mais explicitamente na Teoria Histórico-cultural de Vygotsky e, de modo marcante, na Teoria do Ensino desenvolvimento de Davydov. O que farei a seguir é dar uma repassada nas minhas convicções sobre epistemologia da didática e epistemologia na didática ao longo dos Encontros Nacionais e Didática e Prática de Ensino. Há vários trabalhos publicados na forma de artigos e capítulos de livro sobre o mesmo tema ao longo dos últimos trinta anos (LIBÂNEO, 2008; 2010) mas, nas circunstâncias da escrita do presente texto, me restringirei aos trabalhos sobre os temas apresentados nos Endipes.

No VII Endipe (Goiânia, 1994), minhas reflexões estavam voltadas para as relações entre a didática e as ciências da educação, por um lado, reconhecendo a pluridimensionalidade do ensino, por outro, alertando para o risco de as ciências da educação (psicologia, sociologia etc.) analisarem o objeto da didática unicamente com o viés de cada uma dessas ciências, gerando um entendimento parcializado do ato didático. Eu insistia, então, na necessidade de se postular o enfoque propriamente didático dos fenômenos educativos para, partindo daí, buscar a contribuição de outros campos científicos. Nesse texto, eu trazia definições de vários autores nacionais e internacionais para chegar a esta minha própria formulação:

> A Didática, como teoria do processo de ensino, investiga os nexos entre o ensino e a aprendizagem. [...] A aprendizagem é a referência básica do ensino, de modo que este atua como mediação na efetivação da relação ativa do aluno com os objetos de conhecimento. Aqui está o cerne da posição que defendo: o ensino configura-se como o provimento das condições e modos de assegurar o processo de conhecimento pelo aluno, sob a condução pedagógica do professor. Por outras palavras, o ensino é um processo pelo qual o aluno pode desenvolver suas forças e capacidades mentais para construir, reconstruir, elaborar, reelaborar conhecimentos e modos de ação (LIBÂNEO, 1994, p. 15).

O texto segue na argumentação para mostrar que a didática é uma disciplina-síntese, uma disciplina de integração que propõe princípios de ação didática comuns a todas as matérias sem, com isso, se arvorar em constituir-se uma metodologia geral para todas as matérias. Ao contrário, ela se articula diretamente com os conteúdos e metodologias das disciplinas específicas. Ao final, defendia o caráter interdisciplinar da didática, afirmando que a busca da estruturação do conteúdo próprio da Didática é um passo prévio para a interdisciplinaridade, não uma limitação. Propunha, assim, interfaces entre a teoria do conhecimento, a psicologia, a sociologia, a teoria do currículo, a linguística, a teoria da comunicação etc., tendo a didática um papel integrador, visando um pacto estratégico entre esses campos em favor de uma base teórico-prática sólida para orientar os professores no seu trabalho.

No VIII Endipe (Florianópolis, 1996), dei sequência à proposta anterior de articulação entre a didática e outros campos científicos contemporâneos, especialmente o do currículo. Iniciando o texto com a postura de sempre dar um passo para além da crítica, minha intenção era discutir a projeção, na didática, das transformações que vinham ocorrendo no mundo, entre outras, a globalização, o sistema de produção flexível, as tecnologias, o embate moderno/pós-moderno, as mudanças de paradigmas da ciência e da educação, a visibilidade da diferença, sempre no sentido de buscar contribuições e benefícios à compreensão do trabalho dos professores. Minhas perguntas eram carregadas de certa angústia: Estamos vivendo no mundo contemporâneo uma ruptura entre o antigo (o moderno) e o novo (o pós-moderno)? Mas, se podemos falar de uma condição pós-moderna, em que grau isso afeta a pedagogia e a didática? Haverá lugar na condição pós-moderna para um discurso pedagógico e didático? Em que a escola precisa modificar-se para enfrentar problemas e dilemas colocados pela condição pós-moderna? Eu argumentava, então, que a pedagogia e a didática não podiam ficar à margem dessas questões devido, pelo menos, às suas implicações com a produção de conhecimentos e constituição do conhecimento escolar. O texto punha em destaque as contribuições teóricas da sociologia crítica do currículo, principalmente ao discutir os temas da ideologia, da cultura e das relações de poder (MOREIRA & SILVA, 1994). Eu reconhecia os benefícios dessas contribuições à didática ao apontarem aspectos ideológicos do conhecimento, a dinâmica das culturas particulares, as relações de poder e sua influência na seleção de conhecimentos, a escuta de diferentes vozes nas situações pedagógicas. Mesmo porque tais ideias não me eram estranhas, conforme eu escrevia em 1985:

> [...] o processo de transmissão/assimilação se dá pela relação dialética entre os conteúdos culturais sistematizados e a experiência social concreta trazida pelo aluno. Em outras palavras, trabalhar com os conteúdos culturais historicamente situados, portanto, vivos e dinâmicos, implica partir da prática social concreta dos alunos, reinterpretá-la e ordená-la junto com o aluno e, assim, chegar às noções claras e sistematizadas propiciadas pelo conhecimento científico (LIBÂNEO, 1985, p. 71).

No entanto, eu assinalava que o viés sociológico dos estudos em currículo fazia com que o trabalho docente ficasse desvinculado de preocupações mais pontuais com questões de aprendizagem, desenvolvimento, processos cognitivos. Sem dúvida, a análise das relações de poder, da ideologia, da cultura afeta a produção do conhecimento e os processos psicológicos internos de apropriação de conhecimentos. No entanto, nem por isso convém pôr em segundo plano esses processos psicológicos internos de apropriação de conhecimentos. Com efeito, o educador realmente intervém no processo formativo, porque seu papel é suscitar mudanças qualitativas nos alunos a partir de uma intencionalidade educativa. É isto que justifica a ação pedagógica. Ou seja, o professor como parceiro mais experiente, mais preparado, pode ajudar o aluno na apropriação racional da realidade, sem que isso seja tomada sempre como inculcação ou dominação cultural.

Nos IX Endipe (São Paulo, 1998), X (Rio de Janeiro, 2000), XII (Curitiba, 2004) e XIV (Porto Alegre, 2008) retomo a mesma temática, reiterando a emergência de novos temas para a didática mas, ao mesmo tempo, identificando o retorno dos reducionismos, especialmente o sociológico, a ocorrência de um crescente embate entre correntes da sociologia curricular crítica e as teorias críticas de base marxista. Destacava, também, em concordância com outros pesquisadores (OLIVEIRA, 1997; PIMENTA, 2000; 2011; ANDRÉ, 2008; MARCONDES; LEITE & LEITE, 2011; ANDRÉ & CRUZ, 2012) uma redução do interesse investigativo pelas questões pedagógico-didáticas na sala de aula.

No XIV Endipe (Porto Alegre, 2008), retomo o tema da especificidade epistemológica no texto *Campo teórico e profissional da didática hoje: entre Ítaca e o canto das sereias* (2010). A visão otimista que eu havia manifestado nos textos dos Endipes anteriores no sentido de buscar colaboração com os estudos do currículo, da sociologia, da linguística, foi esmorecendo. Foi intencional a menção à famosa história de Ulisses retornando a Ítaca mas enfrentando o risco de ser seduzido pelo canto das sereias que poderia levar o navio a naufragar. Concluía com a moral da história: quem quiser sobreviver e alcançar seu destino deve evitar o chamado sedutor que vem de fora. Com efeito, eu alegava que o surgimento de novas realidades sociais e culturais, as teorias reprodutivistas, o paradigma pós-estruturalista, Nova Sociologia da Educação, representadas nos anos de 1990 pela teoria curricular crítica e a tendência pós-estruturalista, ao mesmo tempo que introduziam temas relevantes no campo educacional, provocariam, também, uma hostilização da pedagogia quanto ao seu conteúdo e sua legitimidade epistemológica, incidindo no campo teórico e profissional da didática. A analogia com o conto de Homero é clara: o campo da didática vem enfrentando, nestes trinta últimos anos, o dilema entre a fidelidade ao seu objeto e o canto das sereias, representado pelas múltiplas tentativas de outros campos científicos em solapar dela esse objeto ou substituí-lo por outros, relegando-a ao isolamento, ao menos no âmbito acadêmico.

Nesse mesmo texto, reconheço a fertilidade de produções sobre a epistemologia da didática entre os anos de 1980 e 2002, abordando seus elementos constitutivos e as condições de ensino que promovem a aprendizagem dos alunos. Candau escrevia: "Trata-se de conhecimento de mediação [...] sua especificidade é a compreensão do processo ensino-aprendizagem e a busca de formas de intervenção na prática pedagógica (CANDAU, 1984, p. 106). Também Oliveira (1997, p. 133) escrevia: "Ensino envolve, necessariamente, o enfrentamento de questões de como ocorre o conhecimento e da justificação e validação de resultados cognoscitivos, implicando, portanto, a dimensão epistemológica. Por sua vez, Pimenta (1997, p. 63) afirmava:

> Seu objeto de estudo específico é a problemática do ensino enquanto pratica de educação, é o estudo do ensino em situação, em que a aprendizagem é a intencionalidade almejada, e na qual os sujeitos imediatamente envolvidos (professor e aluno) e suas ações (o trabalho com o conhecimento) são estudados nas suas determinações histórico-sociais.

Os três registros de pesquisadoras reconhecidas na área mostram diferentes nuances da inter-relação entre os clássicos elementos do triângulo didático, o saber, o aluno, o professor, realçando como especificidade da didática a busca de condições e modos de transformação das relações que o aprendiz mantém com o saber. No entanto, essa temática parece ter sido ofuscada pela ocorrência, nos anos seguintes, de impasses teóricos, políticos, epistemológicos, legais, que colocaram o campo teórico e prático da educação em impasses, incertezas e indefinições. As críticas à pedagogia e à didática vindas de vários segmentos, principalmente do lado "pós", levaram, entre outros efeitos, ao dissenso em torno de finalidades e funções da escola, à ausência de pautas comuns de mobilização da ação dos professores, incertezas em relação aos conteúdos da formação de professores. As hipóteses de explicação desses fatos seriam: tendência à sociologização do pensamento pedagógico, enfraquecimento do campo teórico e investigativo da pedagogia, teorias avessas à escola e ao conhecimento escolar, intensificação das políticas educacionais neoliberais, desvalorização das pesquisas voltadas para a escola e sala de aula (LIBÂNEO, 2010). No campo próprio da didática, foi notório o afastamento crescente de seu objeto clássico de estudo, o processo de ensino-aprendizagem escolar e, em decorrência, a pulverização do seu conteúdo em objetos fragmentados. Eu escrevia acerca da encruzilhada posta à didática:

> Os professores e os pesquisadores do campo da didática põem-se hoje diante de uma encruzilhada: retomar a especificidade do objeto da didática, as relações entre a aprendizagem e o ensino, assegurando seu papel de disciplina imprescindível para a formação profissional de professores ou abdicar-se desse papel aceitando a fragmentação de seu conteúdo em temas dispersos, com danos à qualidade da prática docente voltada para a aprendizagem e o desenvolvimento humano dos alunos (p. 65).

Ao final desse texto, eu admitia que a disputa hegemônica e as divergências dentro de campos científicos e o confronto ou diálogo entre diferentes posições epistemológicas são ocorrências próprias da atividade cientifica. Mas concluía:

> Os pesquisadores da problemática pedagógica e didática e os professores formadores de professores precisam fazer-se presente nesse embate teórico, reivindicando com competência científica a especificidade da investigação pedagógico-didática, claro, sem perder de vista a contribuição das ciências da educação. Por sua vez os pesquisadores das demais ciências da educação precisam tomarem-se de mais modéstia compreendendo que, na discussão teórica da educação, todo reducionismo é prejudicial e toda a insistência em analisar a prática educativa apenas sob uma ótica resulta em visões parcializadas da ação educativa e escolar (p. 70).

No XV Endipe (Belo Horizonte, 2010), formulei um posicionamento mais explícito sobre as relações entre a didática e a epistemologia das disciplinas (LIBÂNEO, 2011): a apropriação de conhecimentos está intimamente ligada às formas de constituição dos saberes (questão epistemológica), com a relação do aluno com o objeto de conhecimento (questão psicopedagógica) e com a relação do aluno com as práticas socioculturais (questão sociocultural). Na verdade, foi o estudo de textos de didatas franceses, entre eles, Develay, Vergnaud, Meirieu, e o norte americano Shulman (2005), que me fizeram buscar no pensamento de Davydov a íntima relação entre a didática e a epistemologia das disciplinas, levando-me a afirmar a necessária associação entre o conhecimento didático e o conhecimento disciplinar, em minha opinião, hoje, a chave para explicar os problemas metodológicos do ensino. Trata-se da dificuldade do pensamento didático brasileiro de ajudar os formadores de professores na articulação mútua entre o conhecimento didático e o conhecimento disciplinar, entre o conhecimento acadêmico e o conhecimento ensinado; isto é, como lidar pedagogicamente com o conteúdo a partir de sua lógica própria.

No XVI Endipe (Campinas, 2012) sintetizo ideias em torno do campo disciplinar e investigativo da didática que haviam sido proferidas em Simpósio sobre ensino de didática realizado na Faculdade de Educação da UFRJ em março de 2012. O texto trabalhado nesse Endipe (LIBÂNEO, 2015) mostra meu intento de sistematizar resultados dos meus estudos em didática com fundamento na Teoria Histórico-cultural de Vygotsky e na Teoria do Ensino para o desenvolvimento humano, de V. Davydov. Começo por formular antigas e persistentes antinomias do campo da didática: fragmentação das ações de ensino e aprendizagem; separação conteúdo/método da ciência/metodologia do ensino; fragmentação entre o conhecimento do conteúdo (conhecimento disciplinar) e conhecimento didático do conteúdo; desconexão entre práticas socioculturais e institucionais e as ações didáticas com o conteúdo. Por fim, introduzo o conceito de didática que, em minha opinião, corresponde a uma didática para promover o desenvolvimento humano.

> A didática tem como especificidade epistemológica o processo instrucional que orienta e assegura a unidade entre o aprender e o ensinar na relação com um saber, em situações contextualizadas, nas quais o aluno é orientado em sua atividade autônoma pelos adultos ou colegas, para apropriar-se dos produtos da experiência humana na cultura e na ciência, visando o desenvolvimento humano (LIBÂNEO, 2015, p. 51).

Esse conceito pontua que o núcleo do problema didático é organizar as mediações (ensino) que intervêm nas relações do aluno com os objetos de conhecimento (aprendizagem), em condições socioculturais concretas, em direção à promoção do desenvolvimento humano. O trabalho dos professores consiste, assim, em articular o ensino dos conteúdos com o desenvolvimento das capacidades intelectuais, visando mudanças qualitativas em sua personalidade. Desse modo, acontece a ativação das capacidades intelectuais dos alunos por meio dos conteúdos, em conexão com as práticas socioculturais da vivência dos alunos. Dito de forma sintética:

> A questão "campo do didático" se resolve, em primeira instância, pelo papel do ensino em criar as condições para assegurar a relação do aluno com um saber (mediação, compartilhamento de significados), levando a uma mudança qualitativa nas relações com esse saber (transformação das relações que o aluno mantém com os saberes), promovendo o desenvolvimento humano. [...] A mediação didática supõe necessariamente os conteúdos e os métodos inerentes a esses conteúdos, que são a referência, o ponto de partida para o processo de ensino e aprendizagem. [...] Em resumo, não há didática fora dos conteúdos e dos métodos de investigação que lhes corresponde (não há conteúdos fora dos métodos que levaram à constituição de um tópico do conteúdo). Não há didática fora da relação do aluno com o conteúdo (fora da transformação das relações do aluno com o conteúdo). Não há didática separada das práticas socioculturais e institucionais em que os alunos estão envolvidos (p. 54).

Posso, agora, formular as derivações para o campo teórico e investigativo dessa concepção de didática para o desenvolvimento humano, em quatro corolários:

a) Ensino e a aprendizagem formam uma indissolúvel unidade no trabalho dos professores. A didática tem por objeto o processo de ensino-aprendizagem no qual o ensino é adequadamente organizado e dirigido para a aprendizagem, tendo em vista o desenvolvimento das capacidades intelectuais e da personalidade integral dos alunos.

b) A didática está necessariamente referida aos conteúdos a serem ensinados, ou seja, a referência básica da didática é a relação com os saberes (conteúdos) em situações de ensino-aprendizagem contextualizadas, em que os conteúdos são requisitos para o desenvolvimento dos processos psíquicos superiores. Não se trata do sentido de conteúdos da visão epistemológica tradicional em que a ciência produz conhecimentos verdadeiros e fixos, independentemente de tempo e lugar, a serem repassados aos alunos. Aqui conteúdos referem-se ao processo mental do conhecimento e é nessa condição constituem-se em meios para a formação de operações mentais, visando o desenvolvimento dos processos psíquicos superiores.

c) Conteúdos e métodos são inseparáveis, pois, o ensino de um conteúdo é inseparável dos procedimentos investigativos conexos a esse conteúdo. Os métodos de ensino de uma ciência são inseparáveis dos métodos investigativos dessa ciência. Os métodos de ensino são derivados dos processos investigativos pelos quais se chega ao conteúdo de uma ciência. O didata francês Meirieu (2005) descreve a mesma ideia de outra forma: "nenhum conteúdo existe fora do ato que permite pensá-lo, da mesma forma que nenhuma operação mental pode funcionar no vazio". Ou seja, a formação de capacidades mentais supõe os conteúdos, pois essas capacidades estão já presentes nos processos investigativos e procedimentos lógicos da ciência ensinada. A noção de conteúdo, portanto, está associada diretamente à formação de capacidades mentais, no sentido de que a mediação didática do professor consiste em traduzir os conteúdos de aprendizagem em procedimentos de pensamento. Isto requer competência do professor em propor tarefas a partir dos conteúdos que coloquem os alunos em uma situação didática de exercício da atividade mental, em sequências de operações mentais em que os alunos operem mentalmente com os conceitos. Numa formulação sucinta: o conhecimento didático do professor (pelo qual o aluno será levado a aprender do melhor modo possível o conteúdo) depende do conteúdo e das particularidades investigativas da ciência ensinada, ou seja, a lógica do conhecimento didático subordina-se à lógica do conhecimento disciplinar

d) As práticas socioculturais e institucionais em que vivem os alunos devem integrar-se às práticas pedagógico-didáticas. Na visão de Vygotsky (2009), o domínio de conteúdos implica o processo de formação de conceitos, no qual os conceitos científicos se articulam com os cotidianos. Desse modo, a integração entre práticas socioculturais e práticas pedagógicas significa um movimento de ida e volta entre os conceitos cotidianos trazidos pelos alunos e os conceitos científicos presentes nas matérias, de modo que professor, ao propor tarefas de aprendizagem aos alunos, faz integrar os conhecimentos científicos e as práticas socioculturais de que os alunos participam e vivenciam. É assim que as práticas socioculturais e institucionais que crianças e jovens compartilham na família, na comunidade e nas várias instâncias da vida cotidiana são, também, determinantes na formação de capacidades e habilidades, na apropriação do conhecimento e na identidade pessoal (HEDEGAARD & CHAIKLIN, 2005). Dessa forma, aparecem na escola tanto como contexto da aprendizagem quanto como conteúdo, influenciando nas mudanças na aprendizagem e no desenvolvimento dos alunos.

Conclui-se que o campo da didática (vou chamar de básica) se ocupa, no geral, com a unidade dinâmica entre ensino e aprendizagem, no particular, com a seleção e organização do conhecimento a ser internalizado pelo aluno. A questão nuclear da didática (e que se estende às didáticas específicas) é o ensino-aprendizagem de saberes num contexto escolar. Portanto, o campo da didática reúne a dimensão epistemológica, psicopedagógica e sociocultural, articulando o social e o individual, visando mudanças qualitativas nas capacidades psicológicas e na formação da personalidade dos alunos. Isso significa conceber a inseparabilidade entre didática e didáticas disciplinares, didática e epistemologia da ciência ensinada, o que implica a interpenetração entre conhecimento pedagógico-didático e conhecimento disciplinar.

Desafios políticos e pedagógico-didáticos em face do desmonte da educação pública

A didática foi apresentada neste texto como a ciência profissional do professor (FICHTNER, 2012) que investiga formas de assegurar a unidade do processo de ensino-aprendizagem visando municiar o professor a ajudar os alunos como seres em desenvolvimento, no que se refere à sua relação com o mundo e no seu conhecimento sobre o mundo. Essa formulação suscita a indagação acerca do que é o conhecimento, como o ser humano conhece, qual é o lugar do conhecimento, que tipo de conhecimento ensinar, em que contexto se produz o conhecimento, quais são os modos de ensinar e aprender o conhecimento. Resultam daí diferentes posicionamentos epistemológicos sobre a didática e sobre o lugar da epistemologia das disciplinas escolares na didática com consequências para a organização do ensino. Junto com a importância do diálogo entre esses diferentes posicionamentos considerando a inevitabilidade de disputas teóricas em torno de um objeto de estudo tão complexo como é a educação, considero que os pesquisadores têm responsabilidades de fazer conjecturas sobre os desafios políticos e pedagógicos frente à realidade política do país e aos impasses em que foi colocada a educação nacional na atual conjuntura social e política. Constata-se, presentemente, a tendência globalizante de conceber como funções da educação escolar ora a preparação e inserção dos indivíduos na economia de mercado local e global por meio de medições do rendimento escolar, ora para formar sujeitos conforme uma visão conservadora para preservação da ordem social estabelecida e controle moralista dos indivíduos. Frente a essa perspectiva de educação pragmática e conservadora, aumenta a responsabilidade dos pesquisadores do campo da didática em relação ao revigoramento de estudos teóricos, o que significa um empenho em dar fundamento ao estatuto teórico da disciplina e assegurar a especificidade de seu objeto em meio a outros campos científicos da educação. Ao mesmo tempo, se fortalece o chamamento que vem sendo feito por pesquisadores de diferentes propostas de didática em favor de uma pauta comum em favor de uma escola emancipadora e de um ensino voltado para o desenvolvimento integral da personalidade.

Entre os desafios políticos, reitero a necessidade de fortalecimento de uma pauta mínima em torno de pontos que considero básicos:

a) Busca de consenso possível em torno de finalidades educativas escolares básicas, num nível acima das diferenças epistemológicas sobre educação e ensino, condição necessária para ajudar especialistas no ensino e professores nas decisões sobre visão de escola emancipatória, seleção de conteúdos e de formas de condução do processo de ensino-aprendizagem, formas de organização da escola, currículos de formação inicial e continuada de professores.

b) Reconhecimento da escola como instituição social necessária e indispensável para a sociedade democrática, condição para a justiça social e redução das desigualdades sociais, incluindo a definição de conhecimentos escolares inegociáveis no sentido de promoção da formação geral dos alunos, assim como a formulação de uma pauta de valores humanos para a formação dos alunos para fazer frente a outras pautas autoritárias decorrentes da militarização das escolas e das propostas conservadoras moralistas.

c) Nessa mesma perspectiva de uma pauta comum em torno de finalidades educativas escolares de cunho emancipatório, é preciso dar substância à luta comum contra a hegemonia do currículo instrumental de resultados e da pedagogia baseada na medição do rendimento escolar; buscar consensos possíveis em torno do conhecimento escolar necessário e das formas de trabalhá-los nas escolas; aproximações possíveis entre as várias perspectivas epistemológicas acerca do significado da cultura e das práticas socioculturais no processo de ensino-aprendizagem, realçando formas de integração e participação das famílias na vida da escola; igualmente, buscar melhor entendimento entre as várias propostas de concepção de didática acerca das implicações pedagógico-didáticas do atendimento à diferença.

d) Buscas mais estreitas e mais sólidas entre a didática e a epistemologia das ciências, do que resultará a unidade teórica e investigativa entre a didática e as didáticas específicas.

Entre os embates pedagógico-didáticos, reitero pontos já mencionados em outros eventos (LIBÂNEO, 2010; 2015). O primeiro desafio refere-se à epistemologia da didática. A partir do critério de explicitação do objeto de estudo e abertura para outros campos de conhecimento, a retomada de estudos sobre a especificidade do objeto da didática ainda está por consumar-se. Trata-se de aprofundar e ampliar a investigação dos elementos constitutivos do seu objeto em conexão com as dimensões socioculturais, antropológicas, comunicacionais, midiáticas. Caso contrário, mantém-se a fragmentação de seu conteúdo em temas dispersos e a perda de referências teóricas, com prejuízos à qualidade da prática docente. Mantenho minha posição de que o esvaziamento teórico do campo da didática ocorreu em paralelo à redução dos estudos teóricos em pedagogia, Teoria da Educação pesquisa pedagógica, em que a especificidade "pedagógica" do educativo foi subsumida no discurso sociológico ou político ou psicológico (LIBÂNEO, 2010; 2006).

O segundo desafio é priorizar a pesquisa didática na escola e no ensino, como garantia do cumprimento da principal tarefa da escola, promover a formação cultural e científica dos alunos na direção do desenvolvimento das capacidades intelectuais e desenvolvimento integral da personalidade dos alunos. É nas escolas e nas salas de aula que se garante a qualidade de ensino. A pesquisa em didática subordina-se ao específico da pesquisa pedagógica: a compreensão dos processos formativos do ser humano em situações concretas (no caso, a sala de aula) viabilizados em ações bem conduzidas de ensino e aprendizagem, visando mudanças qualitativas no modo de ser e de agir das pessoas. Os professores e formadores de professores necessitam dominar instrumentos de trabalho: as teorias, os conceitos, os métodos, mas também os modos de fazer, os procedimentos, as técnicas de ensino. As críticas ao modelo da racionalidade técnica não poderiam ter deixado os professores desprovidos do "saber fazer", dos modos de condução da sala de aula. A compreensão da prática, o pensar sobre a prática, passa pelo domínio dos instrumentos de exercício profissional. Não se trata da técnica pela técnica, mas de associar modos de fazer mais eficazes com os princípios que lhe dão suporte.

O terceiro desafio consiste na ampliação da compreensão dos elementos constitutivos da didática buscando a integração com conhecimentos da linguagem, da cultura, da diferença, da educação intercultural, dos processos comunicacionais, da atualização das formas de comunicação docente e interação com os alunos, da utilização de ferramentas e espaços virtuais. Por certo, a didática precisa manter fidelidade aos seus elementos constitutivos clássicos: o que ensinar, para quem ensinar, como ensinar, em que condições ensinar, mas há que se dar maior atenção ao elemento "condições concretas", tanto as de ensino como as de aprendizagem, pois o ato didático é social e culturalmente situado. Finalmente, persiste o desafio de buscar a especificidade da pesquisa pedagógica e didática, especialmente em relação às peculiaridades das ações de ensino e aprendizagem.

Considerações finais

A intenção da escrita deste texto foi, inicialmente, trazer uma amostra da minha própria contribuição em aspectos epistemológicos da didática, tanto para pontuar minhas reflexões sobre o objeto da didática quanto para argumentar acerca da relação entre a didática e a epistemologia das disciplinas, mantendo a insistência na inseparabilidade entre didática e didáticas específicas. A partir dessas convicções, ousei propor alguns desafios políticos e pedagógico-didáticos não apenas no sentido de insistir na necessidade de revigoramento dos estudos teóricos em didática mas, especialmente, para fazer frente aos ataques autoritários e conservadores à educação pública laica, gratuita e democrática que, mesmo com suas mazelas, foi sendo construída em quase um século de lutas. A exposição do meu posicionamento pessoal em relação aos problemas atuais enfrentados pela didática não poderia ser diferente de minhas convicções políticas e pedagógicas. A disputa hegemônica entre campos científicos, as divergências dentro de um mesmo campo e, ainda, o confronto ou diálogo entre diferentes posições epistemológicas são ocorrências típicas da atividade científica. No entanto, a interdisciplinaridade, as divergências, a transversalidade de saberes, não elidem a exigência do olhar próprio de cada disciplina em relação ao seu objeto de estudo visando apreendê-lo em sua integralidade mais radical, o que levará a mudanças na própria disciplina e possibilita buscar conhecimentos fronteiriços. Por fim, os debates entre posicionamentos epistemológicos não deveriam perder de vista o essencial: é a educação que pode promover a humanização, que pode formar sujeitos pensantes e críticos, e contribuir para o desenvolvimento pleno da personalidade. E que é na escola que essa humanização pode ocorrer institucionalmente por meio do processo de ensino-aprendizagem e das interações pedagógicas na sala de aula. O desafio político para os educadores continua sendo a aposta em favor de uma visão social e pedagógica de sustentação da escola pública justa, a consolidar-se em um pacto social, político e pedagógico em torno de uma escolarização igual para sujeitos diferentes em um currículo comum, como propunha Gimeno Sacristán (FRIGOTTO, 2005, p. 248) expressa com precisão as bases desse pacto. Ele propõe:

> [Uma educação] que faculte aos jovens as bases dos conhecimentos que lhes permitam analisar, compreender o mundo da natureza, das coisas, e o mundo humano/social, político, cultural, estético, artístico. [...] A escola pública unitária e politécnica – que articula ciência, conhecimento, cultura e trabalho – não pode ser nem homogeneizadora nem atomizadora e particularista. [...] O desafio é que um

conjunto de conceitos e categorias básicas possa ser reconstruído ou produzido com base na diversidade, tanto regional como social e cultural. Isto significa que os sujeitos coletivos singulares são a referência real, ponto de partida e de chegada, e que não podem ser homogeneizados *a priori*. Em contrapartida, o objetivo é que, ao longo do processo, todos possam ter direito ao patamar possível de conhecimento. Se, de um lado, a homogeneização pelo alto violenta as singularidades dos sujeitos coletivos e sua particularidade histórica, por outro, a escola não pode ter como ponto de chegada a pulverização das particularidades, mas desenvolver um grau de universalidade histórica construída nessa diversidade (unidade do diverso).

Referências

ANDRÉ, M.E.D.A. "Tendências da pesquisa e do conhecimento didático no início dos anos de 2000". In: EGGERT, E. et al. *Anais do XIV Endipe* – Trajetórias e processos de ensinar e aprender: didática e formação de professor. Porto Alegre: PUCRS, 2008.

CANDAU, V.M. "Currículo, didática e formação de professores: uma teia de ideias-força e perspectivas de futuro". In: OLIVEIRA, M.R. & PACHECO, J.A. (orgs.). *Currículo, didática e formação de professores*. Campinas: Papirus, 2013.

CANDAU, V.M. (org.). *A didática em questão*. Petrópolis: Vozes, 1984.

CRUZ, G.B.; OLIVEIRA, A.T.C.C.; NASCIMENTO, M.B.C.A. & NOGUEIRA, M.A. (orgs.). *Ensino de didática*: entre recorrentes e urgentes questões. Rio de Janeiro: Quartet, 2014.

HEDEGAARD, M. & CHAIKLIN, S. *Radical-local teaching and learning*: a cultural-historical approach. Aarhus, Din.: Aarhus University Press, 2005.

LIBÂNEO, J.C. "Antinomias na formação de professores e a busca de integração entre o conhecimento pedagógico-didático e o conhecimento disciplinar". In: MARIN, A.J. & PIMENTA, S.G. (orgs.). *Didática*: teoria e pesquisa. Araraquara: Junqueira & Marin/Uece, 2015.

_____. "O campo teórico e profissional da didática hoje: entre Ítaca e o canto das sereias. In: FRANCO, M.A.S. & PIMENTA, S.G. (orgs.). *Didática*: embates contemporâneos. São Paulo: Loyola, 2010.

_____. "A integração entre didática e epistemologia das disciplinas: uma via para a renovação dos conteúdos da didática". In: DALBEN et al. (orgs.). *Convergências e tensões no campo da formação e do trabalho docente*: didática, formação de professores, trabalho docente. Belo Horizonte: Autêntica, 2010.

_____. "O ensino de didática, de metodologias específicas e de conteúdos do Ensino Fundamental nos currículos dos cursos de pedagogia". In: *Revista Brasileira de Estudos Pedagógicos*, vol. 91, n. 229, set.-dez./2010, p. 562-583. Brasília

_____. "Didática e epistemologia: para além do embate entre a didática e as didáticas específicas". In: D'ÁVILA, M.C. & VEIGA, I.P. (orgs.). *Profissão docente*: novos sentidos, novas perspectivas. Campinas: Papirus, 2008.

_____. "Produção de saberes na escola: suspeitas e apostas". In: CANDAU, V.M. (org.). *Didática, currículo e saberes escolares*. Rio de Janeiro: DP&A, 2000.

_____. "Algumas abordagens contemporâneas de temas da educação e repercussão na didática – A contribuição da pesquisa no campo do currículo. In: SCHEIBE, L. (org.). *Anais do VIII Endipe*, vol. 1, 1996. Florianópolis.

_____. "Contribuição das ciências da educação na constituição do objeto de estudo da didática". In: CHAVES, S.M. & TIBALLI, E.F.A. (orgs.). *Anais do VII Endipe*, vol. 2, 1994. Goiânia.

_____. *Didática*. São Paulo: Cortez, 1990.

_____. *Democratização da escola pública*: a pedagogia crítico-social dos conteúdos. São Paulo: Loyola, 1985.

MARCONDES, M.I.; LEITE, M.S. & LEITE, V.F. "A pesquisa contemporânea em didática: contribuições para a prática pedagógica". In: *Educação em Revista*, vol. 27, n. 3, 2011. Belo Horizonte.

MEIRIEU, P. Aprender sim... Mas como? Porto Alegre: ArtMed, 1991.

MOREIRA, A.F. & SILVA, T.T. (orgs.). *Currículo, cultura e sociedade*. São Paulo: Cortez, 1994.

OLIVEIRA, M.R.N.S. "A pesquisa em didática no Brasil: da tecnologia do ensino à Teoria Pedagógica". In: PIMENTA, S.G. (org.). *Didática e formação de professores*: percursos e perspectivas no Brasil e em Portugal. São Paulo: Cortez, 1997.

PIMENTA, S.G. "A pesquisa em didática: 1996-1999". In: CANDAU, V.M. (org.). *Didática, currículo e saberes escolares*. Rio de Janeiro: DP&A, 2000.

_____. "Para uma ressignificação da didática – Ciências da educação, pedagogia e didática (uma revisão conceitual e uma síntese provisória)". In: PIMENTA, S.G. (org.). *Didática e formação de professores* – Percursos e perspectivas no Brasil e em Portugal. São Paulo: Cortez, 1997

SEVERINO, A.J. "A construção do campo científico da educação em debate: contribuições da filosofia da educação latino-americana". In: *Itinerários de Filosofia da Educação*, vol. 13, 2015. Porto.

SHULMAN, L.S. "Conocimiento y enseñanza: fundamentos de la nueva reforma". In: *Profesorado* – Revista de Curriculum y Formación del Profesorado, vol. 9, n. 2, 2005 [Disponível e http://www.ugr.es/~recfpro/rev92ART1.pdf].

VYGOTSKY, L.S. *Pensamiento y habla*. Buenos Aires: Colihue Clásica, 2007.

5
A questão da epistemologia e suas implicações a uma episteme didática: apontamentos preliminares

Evandro Ghedin

Introdução

Quando me foi posto o desafio de discutir as bases epistemológicas da Didática, a primeira questão que me veio foi: qual a relação e distinção entre Pedagogia e Didática? Mas teria a Didática uma epistemologia? A Didática é uma ciência? Ou seria a Didática uma disciplina circunscrita no interior de outra ciência que ela não é em si mesma? Como a Didática se estrutura/organiza/desenvolve/fundamenta seu saber/conhecimento epistemicamente?

Posso afirmar de antemão, que só há epistemologia se houver uma ciência a qual se possam analisar seus pressupostos e critérios de verdade e/ou de certeza. No caso da Didática, considerando sua historicidade e suas perspectivas epistêmicas, podemos sustentar que não há uma epistemologia que a constitua em si, mas radicalmente dependente da Pedagogia que, de modo geral, lhe abriga pela tradição.

A estreiteza e o espaço deste texto não nos permitirão aprofundar tais questões como o tema requer, pois há que considerar, de antemão, as questões centrais da epistemologia para, expressos seus pressupostos, podermos analisar, com a devida e necessária acuidade, o que há de epistêmico na Didática.

Por conta disso sustentamos, provisoriamente, que *a Didática ancora-se epistemologicamente em uma dupla tríade que lhe dá estrutura: (I) a cognição, a cultura e a condição biológica do humano; (II) as teorias da ciência, as teorias da aprendizagem e a sua história – a configuração temática do campo expressa pelas pesquisas sistemáticas que lhe constituíram o ensino como objeto próprio de ação, investigação, teorização e práxis.*

Dizendo de outro modo, podemos afirmar que a *Didática constitui-se de uma complexidade que implica a origem da "condição humana", a forma de configuração do poder político, a estrutura biossocial, que se configura como campo que busca garantir a continuidade do ser em seu próprio rompimento estrutural!*

Decorrente de minhas opções, o que proponho ao longo deste texto é, considerando as questões anteriormente postas, expressão do que é e como se configura a epistemologia enquanto campo de reflexão e investigação que se ocupa em "estabelecer" critérios de validação do conhecimento científico a partir de questões que lhe são requeridas.

Tendo estes critérios como referência, poderemos, a partir do campo da Didática em sua interseção com a Pedagogia, estabelecer sua distinção epistêmica que lhe confere (ou não) cientificidade.

Ao dirigir-se a questão, inicialmente, pode-se dizer que epistemologia é um conceito forjado na segunda metade do século XX. Etimologicamente, deriva de dois complexos conceitos traçados pela cultura grega: *epistêmê*, que pode ser entendido, inicialmente, como ciência ou conhecimento e *logos*, que em uma tradução simplista pode ser entendido como discurso. Seu sentido histórico, porém, é muito mais profundo, pois remonta às origens da filosofia em suas tradições mais antigas. Poderia dizer que o *Logos* é a possibilidade que tem o humano de dizer-se ser humano, é aquilo que funda o ser como linguagem. Segundo Japiassu (1992), epistemologia quer dizer Teoria do Conhecimento, pois estuda a origem do conhecimento, sendo um ramo da filosofia que trata dos problemas filosóficos relacionados com a crença e o conhecimento.

Uma definição "mais lata" do conceito o compreende como o estudo da origem, da estrutura, dos métodos e da validade do conhecimento; nesses termos relaciona-se com a metafísica, a lógica e a filosofia da ciência, bem como com a História da Ciência e das áreas específicas. É uma das principais áreas da Filosofia, pois facilita a possibilidade da compreensão do conhecimento, permitindo ao ser humano alcançar o conhecimento "total" e "genuíno". Ou melhor, como uma busca da verdade que se encontra nas coisas por meio de instrumentos considerados válidos por uma comunidade científica.

Quanto à investigação etimológica do termo Epistemologia

O substantivo *epistêmê*, ligado ao verbo *epistamai*, significa, em termos gerais, familiaridade com um assunto, habilidade, experiência (como em arquearia ou na guerra, p. ex.); é uma forma de conhecimento prático. Provavelmente é formado pela conjugação de *epi* (preposição que significa *sobre*) e *histêmi*, que significa: a) colocar em pé, erguer, fixar, colocar firme. Podemos dizer que *epistêmê* traz a ideia de algo que sobre o que se pode sustentar firmemente alguma coisa (CHANTRAINE, 1968/1999).

Nesse sentido, informações precipitadas poderão sugerir que a *epistêmê* seria aquela produção do intelecto que garantiria um lugar privilegiado para se ver as coisas; algo como aquilo que Putnam (1992, p. 77) chamou de "o ponto de vista do Olho de Deus". Evitando essa interpretação, convém atentar para o que diz Heidegger (1998, p. 204):

> O que diz *epistêmê*? O verbo que lhe corresponde é *epistasthai*, colocar-se diante de alguma coisa, ali permanecer e deparar-se, a fim de que ela se mostre em sua visão. *Epistasis* significa também permanecer diante de algo, dar atenção a alguma coisa. Esse estar diante de algo numa permanência atenta, *epistêmê*, propicia e encerra em si o fato de nós nos tornarmos e sermos cientes daquilo diante do que assim nos colocamos. Sendo cientes podemos, portanto, tender para (*vorstehen*) a coisa em causa, diante da qual e na qual permanecemos na atenção. Poder tender para a coisa significa entender-se com ela. Traduzimos *epistêmê*, por "entender-se com-alguma-coisa".

Quando se fala em epistemologia, está se falando de um tipo de ciência (no sentido de estar ciente) que se entende com-alguma-coisa.

O termo epistemologia não é encontrado na literatura grega antiga, mas encontram-se *epistêmê* e *logos*. Vejamos algo sobre o sentido de *logos*. Localiza-se como ocorrência mais remota do termo em Hesíodo (*Teogonia*). *Logous* é filho de Éris. "*Éris* é, em princípio, 'o ardor no combate, a luta, a disputa, a querela, a rivalidade, a discórdia'. Aparece já personificada em Homero e Hesíodo" (BRANDÃO, 1993, p. 355).

Sendo o *Logos* da linhagem de Éris, pode-se dizer que a *fala* ou o *discurso* (significados literais da palavra grega) é fruto da disputa, da luta, do combate. É com certo receio que se afirma isso, pois facilmente se podem transpor termos para âmbitos extremados, sejam eles no que diz respeito ao sentido cristão, sejam entendendo luta com a conotação marxista.

Para Nietzsche (1992) essa condição ambígua – a fala como fruto da disputa – é da ordem da condição humana. Só a confiança em uma natureza não humana poderá sustentar a ideia de que qualquer iniciativa humana não seja pertencente a esses elementos contraditórios. Só a prisão a um tipo de ideologia poderia sustentar que a fala é resultado *necessário* de lutas. O que se está sugerindo é que o *logos* grego passa pelo debate, pela argumentação, assim como o experimentava a democracia grega. Pois o princípio que sustenta a democracia é o reconhecimento de que nenhum dos cidadãos possui a verdade, pois, de posse dela, o debate desvanece; afinal, alguém já possui o que todos buscam! Se entendermos o debate e o discurso como busca de algo que se venha a concordar, naquele momento, como se fosse verdade, a disputa e a luta podem fazer sentido.

Por um lado, pode-se inscrever o *logos* enquanto *dia-logo*, podemos vê-lo, também, como a busca do filósofo: esse procura o *logos*. "Não de mim, mas do *logos* tendo ouvido é sábio homologar: tudo é um." (HERÁCLITO, 1996, p. 101, frag. 50). "Por isso é preciso seguir *o-que-é-com*. Mas, o *logos* sendo *o-que-é-com*, vivem homens como se tivesse um entendimento próprio e particular" (HERÁCLITO, 1996, p. 96, frag. 2).

No contexto dessa reflexão não há espaço para aprofundar as implicações do pensamento heraclítico quanto ao *logos*. Em termos gerais, podemos entender o *logos* no âmbito semântico da palavra grega *lego* (palavra que significa: deitar, colher, dizer, entre outros), de onde temos que o *logos* é o que acolhe o que reúne, e que, de acordo com Heráclito, escuta para além dos sons produzidos. O *logos* é que deve ser seguido, aquilo que *é-com*, está junto, faz parte. Nesse sentido, o *logos* constitui-se a institucionalização da racionalidade e do pensamento expresso pela linguagem que permite ao humano dizer de sua identidade.

Seguindo esse raciocínio sobre o *logos* e tendo a *epistêmê* como conhecimento, ciência e prática, pode-se inferir que a epistemologia nos *fala* de um tipo de ciência, ou ainda, de *con(s)ciência* acerca do modo como nos entendemos com-alguma-coisa, ou seja, o modo como a ouvimos; em uma palavra, o seu *logos*. Com isso, queremos dizer que há um *logos* a ser apreendido quando nos colocamos diante de algo com a intenção de nos entendermos com ele. Em nosso caso, queremos tudo isso em relação ao trabalho com o ensino mediado pelo trabalho docente – o trabalho didático, sabendo que isso depende da nossa escuta atenta e do nosso esforço intelectual em nos entendermos com esse trabalho. Isso é mais do que dizer como ela deve ser; está além de nossas prescrições técnicas ou teóricas. Assim se poderia dizer que a epistemologia requer esse "estar junto" intencionalmente para entender-se com ela. Isso quer dizer que, para entendê-la, há de estar junto dela e dos que dela se ocupam; mas isso é tudo o que ela é? O que ela é depende, também, do que não é! Para efeito desse trabalho, considerando seu espaço, vamos deixar de lado o "o que não é" e olhar por aquilo que pode ser.

O conceito epistemologia

Para uma caracterização da existência da epistemologia, como designação de um objeto próprio de investigação, vale o exemplo dado por Carrilho e Sàágua (1991, p. VII):

> Assim como se não houvesse atividade artística seria difícil conceber a existência da estética, também se não existisse conhecimento científico certamente não existiria a epistemologia; esta disciplina, com efeito, emerge e desenvolve-se numa grande proximidade temática das ciências, das suas práticas, dos seus discursos, dos seus problemas.

No entanto, não é tão simples, pois a existência do objeto não é suficiente para caracterizá-lo e definir sua condição cognoscitiva, ontológica e epistêmica. Isso vale para o caso da epistemologia da Didática, pois ela existe! No entanto, sua epistemologia só passa a existir a partir da existência sistemática de tal reflexão. Porém, considerando a conjugação de *epistêmê* e *logos*, de acordo com Canguilhem (1977; 2012), pode-se dizer que o termo epistemologia foi originalmente proposto na língua inglesa em 1954, surgindo em oposição à *ontology*. Em língua francesa, registra-se seu aparecimento em 1901, na tradução do livro de Russell *Ensaio sobre os fundamentos da geometria* de 1894.

De acordo com Carrilho e Sàágua (1991, p. VII), nas duas línguas, essa palavra, a partir de então, passará a ter significados diferentes

> *epistemology* designará sobretudo a Teoria do Conhecimento e *epistémologie* a filosofia das ciências, de modo que o termo que corresponde a *epistemology* é, na língua francesa, *théorie de la connaissance*, correspondendo *epistemologie* à expressão inglesa *philosophy of science* [grifos nosso].

O sentido que se estabiliza na língua francesa encontra-se em outras línguas, podendo falar-se de dois usos da noção, um continental e outro anglo-saxônico. Em português, há uma oscilação entre esses dois sentidos ao termo, o que configura seu conceito e reflete nos textos e autores que apresentamos neste texto.

A questão do conhecimento sempre esteve presente na história desde que o ser humano começou a sistematizar metódica e logicamente o saber humano.

Nesse sentido, desde Heráclito, essa questão é posta e permanece como objeto específico de um saber que se tornou uma cultura e uma linguagem: a Ciência. É claro que até a Idade Moderna nós não tínhamos ainda o que conhecemos como epistemologia, ou seja, uma "Teoria do Conhecimento". Essa se pode dizer, é uma criação kantiana. O que temos até então é a compreensão aristotélica de ciência (o que não é uma Teoria do Conhecimento, nem uma epistemologia), e temos uma compreensão platônica de *epistêmê* atrelada a uma teoria das ideias.

Nessa área há muitas novidades: primeiro, a ciência experimental de Leonardo da Vinci e Galileu Galilei. Depois, somados a isso, o peso do humanismo renascentista, que separa pouco a pouco a *Matter et Magistra* de outros campos do saber. Nesse momento histórico de intensa atividade intelectual, surgem Maquiavel, Grócio e Hobbes, o mercantilismo e a consolidação de uma única classe de comerciantes, os burgueses. Estrutura-se o Estado Absoluto, uma nova concepção de Direito etc.

É nesse contexto que Descartes fará a proposição e inclusão de um novo conjunto de relações no processo de produção do conhecimento humano. Ele se preocupa em dar suporte metafísico à ciência de seu tempo e ultrapassa sua época ao propor um novo método para elaboração da investigação científica. Lendo as meditações, percebemos que a base é a inegabilidade do "eu penso". Depois do *cogito*, temos o uso de um princípio de correspondência que deve explicar todo o restante, a partir da primeira certeza dada pelo cogito. Isto é fazer epistemologia!

Descartes pode ser considerado o primeiro epistemólogo, pois procurou uma certeza indubitável (o *cogito*) naquele que ele classificou como *mente*, fundando a noção de consciência. A essa certeza, procurou enquadrá-la com as verdades da matemática, e como na Renascença começava a crescer a importância de uma explicação matemática à natureza (Galileu Galilei), o *cogito* passa a ser uma explicação filosófica para o mundo, ou seja, para a ciência. Segundo Rorty (1988, p. 56-57):

> A mudança cartesiana da mente-como-razão para mente como-a-rena-interna não era tanto triunfo do arrogante sujeito individual liberto das guilhetas escolásticas como o triunfo da busca da certeza sobre a busca da sabedoria. Daí em diante, os filósofos tinham o caminho aberto para alcançarem o rigor do matemático ou do físico matemático, ou para explicarem o aparecimento do rigor nestes campos, mais do que para ajudarem as pessoas a obter paz de espírito. A ciência, mais do que a vida, tornou-se o tema da filosofia, e a epistemologia o seu centro.

Então podemos dizer que o que entendemos por "epistemologia" ganhou força mesmo a partir da Filosofia Moderna. Após Descartes, grande parte da totalidade dos filósofos tomando a "mente-como-arena-interna" desenvolveu diferentes teorias do conhecimento. Essas diferentes teorias do conhecimento procuravam, a partir da noção de "interno", de consciência surgida em Descartes, explicar a maneira de ser do mundo. Procuravam, portanto, "espelhar melhor o mundo na sua mente-como-arena-interna". Packter (1997) não foi indiferente a todo esse processo gigantesco provocado por Descartes, e é por isso que em uma nota sutil, onde trata do tópico 20, epistemologia, diz que, por analogia, o estudo epistemológico é uma pesquisa anterior ao que tem por verdade subjetiva. É uma observação atenta do próprio aparelho a ele mesmo, uma visão espetacular de espelho.

A filosofia moderna debruçou-se sobre o aparelho cognitivo humano. Classicamente, podemos dizer que temos duas interpretações modernas desse aparelho: uma humana e outra kantiana. Na primeira, a razão é tida como escrava das paixões; na segunda, não. Segundo Packter (1997), uma apresenta a visão pessimista e a outra mais otimista. Concluindo, a epistemologia é um debruçar-se sobre *como conhecemos* as coisas. Então, como a didática conhece seus objetos como algo que lhe é próprio? Isso é possível sem a Pedagogia? Essas são questões para enunciarmos ao final do texto.

A epistemologia surge inicialmente como uma reflexão sobre o científico, por isso se abriga, em sua origem, na Filosofia; ela se desenvolve de modos claramente diferenciados, fazendo-se necessário distinguir a reflexão *global* e *exterior* sobre a ciência que a caracteriza nas suas origens da análise mais local e interna das ciências que pontuarão seu desenvolvimento posterior (CARRILHO & SÀÁGUA, 1991).

Assim, como reflexão global e exterior à ciência, a epistemologia ocupou-se dela, sobretudo, porque ela se revelou um meio privilegiado do conhecimento do real, conhecimento que se apresentava em contínuo crescimento e sobre o qual se pretendiam exercer funções normativas e legisladoras.

De acordo com Carrilho e Sàágua (1991, p. XI),

> Essa concepção só entrará em colapso com as crises da física e da matemática que, entre os fins do século XIX e os começos do século XX, põem em causa os seus principais pressupostos, suscitando então um movimento inédito em que são os próprios cientistas que mais incisivamente interrogam os fundamentos não só das suas teorias, mas também da sua atividade.

Por conta disso, pode-se afirmar, com Brunschwicg (1912), que na ciência não há só processos progressivos, mas também reflexivos. É justamente nesse nível de desenvolvimento da epistemologia que emerge a preocupação e a ocupação, ao lado da epistemologia geral, aquela que se ocupa das características e dos problemas genéricos do conhecimento científico, de epistemologias *internas* e *regionais* que focalizam seu trabalho em uma ciência ou disciplina precisa, e o realizam no interior dessa mesma ciência ou disciplina.

A epistemologia, entendida como Filosofia da Ciência, surge no século XIX quando se tornou clara a irreversibilidade do progresso científico, sendo solidária de uma concepção global da atividade científica.

É nesse cenário que entra o positivismo, que procura explicitar o segredo do seu progresso e legislar sobre seu valor e objetivos: foi isso que o positivismo, que o marcou de um modo claro as raízes, pretendeu fazer com seu discurso do método, ao procurar esclarecer a "marcha progressiva do espírito humano" (COMTE, 1991, p. 4).

O que Comte visava era o estabelecimento de uma lei fundamental desse percurso, à qual ele se encontrasse submetido por uma "necessidade invariável", definindo para o efeito três fases sucessivas (teológica, metafísica e científica) que corresponderiam não só a três métodos distintos, mas também a três tipos de filosofia, linear e progressivamente articulados, sendo a primeira "o ponto de partida necessário da inteligência humana; a terceira, o seu estado fixo e definitivo; a segunda destina-se unicamente a servir de transição" (COMTE, 1991, p. 5).

Segundo Carrilho e Sàágua (1991, p. XIII), no positivismo todos os saberes se desenvolvem na mesma ordem. A universalidade é apenas uma questão de tempo e de método: o que Comte pensa é que, se a positividade científica caracteriza já os saberes astronômico, físico, químico e fisiológico, falta apenas englobar os saberes relativos aos fenômenos sociais para "dar à filosofia positiva a universalidade que é indispensável à sua definitiva constituição" (COMTE, 1991, p. 17).

Esse projeto positivista pereceu em face de duas dificuldades epistemológicas: uma decorrente da rigidez normativa do seu modelo enciclopédico, outra da crise que abalou as ciências que lhe serviam de referência paradigmática. No entanto, seria correto considerar essa proposta epistemológica por meio dos elementos estratégicos do seu programa, nomeadamente da pretensão de estabelecimento de critérios de cientificidade que se identifiquem com os próprios critérios de racionalidade. Isso pode nos ajudar a refletir sobre o conhecimento didático, apesar dos limites de sua proposição.

É na linha desse programa que se situa a tese epistemológica de Pierre Duhem (1991) ao procurar elucidar as características da teoria física de modo a evitar qualquer contaminação metafísica. A tese de Duhem é a de que:

> Uma teoria física não é uma explicação. É um sistema de proposições matemáticas, deduzidas de um pequeno número de princípios que têm como objetivo representar, tão simplesmente, tão completamente e tão exatamente quanto possível, um conjunto de leis experimentais (DUHEM, 1991, p. 48).

As críticas de Duhem têm duas posições que são, por um lado, a que atribui à teoria física como objeto os elementos últimos da realidade material e, por outro, a que lhe impõe a tarefa de construir modelos mecânicos: no primeiro caso, a física desemboca na metafísica e no carrossel de conflitos que a caracteriza; no segundo, prendem-se às características de economia intelectual e de elegância estética das teorias que são vitais à teoria científica.

Na análise de Duhem (1991), esta é antes pensada como uma classificação natural, que sugere ao físico, na analogia que traça com o zoólogo, que os "laços ideais estabelecidos pela sua razão entre concepções abstratas correspondem a ligações reais entre os seres concretos, em que essas abstrações têm lugar" (DUHEM, 1991, p. 57). A teoria não garante nenhuma correspondência com o real, mas pela previsão de que se revela capaz sugere-a muito fortemente:

> a teoria física nunca nos dá a explicação das leis experimentais, nunca nos revela as realidades que se ocultam atrás das aparências sensíveis; mas quanto maior é o seu aperfeiçoamento, maior é o nosso pressentimento de que a ordem lógica, na qual ela ordena as leis experimentais, é o reflexo de uma ordem ontológica; maior a nossa suspeita de que as relações que estabelece entre os dados de observação correspondem a relações entre as coisas; maior a nossa convicção de que tende a ser uma classificação natural (DUHEM, 1991, p. 60).

É a partir daqui que se expõe a constituição das teorias físicas por meio de quatro fases: (1) a definição e medida das grandezas físicas; (2) a escolha das hipóteses; (3) o desenvolvimento matemático da teoria; (4) a comparação da teoria com a experiência, as quais aparecem como totalidades de certo modo orgânicas que inviabilizam a efetivação de experiências cruciais, definindo-se de um modo holista: aspecto que Queine (1991) retomará mais tarde, prolongando o holismo *epistemológico* de Duhem em um holismo *semântico*.

Pode-se dizer que o esclarecimento das características da noção de teoria continuará durante todo o século XX no cerne de alguns dos principais debates epistemológicos, cuja relevância mais recente pode-se avaliar com a leitura de Davidson, Holton, Popper, Putnam, Queine e Rorty. Contudo, ele suscitou sérias críticas à concepção de história da ciência avançada pelo positivismo, tornando imperioso o questionamento da noção de progresso científico de modo a determinar sua especificidade e a repensar seu posicionamento no interior da dinâmica não só da ciência, mas também da cultura.

Exemplo característico dessa linha epistemológica é Bachelard, que conduziu múltiplas análises com esse objetivo, destacando particularmente as conexões entre "a consciência de modernidade e a consciência de historicidade" (BACHELARD, 1991, p. 76), ponto também central na análise de Koyré (1982), que construiu sua obra por uma perspectiva unitária do pensamento em que o científico e o filosófico se articulam de um modo constante e profundo, o que o levou a insistir na dimensão teórica da ciência, a valorizá-la em face da sua dimensão empírica; por conta disso, afirma que a ciência:

> é essencialmente *Theoria*, busca da verdade, e que, por isso, ela tem e sempre teve, uma vida própria, uma história imanente, e que, por isso, ela tem e sempre teve uma vida própria, uma história imanente, e que é somente em função de seus próprios problemas, de sua própria história, que ela pode ser compreendida (KOYRÉ, 1982, p. 377).

Canguilhem (2012) se ocupou do perfil epistemológico dessa história, em que coloca a questão decisiva de saber de que é que a história das ciências é história. Canguilhem distingue o objeto da ciência do objeto da história da ciência, uma vez que essa "é a história de um objeto que é uma história, que tem uma história, ao passo que a ciência é ciência de um objeto que não é história, que não tem história" (CANGUILHEM, 1991, p. 121).

A história das ciências tem um objetivo que é histórico, pelo que ela se deve assumir como a "tomada de consciência explícita, exposta como teoria, do fato de que as ciências são discursos críticos e progressivos para a determinação daquilo que, na experiência, deve ser tomado como real" (CANGUILHEM, 1991, p. 123). De acordo com Carrilho e Sàágua (1991), o que essas abordagens tornam claro é a íntima e complexa ligação da pesquisa epistemológica com o elemento histórico.

O apuramento do tipo de relevância que marca essa ligação é o objetivo do qual se ocupará Hanson, que sustenta a tese de que se a história da ciência sem a filosofia da ciência é cega, a filosofia da ciência sem a história da ciência é vazia; e que o seu mútuo esclarecimento impõe uma particular atenção à "centralidade da *argumentação* nas diligências quer dos historiadores da ciência quer dos filósofos da ciência" (HANSON, 1991, p. 138).

A forma de proceder no trato dos objetos na relação da história da ciência com a filosofia da ciência deve seguir, segundo Hanson (1991, p. 155-156) uma estrutura:

> a *única* maneira é começar com uma descrição e uma delineação exatas de alguma perplexidade experimental ou teórica das quais nenhum historiador da ciência se possa queixar. Isto seria, então, submetido a uma análise filosófica caracterizada por um rigor que qualquer lógico possa respeitar. Como ideal pode ser inatingível. Mas possui, de fato, o máximo valor heurístico. E colocando assim a questão, podemos demarcar, por fim, a relação entre a história da ciência e a filosofia da ciência.

Isso quer dizer que a definição epistemológica de um dado objeto de investigação relaciona-se estreitamente com a história do problema científico com o qual se está preocupado. A história do conceito e sua lógica não estão intimamente relacionados, mas inferir que não há absolutamente nenhuma conexão entre os dois é um erro que não pode ser aceito.

Para uma demarcação do debate, faz-se jus identificar que de Comte a Hanson temos uma epistemologia que se constrói na relação com a história das ciências e a filosofia da ciência. Por outro lado, o debate que se segue e marca as vias da epistemologia propriamente dita é demarcado pela definição dos *temas do pensamento científico*, abordado por Holton. Nesse contexto, podemos afirmar que essa construção se dá mais eminentemente por Davidson, Popper, Putnam, Quine, Rorty e muitos outros. É claro que a epistemologia contemporânea não se reduz a esses autores, mas se pode sustentar que suas vias demarcatórias são construídas por esses e outros que compareçam de diferentes formas (cf. GHEDIN, 2017).

Entre a lógica e os fatos da experiência científica, há uma característica que sempre recebeu atenção especial no panorama epistemológico contemporâneo: a argumentação nos processos cognitivo e científico, sendo essa entendida mais no sentido lógico do que na acepção retórica do termo. A argumentação desenvolve-se sempre sobre o pano de fundo de determinadas pressuposições regulares, contínuas, comuns às posições conflituais que dão forma às controvérsias. Foram essas pressuposições que Holton (1991) designou por *themata* ao estudar a gênese da atividade científica, e de que se encontram exemplos nas polarizações simplicidade/complexidade, atomismo/contínuo, análise/síntese, entre outras. Segundo Holton (1991, p. 170) os temas abarcam toda atividade científica na sua orientação imaginativa "constrangendo ou estimulando o indivíduo, determinando por vezes uma orientação, uma norma, uma polarização no seio de uma comunidade científica".

Os temas são irredutíveis, quer ao regime da observação, quer à distinção do cálculo, e é esse aspecto central que se destaca com a distinção do seu triplo uso estabelecido por Holton: *o conceito temático*, ou componente temático de um conceito, de que são exemplos os

> conceitos de simetria e de contínuo; o *tema metodológico* (como a preferência pela expressão de possibilidade ou impossibilidade de leis científicas em termos de invariantes, de extremos ou de impossibilidades); e a *proposição temática*, ou *hipótese temática* (exemplificada por enunciados globalizantes, como a hipótese de Newton quanto à imobilidade do centro do Universo ou os dois princípios da Teoria da Relatividade Restrita) (HOLTON, 1991, p. 173).

O que o autor pretende esclarecer é o tipo de interferência que elementos de ordem muito diversa, que vão do psicológico ao social e ao cultural, têm na atividade científica. Ela permite um questionamento rigoroso das concepções positivistas que pretendem encontrar naquela atividade critérios sólidos de avaliação de todas as outras atividades humanas.

Os trabalhos de Popper tiveram um impacto decisivo nesse ponto, nomeadamente ao contestar o critério de significação neoempirista e ao enfatizar não só os seus pressupostos como as suas consequências. Ao critério de significação que conduz à exclusão de problemas filosóficos, Popper substitui um critério de demarcação que articula o científico e o filosófico. A rejeição da indução e o abandono da pretensão verificacionista caminham passo a passo com a adoção e o esclarecimento do falsificacionismo, que traça o paralelo entre a testabilidade científica e a discutibilidade filosófica. É nesse paralelo que se gera a ideia de programa de investigação metafísica; isto é, de um conjunto de ideias heuristicamente interessantes e cientificamente fecundas, ainda não testáveis.

Segundo Carrilho e Sàágua (1991), o confronto com o positivismo lógico é certamente um dos eixos que melhor permite compreender e avaliar a situação contemporânea do campo epistemológico. O debate que se segue a esse confronto é caracterizado pelo constante diálogo crítico que se dá desde Quine e seguindo por Davidson, Putnam e Rorty. Entre eles, há três aspectos em comum:

1) Resultam, em parte, do fracasso do empirismo lógico do Círculo de Viena e de Carnap para a epistemologia, entendida como disciplina filosófica que se ocupa dos "fundamentos do conhecimento natural" (QUINE, 1991, p. 269), programa ao que todos se referem explicitamente em maior ou menor grau.

2) Todos eles se ocupam, mesmo com variáveis e matrizes diferentes, em procurar extrair do fracasso (do Círculo de Viena) uma lição filosófica com alcance programático: (I) reformando o conceito empirista de experiência e de observação (Putnam e Quine) e propondo uma naturalização da epistemologia; (II) enfatizando a ideia de que "a epistemologia se torna agora semântica" (QUINE, 1991, p. 297), mas é Davidson que elabora o programa de desenvolvimento dessa semântica para além dos limites da preocupação de natureza estritamente epistemológica e em direção a uma *Teoria do Sentido* e da *verdade* como *coerência de crenças* em que a ideia de *confrontação* de um conjunto de frases, constitutiva de uma teoria ou de uma linguagem, com a *experiência, através de frases de observação*, deve ser abandonada; (III) levando-a ao limite; isto é, sustentando que não existe nenhuma relação específica que as teorias científicas tenham com a realidade e sugerindo que a Epistemologia, como disciplina que se ocupa dos aspectos relevantes dessa relação, está condenada a trabalhar no vazio. Assim sendo, deixa de ser pertinente procurar alcançar uma linha de demarcação entre a "Ciência" e o "resto da Cultura", pelo que a Filosofia deve deixar de ver nisso um "terreno" de onde emanam *problemas filosóficos* e procurar em outros lugares da cultura outra motivação para o seu trabalho.

3) Esses autores distinguem implicitamente entre uma *Epistemologia* que, tendo operado a virada linguística (*linguistic turn*) se ocupa ainda, tal como a clássica *Filosofia do Conhecimento*, com a natureza e os limites da cognição humana, e uma *Filosofia da Ciência* que trata de problemas filosóficos postos pelos conteúdos e desenvolvimentos específicos das ciências.

É claro que a Epistemologia não pode ser indiferente à estrutura linguística das teorias científicas; ela as pensa em termos gerais e naquilo que elas têm em comum com o uso natural da linguagem. Assim, em vez de falar do *conteúdo empírico* das teorias científicas, falará de *conteúdos empíricos* dos sistemas linguísticos; em vez de falar das experiências científicas, falará em geral da relação entre sistemas de frases e experiência. Para tal movimento, "o essencial pode ser esquematizado usando pouco mais do que a análise lógica" (QUINE, 1990, p. 2, tradução livre).

Vagamente falando, quanto menor for nossa preocupação epistemológica, maior será nossa distância da ideia de teorias científicas representadas *em geral* como sistemas linguísticos que se *confrontam com o Mundo a que se referem*, e maior será a nossa proximidade da ideia de sistemas linguísticos representados em geral pelas *linguagens naturais* que se deixam interpretar por meio de seu uso na *comunicação*. Nesse sentido, também, maior será nossa distância das questões que nos podiam aproximar da Filosofia das Ciências.

Quine (1990) define formalmente a Epistemologia Clássica como aquela disciplina que se ocupa dos fundamentos do conhecimento e da ciência. Considera que o modo como o trabalho epistemológico classicamente se realizou pode ser definido como um *esforço de redução* levado a cabo em duas frentes de investigação a que se chama o *lado conceitual* e o *lado doutrinal*. Do ponto de vista conceitual, trata-se da tarefa de classificação dos conceitos, *definindo* ou traduzindo uns em termos de outros; tarefa segunda a qual, idealmente, os conceitos mais obscuros seriam definidos em termos dos mais claros para maximizar a clareza.

Do ponto de vista da doutrina, trata-se da tarefa de *provar* ou de *derivar* certas leis com base em outras; tarefa segundo a qual, idealmente, as leis menos óbvias seriam provadas a partir das que o são mais, para maximizar a certeza. Essas duas frentes de investigação não estão de modo nenhum desligadas, visto que se definem todos os conceitos de uma teoria por meio de um subconjunto privilegiado que é possível mostrar como traduzir todos os teoremas dessa teoria em teoremas contendo apenas os termos do subconjunto que se privilegiou. Com esse programa de investigação, Quine (1990) quer demonstrar que a *Epistemologia do Conhecimento Natural* fracassou.

Quine (1991, p. 273) considera que dois progressos diferentes, desde Hume, foram realizados. O primeiro deixa-se representar pela *definição contextual*. Desse ponto de vista, é possível afirmar que o foco da atenção se deslocou dos *termos* para as *frases* de uma teoria: "para explicar um termo não precisamos especificar um objeto ao qual ele se refira, nem mesmo especificar uma palavra ou expressão sinônima; apenas precisamos mostrar, seja como for, como *traduzir todas as frases como um todo nas quais o termo é usado*" em frases que não contêm esse termo, mas apenas o gênero de termos aos quais se pretende reduzir os primeiros. O segundo progresso consiste em adicionar à ontologia de partida do epistemológico, que se identificava com as impressões sensoriais, os conceitos da Teoria dos Conjuntos; enriquecendo a ontologia com o objetivo de tornar possível ao epistemólogo falar agora de impressões, de *conjuntos* de impressões, de *conjuntos de conjuntos* e de impressões...

A posição filosófica de Quine é caracterizada de *holismo*. A alternativa holista ao projeto reducionista do empirismo lógico concentra o essencial da sua proposta para a *reformulação programática* da Epistemologia. Quine associa ao holismo duas teses: a da indeterminação da tradução e a da subdeterminação das teorias pela experiência. O holismo assenta essencialmente na ideia segundo a qual *um* enunciado *isoladamente* não tem um sentido *cognitivo* que lhe possa ser atribuído como *exclusivamente* seu e não tem também uma classe de implicações exclusivamente suas que possa ser identificada como constituindo seu *conteúdo empírico*. Isso quer dizer que o foco da atenção da epistemologia deslocou-se das frases (isoladas) de uma teoria para os *sistemas* (relativamente inclusivos) de frases de uma teoria, os quais *têm sentido cognitivo* e *conteúdo empírico*. Segundo Carrilho e Sàágua (1991), pela definição contextual, tínhamos passado dos termos para as frases; pelo holismo passamos das frases para os sistemas de frases.

Porém isso não significa que o holismo supere os empiristas. "As duas teses capitais do empirismo mantiveram-se e mantêm-se ainda, inatacáveis. Uma é a de que toda a evidência de que a ciência dispõe é evidência sensorial. A outra [...] é a de que qualquer processo de inculcar sentido às palavras terá de repousar, em última análise, em evidências sensoriais" (QUINE, 1991, p. 277).

Com base nesse debate, Quine propõe uma reformulação da ideia de observação por meio das *frases de observação*, e uma "entrada" nas questões da linguagem pelo estudo do *comportamento* explícito, publicamente observável, de falantes de uma língua. Nesse caso, caberia à Epistemologia render-se à Psicologia.

Enquanto Quine aceita a dicotomia, para mostrar que o programa empirista está destinado ao fracasso e retira como "lição" a necessidade de reformular o conceito de observacional para tornar consistente com a sua posição holista, Putnam ataca diretamente a dicotomia esforçando-se para mostrar sua inoperacionalidade e a artificialidade do problema que lhe estava na origem. É por isso que o modelo de Putnam vai desautorizar a noção de *interpretação parcial*, e o procedimento pelo qual os *termos teóricos seriam introduzidos na linguagem* consiste basicamente em mostrar que:

> podemos e realizamos a proeza de usar uma linguagem imprecisa para introduzir uma linguagem mais precisa [...] mas se alguém nos disser: quero que introduza as conectivas lógicas, qualificadoras, e por aí a fora, sem ter nenhuns termos *imprecisos* porque usar noções imprecisas não é uma reconstituição racional [...] devíamos apenas dizer que a tarefa é simplesmente impossível" (PUTNAM, 1991, p. 323).

Davidson defende uma concepção coerencial da verdade (das frases) e do conhecimento (entendido como sistema de frases tidas como verdadeiras), esforçando-se por dar consistência às duas ideias: (1) que a coerência produz correspondência; (2) que a correspondência não exige confrontação. Então, se for o caso, "podemos ser *realistas* em todos os departamentos" (DAVIDSON, 1991, p. 330).

Davidson (1991, p. 336) define, em geral, a natureza de uma teoria coerencial afirmando que "o que distingue uma teoria coerencial é simplesmente a reivindicação que nada pode contar como uma razão para sustentar uma crença, exceto outra crença". Segundo ele, uma teoria da natureza contrária proporá uma forma de confrontação das nossas crenças com o mundo, mas esse confronto não faz sentido porque não podemos sair de nós próprios para descobrir o que está na causa dos acontecimentos internos de que temos consciência. Embora saibamos que existem as causas externas para nossas crenças, elas não justificam as crenças que causam, porque a única fonte de informação que temos para justificar nossas crenças são outras crenças. Esse debate criou a confusão entre justificação e causa que trouxe à baila, novamente, o ceticismo.

Nessa perspectiva, Davidson (1991, p. 345-346) sugere:

> Que se abandone também a distinção entre frases observacionais e as restantes. Porque a distinção entre frases, cuja crença na verdade é justificada por sensações e frases cuja crença na verdade é justificada apenas por apelo a outras frases ditadas como verdadeiras, é uma anátema para o coerencialista, assim como a distinção entre crenças justificadas por sensações e crenças justificadas apenas por apelo a outras crenças. Consequentemente, sugiro que se abandone a ideia de que o sentido ou o conhecimento são fundados em algo que conta como uma última fonte de evidência. Sem dúvida que o sentido e o conhecimento dependem da experiência, e a experiência, por último, da sensação. Mas esse é o 'depender' da causalidade e não da evidência ou da justificação.

Pode-se dizer que a perspectiva desenhada por Davidson está mais para a Semântica que para a Epistemologia. Isto é, trata-se de uma teoria semântica cujo programa tem implicações epistemológicas, que quer cobrir o programa de Quine e, ao mesmo tempo, procurando ultrapassá-lo.

Esse debate prossegue entre realistas e pragmáticos, especialmente por Rorty, que acaba por definhar as perspectivas realistas e privilegiar uma história intelectual sobre a epistemologia, explicando como é que nossas crenças de hoje são atuais e como são possíveis. Ao mesmo tempo em que põe em questão as virtudes morais do cientista como resultado da desvalorização da ideia de contato privilegiado com a realidade. Nesse caso, a epistemologia cumpre um trabalho de natureza pragmática no interior do discurso sobre a ciência que se reelabora no interior da cultura, mas não se confundindo com ela. Assim, o trabalho da epistemologia é aquele de separar um conjunto de crenças que emergem da cultura e que confundem a verdade científica. Ela tem um trabalho de depuração das crenças justificadas em crenças, como parte da cultura, redesenhando a verdade como progresso do conhecimento e da ciência. Isso aponta para uma questão em aberto na epistemologia do século XX: a relação entre ciência e cultura! Isto é, em que medida a cultura desdobra-se da ciência e como ocorrem as relações de oposição entre cultura e ciência? Constituir-se a ciência em uma cultura capaz de definir um modelo de humanidade? Como se pode caracterizar a relação conhecimento-cultura-ciência?

Não obstante essas questões mais amplas, para efeito de retomada, após esse mergulho nos desdobramentos da Epistemologia de Comte a Rorty, retomamos as definições mais clássicas da Epistemologia compreendida em um universo de saberes territorialmente definidos pela História da Ciência. Por isso, no entender de Paulo (1999), a epistemologia é a parte da filosofia que se ocupa com a forma; isto é, com a estrutura lógica que mostra e garante que aquilo que está sendo estruturado e afirmado está sendo feito de modo correto. Segundo Agazzi (1982), a forma é a maneira de arrumar e organizar o conteúdo, é a lógica que reveste e concatena as informações.

No entender de Japiassu (1975), existem dois tipos de epistemologia, a *epistemologia global* ou geral que trata do saber globalmente considerado, com a virtualidade e os problemas do conjunto de sua organização, quer sejam especulativos, quer científicos; e a *epistemologia específica*, que trata de levar em conta uma disciplina intelectualmente constituída em unidade bem definida do saber e de estudá-la de modo próximo, detalhado e técnico, mostrando sua organização, seu funcionamento e as possíveis relações que ela mantém com as demais disciplinas. Esse seria o caso da epistemologia da Didática?

A epistemologia pode então ser definida como "estudo da constituição dos conhecimentos válidos". O termo "*constituição*" recobre ao mesmo tempo as "*condições de acesso*"; isto é, os processos de aquisição dos conhecimentos, as condições, e as "*condições propriamente constitutivas*"; quer dizer, as condições formais ou experimentais que dizem respeito à validade dos conhecimentos; e as condições que dizem respeito às contribuições do sujeito e as do objeto no processo de estruturação do conhecimento. Portanto, segundo Japiassu (1992), só há ciência quando estiverem reunidos os três seguintes elementos: (1) elaboração de "fatos"; (2) formalização lógico-matemática; (3) controle experimental.

É importante ressaltar que a teoria das ciências só é epistemológica porque a epistemologia é histórica. Assim, a historicidade é essencial ao objeto da ciência sobre o qual é estabelecida uma reflexão que podemos chamar de "filosofia das ciências" ou epistemologia; e a história das ciências, não sendo ela própria uma ciência, e não tendo por isso mesmo um objeto científico, é uma das funções principais da epistemologia. Nesse caso, a função central da epistemologia é construir a História da Ciência!

Nunes (apud SANTOS, 1989, p. 19) define a epistemologia como o "ramo da filosofia que investiga a origem, a estrutura, os métodos e a validade do conhecimento". Blanché (apud SANTOS, 1989, p. 19) "considera a epistemologia uma reflexão sobre a ciência, uma metaciência". Em busca das definições, encontram-se Almeida e Pinto (apud SANTOS, 1989, p. 20) que afirmam que a "epistemologia tem por objeto as condições e critérios de cientificidade dos discursos científicos".

O conceito epistemologia é, pois, empregado de modo bastante flexível. Segundo os autores, com seus pressupostos filosóficos e ideológicos, e em conformidade com os países e costumes, ele serve para designar, quer uma *teoria geral do conhecimento* (de natureza mais ou menos filosófica), quer estudos mais restritos interrogando-se sobre a *gênese e a estrutura das ciências*, tentando descobrir as leis do crescimento dos conhecimentos, seja uma análise lógica da linguagem científica, seja o exame das condições reais de produção dos conhecimentos científicos.

Qualquer que seja a acepção que dermos ao termo "epistemologia", a verdade é que ela não pode nem pretende impor dogmas aos cientistas. Não pretende ser um sistema, *a priori*, dogmático, ditando autoritariamente o que deveria ser o conhecimento científico. Seu papel é estudar a gênese e a estrutura dos conhecimentos científicos. Mais precisamente, o de tentar pesquisar as leis reais de produção desses conhecimentos. Ela procura estudar essa produção dos conhecimentos, tanto do ponto de vista lógico quanto dos pontos de vista linguístico, sociológico, ideológico, cognitivo etc.

Daí seu caráter de disciplina interdisciplinar, e como as ciências nascem e evoluem em circunstâncias históricas bem determinadas, cabe à epistemologia perguntar-se sobre as relações existentes entre a ciência, a sociedade e a cultura, entre a ciência e as instituições científicas, entre as diversas ciências.

Implicações da Epistemologia à Didática – a título de conclusão provisória

A História e Filosofia da Ciência é um importante aspecto – mas não o único – a ser considerado quando pensamos em um bom Ensino. De que se trata a Filosofia da Ciência ou Epistemologia? Losee (2001) adota a posição que distingue fazer ciência de pensar sobre como se faz ciência. A epistemologia, então, seria na sua concepção, uma disciplina de segunda ordem, que se debruça sobre o pensar sobre como se faz ciência.

Quanto à visão de ciência transmitida aos estudantes no contexto do ensino, é importante assinalar que os filósofos contemporâneos da ciência divergem em muitos aspectos, embora coincidam na questão da rejeição à concepção empirista-indutivista, que é a tradição ainda bastante vigente nas Ciências. A Filosofia da Ciência contemporânea, portanto, leva-nos a criticar a ciência ensinada nas escolas que, geralmente, projeta essa imagem empirista-indutivista da atividade científica.

A aprendizagem do próprio método científico é ainda enfatizada por professores que o consideram como uma sequência rígida, linear e indutiva de passos, que culminam com uma descoberta científica (MOREIRA & OSTERMANN, 1993). Essa concepção empirista-indutivista e o ensino do método científico levam a várias concepções errôneas sobre a produção do conhecimento científico. Defende-se a ideia de que cada disciplina, no âmbito do ensino, por exemplo, Matemática, Física. Química e Biologia, apresentam os próprios pressupostos e especificidades para a construção de conhecimentos.

Concebe-se, no debate epistemológico contemporâneo, que todas as teorias e descobertas científicas têm um caráter limitado, são aproximadas. Pode-se inferir que não há certeza científica absoluta e que se estão sempre gerando teorias, próximas do real. A novidade (não no sentido novidadeiro) é que, no processo de aproximação da realidade, outras formas de conhecimento são (re)valorizadas; isto é, o paradigma emergente não desconhece outras formas de conhecimento que estão presentes em diferentes culturas e fontes do saber. O significado particular dessa reflexão está no fato de ela buscar nos processos de aprendizagem os fundamentos epistêmicos do ensino, daí a necessidade de se conhecerem os teóricos das diversas áreas do conhecimento.

Nessa perspectiva acredita-se que o ensino tem seus fundamentos epistêmicos e como tal sustenta-se no edifício do processo evolutivo da ciência. Assim, não chegamos a uma conclusão definitiva, mas ao início de uma proposta por um novo caminho. Uma perspectiva de se buscar novas reflexões e análises que nos levem a executar propostas de pesquisas sobre a complexidade em prol de uma nova forma de se fazer ciência e, consequentemente, Didática e Pedagogia.

Longe de demonstrar as questões anunciadas fica o desafio em construir tal edifício científico da Didática, especialmente considerando sua complexidade e necessária síntese que lhe configure sua condição para as exigências mais proeminentes de nosso tempo. Isto é, faz-se necessário avançar no campo epistemológico da Didática para lhe conferir estatuto que justifique determinadas proposições, não por outra razão, se não pela sua condição que extrapola a prática e a Teoria do Ensino-aprendizagem em sua constituição histórica.

Referências

ABBAGNANO, N. *Dicionário de Filosofia*. Trad. Ivone Castilho Benedetti. 5. ed. São Paulo: Martins Fontes, 2007.

AGAZZI, E. *A ciência e os valores*. São Paulo: Loyola, 1982.

BACHELARD, G. "A atualidade da história das ciências". In: CARRILHO, M. (org.). *Epistemologia*: posições e críticas. Lisboa: Calouste Gulbenkian, 1991, p. 67-88.

BRANDÃO, J. *Dicionário Mítico-etimológico*. Petrópolis: Vozes, 1993.

BRUNSCHVICG, L. *Les étapes de la philosophie mathématique*. Paris: Félix Alcan, 1912.

CANGUILHEM, G. *Estudo de história e de filosofia das ciências concernente aos vivos e à vida*. Rio de Janeiro: Forense, 2012.

_____. "O objeto da história das ciências". In: CARRILHO, M. (Org.). *Epistemologia*: posições e críticas. Lisboa: Calouste Gulbenkian, 1991, p. 107-132.

_____. *Idéologie et rationalié dans l'histoire des sciences de la vie*. Paris: Vrin, 1977.

CARRILHO, M.M. & SÀÁGUA, J. "Objetivos e fronteiras do conhecimento". In: CARRILHO, M. (org.). *Epistemologia*: posições e críticas. Lisboa: Calouste Gulbenkian, 1991.

CASSIRER, E. *O mito do Estado*. São Paulo: Códex, 2003.

CHANTRAINE, P. *Dictionnaire Etymologique de la Langue Grecque* (1968). Paris: Klincksieck, 1999.

COELHO, L.F. *Teoria crítica do direito*. Belo Horizonte: Del Rey, 2003.

COMTE, A. *Curso de filosofia positiva* – Discurso preliminar sobre o conjunto do positivismo: catecismo positivista. 5. ed. São Paulo: Nova Cultural, 1991, p. 1-39 [Coleção Os Pensadores].

DAVIDSON, D. "Uma teoria coerencial da verdade e o conhecimento". In: CARRILHO, M. (org.). *Epistemologia*: posições e críticas. Lisboa: Calouste Gulbenkian, 1991, p. 327-360.

DEWEY, J. *Como pensamos*. 2. ed. São Paulo: Cia. Ed. Nacional, 1953.

DUHEM, P. "Teoria física e explicação metafísica". In: CARRILHO, M. (org.). *Epistemologia*: posições e críticas. Lisboa: Calouste Gulbenkian, 1991, p. 25-66.

GHEDIN, E. *O ensino de ciências e suas epistemologias*. Boa Vista: EDUFRR, 2017.

GLEISER, M. *Criação imperfeita*. São Paulo: Companhia das Letras, 2008.

HANSON, N.R. "A irrelevância da História da Ciência para a Filosofia da Ciência". In: CARRILHO, M. (org.). *Epistemologia*: posições e críticas. Lisboa: Calouste Gulbenkian, 1991, p. 133-158.

HEIDEGGER, M. *Heráclito*: a origem do pensamento ocidental/lógica: a doutrina heraclítica do logos. Trad. Márcia Sá Cavalcante. Rio de Janeiro: Relume-Dumará, 1998.

HERÁCLITO. "Fragmentos". Trad. José Cavalcante de Souza. In: *Os pré-socráticos*. São Paulo: Nova Cultural, 1996, p. 96-109 [Coleção Os Pensadores] [Disponível em http://charlezine.com.br/wp-content/uploads/2012/10/01-Os-Pr%C3%A9-socraticos-Cole%-C3%A7%C3%A3o-Os-Pensadores-1996.pdf – Acesso em 18/03/2014].

HOLTON, G. "Os temas no pensamento científico". In: CARRILHO, M. (org.). *Epistemologia*: posições e críticas. Lisboa: Calouste Gulbenkian, 1991, p. 159-200.

JAPIASSU, H.F. *Introdução ao pensamento epistemológico*. 7. ed. Rio de Janeiro: Francisco Alves, 1992.

_____. *Epistemologia*: o mito da neutralidade científica. Rio de Janeiro: Imago, 1975 [Série Logoteca].

KOYRÉ, A. *Estudos de história do pensamento científico*. Trad. M. Ramalho. Rio de Janeiro: Forense Universitária, 1982.

LEONI, B. *A liberdade e a lei* – Os limites entre a representação e o poder. São Paulo: Instituto Ludwig von Mises Brasil, 2010.

LOSEE, J. *A historical introduction to the philosophy of science*. 4. ed. Oxford: Oxford University Press, 2001.

MOREIRA, M.A. & OSTERMANN, F. "Sobre o ensino do método científico". In: *Caderno Brasileiro de Ensino de Física*, vol. 10, n. 2, ago./1993, p. 108-117. Florianópolis [Disponível em http://www.periodicos.ufsc.br/index.php/fisica/article/view/7275/6704>.nascimentodatragedia.pdf – Acesso em 18/03/2014].

NIETZSCHE, F. "Tentativa de autocrítica". In: *O nascimento da tragédia ou helenismo e pessimismo*. Trad. J. Guinsburg. 2. ed. São Paulo: Companhia das Letras, 1992 [Disponível em http://www.verlaine.pro.br/nascimento/ – Acesso em 08/01/2009].

PACKTER, L. *Filosofia clínica propedêutica*. Porto Alegre: Age, 1997.

PAULO, M.N. *Primeiros passos em filosofia clínica*. Porto Alegre: Impressa Livre, 1999.

PUTNAM, H. *Razão, verdade e história*. Lisboa: Dom Quixote, 1992.

_____. "O que as teorias não são". In: CARRILHO, M. (org.). *Epistemologia*: posições e críticas. Lisboa: Calouste Gulbenkian, 1991, p. 299-326.

QUINE, W.V. "A epistemologia naturalizada". In: CARRILHO, M. (org.). *Epistemologia*: posições e críticas. Lisboa: Calouste Gulbenkian, 1991, p. 267-298.

_____. *Pursuit of truth*. Cambridge, MA: Harvard University Press, 1990.

RORTY, R. *A filosofia e o espelho da natureza*. Lisboa: Dom Quixote, 1998.

RUSSELL, B. *Por que não sou cristão*. Porto Alegre: L&PM/Pocket, 2011.

SANTOS, B.S. *A crítica da razão indolente*: contra o desperdício da experiência. 4. ed. São Paulo: Cortez, 2002.

_____. *Introdução a uma ciência pós-moderna*. 4. ed. Rio de Janeiro: Graal, 1989.

6
Educação escolar e sociedade democrática
O impacto dos Endipes no movimento da Didática em busca de um projeto de escola pública

José Carlos Libâneo

Considerações iniciais

O presente texto compõe o livro *Didática e fazeres-saberes pedagógicos: diálogos, insurgências e políticas*, cujo objetivo definido pelas suas organizadoras é registrar a comemoração das vinte edições em quatro décadas de realização dos Endipes por meio de textos sobre temáticas do campo da educação e da didática escritos por colegas que participaram na coordenação dos eventos. Desse modo, vou mesclar neste texto narrativas pessoais, profissionais e acadêmicas. Abordarei três tópicos. Inicio pelo relato de minha inserção no movimento pela valorização da escola pública, em seguida, formulo meu entendimento sobre as relações entre Educação escolar, sociedade democrática e escola pública, situando o lugar da didática. No terceiro tópico trago um esboço de análise sobre o papel dos Endipes enquanto um movimento social e seu impacto na discussão do campo teórico e investigativo da didática dentro de um projeto de educação pública emancipatória.

Minha inserção no movimento pela valorização da escola pública

Meu envolvimento com os Endipes está diretamente ligado às minhas convicções sobre as relações entre escola, didática e formação profissional de professores, a partir de duas experiências pessoais muito intensas. A primeira, ser um menino pobre da zona rural e ter passado sua juventude num seminário católico por 9 anos, no interior do Estado de São Paulo, sob o modelo mais apurado da pedagogia tradicional jesuítica. A segunda, à busca de emprego após a graduação, ter tido o privilégio, com a ajuda de boas mãos, de trabalhar no Grupo Experimental da Lapa, em São Paulo, no início dos anos de 1970 onde, junto com uma grande e qualificada equipe, foi se constituindo boa parte do meu conhecimento de educação e da minha base profissional, dentro dos princípios da Escola Nova deweyana. A busca, mais tarde, de uma pedagogia inspirada no materialismo histórico-dialético (que veio a ser denominada *pedagogia crítico-social dos conteúdos*) me forneceu elementos teóricos para incorporação das duas posturas clássicas da pedagogia, a tradicional e a renovada por mim vivenciadas, numa perspectiva superadora. Essas experiências foram consolidando minha convicção sobre o poder da escola para as camadas pobres da população, ao mesmo tempo em que fui aprofundando minha compreensão da didática como ciência profissional do professor a serviço da educação crítica e emancipatória. Em algum momento dos meus estudos e vivências foi fazendo muito sentido para mim esta frase: *desigualdades sociais produzem desigualdades educativas e desigualdades educativas produzem desigualdades sociais*. Pode parecer uma formulação corriqueira, mas foi ela que me instigou a aprofundar teoricamente a correlação sociedade, política, desigualdade social, desigualdade escolar e a buscar a compreensão da relação sociedade, escola e didática, sintetizando tudo na luta pela valorização da escola pública e do trabalho dos professores.

Muitos educadores e diversos movimentos, na história da educação brasileira, se mobilizaram na luta pela escola pública. Não é lugar aqui de detalhamento desse processo, mas, nesse tema, muitos de nós fomos aprendendo a reconhecer o papel do movimento da Escola Nova a partir da década de 1920, especialmente o expresso no Manifesto dos Pioneiros da Educação Nova publicado em 1932. O Manifesto propunha novas bases institucionais e pedagógicas para a reformulação da política educacional e para a construção da escola pública democrática destacando-se, na concretização desses ideais, a figura pública de Anísio Teixeira. Boa parte dessas propostas foram incluídas na Constituição Federal de 1934, em meio a disputas ideológicas entre católicos e liberais, entre elas o ensino primário obrigatório e gratuito, o concurso público para o magistério, a fixação de percentuais mínimos para o financiamento da educação, mecanismos de fiscalização e regulação de instituições de ensino públicas e particulares por parte do Estado. A institucionalização de uma escola pública única, laica, obrigatória e gratuita, fortaleceu a mobilização e as iniciativas da sociedade civil em torno da questão da educação, ainda que esses ideais tenham sido contidos na Constituição de 1937 com a consolidação da ditadura de Getúlio Vargas e a regressão ao formato elitista e conservador da educação escolar.

O período da ditadura militar, a par do autoritarismo e da repressão, foi marcado por políticas educacionais assentadas na formação de mão obra para o modelo de desenvolvimento econômico adotado pelo regime e por uma formação ideológica conservadora compatível com o regime militar. A iniciativa do Governo Médici (1969-1974) de universalização do Ensino Fundamental para atender a demandas do capitalismo consistiu na ampliação das vagas nas escolas, com um currículo de habilidades mínimas para o trabalho, mas sem aumento de verbas compatíveis, sem provimento de condições estruturais e didáticas das escolas, sem valorização salarial dos professores. De modo marcante, esta concepção economicista, mesclada com tecnicismo, deu início ao processo de deterioração da escola pública, cessando os avanços obtidos com o movimento escolanovista, e explica, também, a incessante desqualificação salarial e profissional dos professores. A história mostra a continuidade deste modelo educacional na atualidade, com mecanismos de persuasão e de controle muito mais sofisticados.

Após a ditadura militar, desde o período da transição democrática (1985-1989), as políticas educacionais se sustentaram praticamente no mesmo modelo anterior, ou seja, uma educação escolar restrita a formar habilidades e rudimentos de conhecimento para inserção dos pobres no sistema produtivo. Por outro lado, é nesse contexto, no final dos anos de 1970, é que germinam movimentos e organizações no meio educacional, quando educadores criam a Associação Nacional de Pós-Graduação e Pesquisa (Anped), o Centro de Estudos Educação e Sociedade (Cedes), a Associação Nacional de Educação (Ande), entidades que realizaram, em 1980, a primeira manifestação na fase de retraimento da ditadura, a I Conferência Brasileira de Educação. Nessa mesma época, realiza-se o I Seminário Didática em questão (1982) e, mais adiante, iniciam-se os Endipes.

Na história da luta pela escola pública, gratuita e laica quero destacar, na minha experiência pessoal, um momento peculiar também coincidindo com a retração do regime militar, em que um grupo de educadores, com a liderança de Dermeval Saviani, sonhou com uma escola pública de qualidade para todos. Trata-se da criação da Associação Nacional de Educação (Ande) em 1979. Esse movimento conseguiu, durante ao menos 10 anos, mobilizar o campo educacional no Brasil em favor da escola pública, principalmente por meio da *Revista da Ande*, periódico que tinha por objetivo fazer chegar aos professores da rede pública a produção acadêmica de pesquisadores universitários. A Carta de Princípios da Ande (1981) assim definiu sua proposta: Propomos uma tomada de posição a favor e em defesa da democratização da educação em todos os seus níveis. Entendemos por escola democrática aquela que, de fato, é acessível a todos e cuja ação vem ao encontro das necessidades e anseios da maioria. A Carta assinalava, entre características dessa democratização: prioridade no atendimento nos níveis de ensino destinados às camadas majoritárias da população; garantia de ensino gratuito e acessível a todos por parte do poder público; fortalecer medidas para assegurar a permanência de alunos de camadas desfavorecidas; valorização na seleção de conteúdos da contribuição das diferentes camadas da população; estabelecimento de padrões de desempenho compatíveis com as características de rendimento da maioria da população; melhoria das condições de trabalho e de remuneração dos profissionais da educação, sobretudo dos professores; reconhecimento da necessidade, por parte dos educadores, de reflexão sobre as dimensões políticas de sua prática, ou seja, sobre as determinações que essa prática sofre da sociedade e as influências que ela pode exercer sobre a sociedade.

Olhando retrospectivamente, esse ideário abrangia aspectos externos e internos do funcionamento da escola, mas pontuava especialmente a atuação em fatores intraescolares como ações para assegurar a permanência do aluno na escola, uma concepção de ensino dos conteúdos articulado com as características sociais e culturais dos alunos, a melhoria das condições de trabalho e remuneração dos professores, a acentuação do papel político da prática docente. Como se vê, nós, militantes da Ande, antecipávamos boa parte das aspirações em relação à escola pública que ainda hoje alimentam o ideário da maioria dos pesquisadores no campo da pedagogia e da didática. Nesses 40 anos que nos separam da criação da Ande, sucessivas políticas públicas para a educação foram turvando os ideais defendidos, do mesmo modo que foram se diversificando a definição de finalidades educativas da educação escolar e os critérios de qualidade de ensino tanto em âmbito oficial como dentro do próprio campo da educação. As explicações para esses percalços da escola pública brasileira podem ser buscadas em vários momentos da história da educação, entre eles, as já mencionadas políticas de expansão e universalização do atendimento escolar, que produziram aumento quantitativo do atendimento escolar, mas, também, a precarização da escola pública.

No início da década de 1980, a mesma política pragmática para a escola pública cultivada nos anos anteriores no regime militar ganha mais refinamento, num contexto peculiar de expansão do capitalismo, quando o Banco Mundial formula políticas para educação dos países pobres, marcadamente na Conferência Mundial de Educação para Todos, na Tailândia, a primeira de um conjunto de outras realizadas nos anos seguintes. A Declaração originada dessa Conferência ressaltava três orientações para as escolas: a) centrar a educação nas necessidades básicas de aprendizagem; b) prover instrumentos essenciais e conteúdos da aprendizagem necessários à sobrevivência social e emprego; c) considerar o Ensino Fundamental como base para a aprendizagem e o desenvolvimento humano permanentes. Tão claras intenções pareciam estar compatíveis com uma visão democrática da escola para todos. No entanto, se examinadas tendo em conta as políticas globais dos organismos financeiros internacionais, logo se veria por detrás delas uma intencionalidade claramente economicista. Dentre as análises críticas dessas políticas, destaca-se a feita por Torres (2001). A pesquisadora comenta que, ao longo das avaliações e revisões da Declaração em conferências e reuniões subsequentes entre os organismos internacionais e os países envolvidos, a proposta original foi "encolhida", e foi esta que acabou prevalecendo, com variações em cada país, na formulação das políticas educacionais. Tal "encolhimento" se deu para adequar-se à visão economicista do Banco Mundial, o convocador e patrocinador das Conferências. Desse modo, a visão que já era restrita tornou-se ainda mais encolhida, ou seja: a) de educação para todos para educação dos mais pobres; b) de necessidades básicas para necessidades mínimas; c) da atenção à aprendizagem para a melhoria e avaliação dos resultados do rendimento escolar; d) da melhoria das condições de aprendizagem para a melhoria das condições internas da instituição escolar (ênfase na gestão escolar e menos no currículo).

No Brasil, os pontos destacados acima foram inscritos no Plano Decenal de Educação para Todos (1993-2003), no Governo Itamar Franco. Em seguida, estiveram presentes nas políticas e diretrizes para a educação de todos os governos subsequentes, a partir do Governo FHC. Somam-se, assim, praticamente 30 anos de vigência de políticas educacionais em conformidade com a orientação dos organismos internacionais, as quais estariam se sustentando na ideia de que, para melhorar a educação, bastaria prover insumos que, atuando em conjunto, incidiriam positivamente na aprendizagem dos alunos. É nessa perspectiva que foram aparecendo medidas como os ciclos de escolarização, a escola de tempo integral, a progressão continuada, o afrouxamento da avaliação da aprendizagem, a introdução de práticas de gestão das empresas. Corrompeu-se o sentido "pedagógico" humanizante da escola, pois, como comenta Torres, as necessidades básicas de aprendizagem transformaram-se num "pacote restrito e elementar de destrezas úteis para a sobrevivência e para as necessidades imediatas e mais elementares das pessoas". Ou seja, os instrumentos essenciais de aprendizagem (domínio da leitura, da escrita, do cálculo, das noções básicas de saúde etc.) converteram-se em destrezas ou habilidades para sobrevivência social dos pobres. Em síntese, a aprendizagem transforma-se numa mera necessidade natural, numa visão instrumental desprovida de seu caráter cognitivo, desvinculada do acesso a formas superiores de pensamento. Esta foi a concepção de escola assumida nas políticas educacionais oficiais de nosso país desde o período da transição democrática (LIBÂNEO, 2012; 2014), abonada por setores da intelectualidade da Educação e pelo empresariado, liderada pelo movimento Todos pela Educação criado em 2006.

Em paralelo a essa trajetória das políticas oficiais de ensino, há que se considerar o rumo que foram tomando a pesquisa em educação, as posições dos educadores em relação às políticas educacionais e às políticas para a escola e as formas de funcionamento interno das escolas. Por um lado, continuou sendo bandeira de muitos educadores a luta pela escola pública obrigatória, laica, gratuita para toda a população. Por outro, para além dessa bandeira comum, foram se ampliando os dissensos em torno das finalidades educativas escolares: escola para formação cultural e científica? Para atendimento à diversidade sociocultural? Para fortalecer identidades pessoais e socioculturais? Para compartilhar valores em meio a diferenças culturais? (LIBÂNEO, 2019a). Assim, não seria o caso de um novo pacto entre educadores progressistas em torno de um projeto nacional e público que viesse a estabelecer consensos básicos em torno de finalidades, objetivos e funções da escola pública? Em minha opinião, este é o desafio posto ao movimento dos Endipes no quadro atual da educação brasileira.

Neste tópico em que me propus a contar minha inserção no movimento pela escola pública e pelo fortalecimento do campo teórico da didática, registro, com emoção, a fundação já consolidada, da Associação Nacional de Didática e Práticas de Ensino (Andipe) que mostra a força e determinação dos pesquisadores em didática em nosso país.

Educação escolar, sociedade democrática e Didática

A formulação da relação entre educação escolar e sociedade pressupõe, por um lado, expectativas de determinada sociedade em relação à escola, por outro, as condições necessárias para que a escola contribua para o desenvolvimento dos indivíduos e sua atuação na sociedade. Sabemos que cada sociedade planeja seus sistemas escolares com uma diversidade de propósitos e interesses conforme o contexto político e social dessa sociedade. Tais propósitos são condensados em finalidades educativas inscritas nas políticas educacionais, nas diretrizes curriculares e nas orientações para o funcionamento das escolas.

As finalidades educativas escolares são definidas em determinados contextos históricos em função de interesses ideológicos, políticos, sociais. A luta pela escola numa sociedade democrática implica, portanto, a disputa entre distintos interesses. O tema das finalidades educativas escolares tem ganhado espaço na produção cientifica por meio de alguns relevantes estudos (entre outros: LEHER, 1998; LESSARD & MEIRIEU, 2005; EVANGELISTA & SHIROMA, 2006; YOUNG, 2007; FREITAS, 2012; LIBÂNEO, 2012; 2014; 2016; EVANGELISTA, 2013; 2014; SILVA & CUNHA, 2014; LENOIR, 2016; LIBÂNEO & FREITAS, 2018), onde se destacam perguntas cruciais em relação a concepções de escola e, por consequência, do lugar e da atuação do processo de ensino-aprendizagem. Para que servem as escolas? Quem e como se definem as finalidades educativas escolares? Qual é o lugar da instrução e da socialização? É compatível a demanda por uma formação cultural e científica e ao atendimento à diversidade sociocultural dos alunos? Qual deve ser o lugar e o papel do currículo? É defensável a ideia de um currículo nacional ou recusá-lo seria a atitude mais compatível com uma visão democrática de escola? A discussão sobre finalidades educativas é crucial pois, conforme os termos em que são formuladas, elas induzem proposições curriculares, pedagógicas, organizacionais, didáticas, em relação ao funcionamento da escola. À medida que elas orientam decisões tanto dos sistemas de ensino quanto das práticas educativas, devem ser vistas em sua contextualização ideológica, política e cultural, pois, inevitavelmente, vinculam-se a interesses de grupos e às relações de poder em âmbito internacional e nacional. No campo específico das ciências humanas e da educação, estão ligadas aos embates teóricos e político-ideológicos dentro do campo acerca de objetivos da escola, formas de organização e gestão, formas de condução e concretização do processo de ensino-aprendizagem. Tais embates podem levar a dissensos acerca de critérios de qualidade de ensino, tipos de currículo e de trabalho pedagógico, que acabam por incidir no funcionamento das escolas e das salas de aula.

Os dirigentes dos sistemas de ensino, assim como os pesquisadores do campo da educação, ao se posicionarem explícita ou implicitamente sobre finalidades educativas escolares, certamente estão expressando convicções acerca do papel da educação escolar numa perspectiva de justiça social. As visões de organização social justa e do papel da educação nessa organização irão depender de concepções de mundo, ideologias e interesses em meio à dinâmica de relações sociais numa sociedade. É assim que, ao longo dos últimos trinta anos, foi se acentuando a existência de duas posições antagônicas em relação a finalidades da educação escolar. A visão neoliberal subordina a educação a interesses econômicos e mercadológicos resolvendo a questão da justiça social por meio de programas de aliviamento da pobreza; a escola torna-se democrática introduzindo um currículo instrumental de resultados para todos, visando a preparação para o trabalho e a empregabilidade. A visão sociocrítica está voltada para o desenvolvimento integral do ser humano, nas dimensões intelectual, afetiva e moral, visando a cidadania e a inserção crítica no mundo da cultura e do trabalho, numa perspectiva de superação de desigualdades educativas e sociais. No entanto, no âmbito da visão sociocrítica, os educadores, embora assumindo em bloco a crítica às orientações neoliberais, têm divergido quanto às finalidades educativas e objetivos da escola pública na realidade contemporânea. São encontradas na produção intelectual ao menos três finalidades predominantes da escola, que traduzem entendimentos acerca de escola justa: atendimento à diversidade sociocultural por meio de vivências de experiências socioculturais; formação da identidade cultural das pessoas a partir da diferença entre indivíduos e grupos e experiências locais e cotidianas; formação cultural e científica articulada com a diversidade sociocultural. Não é difícil ao pesquisador atento identificar as decorrências dessas diferentes visões na definição de objetivos escolares, na organização curricular, nas formas de organização e gestão e nas práticas pedagógico-didáticas.

De minha parte, venho sustentando a concepção de que as escolas existem para promover o desenvolvimento integral das potencialidades dos alunos (físicas, cognitivas, sociais, afetivas) por meio da aprendizagem de saberes e modos de ação, para que se transformem em cidadãos criticamente participativos na sociedade em que vivem. Sendo assim, escola preocupada com a justiça social é aquela cujo objetivo primordial é o ensino e a aprendizagem, que se cumpre pelas atividades pedagógicas, curriculares e docentes, em articulação direta com os contextos socioculturais e materiais de vida dos alunos, propiciando as condições do desenvolvimento cognitivo, afetivo e moral dos alunos. Baseio-me na teoria de Vygotsky para afirmar que aprender é uma atividade eminentemente sociocultural, ou seja, há uma determinação social e histórico-cultural da formação humana, ela não é um processo natural, espontâneo, ela implica uma ação pedagógica, uma intencionalidade, um ensino sistemático. O aluno aprende na escola quando os outros, em especial o professor e o próprio contexto institucional e sociocultural, o ajudam a desenvolver suas capacidades mentais, com base nos conhecimentos, habilidades, modos de viver, já existentes na ciência e na cultura. Ao mesmo tempo, como a escola ensina a sujeitos concretos, é preciso que a aprendizagem esteja ligada à experiência sociocultural dos alunos. Lidando com sujeitos diferentes, cabe considerar no processo de ensino-aprendizagem a diversidade cultural, a coexistência das diferenças, a interação entre indivíduos de identidades culturais distintas.

Em síntese, postulo hoje, com meus estudos, a busca de uma escola justa; isto é, a que proporciona uma formação cultural e científica que possibilita o desenvolvimento das capacidades humanas, em estreita ligação com a diversidade sociocultural, e diretamente enlaçada às condições sociais, culturais e materiais de vida dos alunos. O adjetivo "justa" significa que a escola considera, simultaneamente, a igualdade e a diferença, a diferença como atributo da semelhança entre os seres humanos. Trata-se, assim, de uma escola que atende à diversidade humana e sociocultural, no entanto, sem abdicar do necessário acesso à condição de universalidade do ser humano (o direito de todos ao conhecimento; i. é, à formação cultural e científica).

Os Endipes como movimento social e seu impacto na discussão sobre o campo teórico da Didática

Meu envolvimento com os Endipes ocorreu desde o início como participante e como integrante de mesas de Simpósios, além de ter coordenado a Comissão Organizadora do VII e do XI em Goiânia. Os registros históricos mostram que até o IV Endipe realizado em Recife em 1987, os encontros de professores de Didática e de professores de Prática de ensino eram realizados em separado. Os professores de Prática de ensino realizaram o Encontro Nacional de Prática de Ensino, sucessivamente em 1979 (Santa Maria), 1983 (São Paulo, USP) e 1985 (São Paulo, PUC); os professores de Didática realizaram os Seminários a Didática em Questão, sucessivamente em 1982, 1983 (Rio de Janeiro) e 1985 (São Paulo, USP). Minhas lembranças sobre esses acontecimentos começam com minha participação, como palestrante, no III Encontro Nacional de Prática de Ensino realizado na PUC São Paulo em 1985. Enquanto isso, ocorria na Faculdade de Educação da USP o III Seminário Didática em Questão. No encontro de Prática de Ensino estavam presentes, além de mim, colegas da Didática como Ivani Fazenda, Selma Pimenta, Aída Monteiro, que levaram à frente as negociações visando fundir os dois eventos. Desse modo, ao final dos dois encontros paralelos, foi tomada a decisão pelos seus participantes em assembleia, de transformá-los num encontro só, o Encontro Nacional de Didática e Prática de Ensino. Eu escrevia na Apresentação dos Anais do VII Endipe realizado em Goiânia em 1994, coordenado por mim, sobre a junção dos dois movimentos:

> A junção dos dois movimentos ocorreu no início do ano de 1985, por ocasião dos encontros que se realizaram quase simultaneamente em São Paulo, um na USP e outro na PUC-SP. Em ambos os encon-

tros foi aprovada a proposta de integração que veio a consolidar-se na realização do IV Endipe, na cidade do Recife. A integração dos dois movimentos decorreu da unidade das temáticas, da busca de uma inter-relação mais sistemática, e da construção de um caminho conjunto por parte das duas áreas.

Como é sabido, esse movimento pedagógico pela Didática, os Endipes, representa, sem dúvida, uma das mais exitosas realizações na educação brasileira. Foram realizados em 11 estados brasileiros, dos quais Minas, São Paulo, Rio de Janeiro, Goiás, Rio Grande do Sul e Pernambuco os sediaram por duas vezes.

Vários tipos de análises podem ser feitos sobre o impacto dos Endipes na discussão sobre o campo teórico da didática e, nesse sentido, podem ser caracterizados como movimento social. Enquanto tal, ele agrega pessoas em torno de um interesse comum, no caso, a didática e as práticas de ensino, transformando objetivos e aspirações localizados em projetos coletivos, por meio de atuação acadêmica e política, visando algum tipo de transformação da realidade. Desse modo, mesmo não sendo propriamente uma entidade representativa de afiliados, eles impactam transformações no campo teórico e profissional da didática. Desde os primeiros eventos por volta de 1980, os três seminários denominados *A didática em questão* já caracterizavam um movimento pela renovação da didática. Alguns temas dos Endipes subsequentes também são indicativos dessa direção, por exemplo: *Contribuição das práticas de ensino para a Didática (IV); Olhando a qualidade de ensino a partir da sala de aula (IX); Novas subjetividades, currículo, docência, e questões pedagógicas na perspectiva da inclusão social* (XIII); *Didática e práticas de ensino: compromisso com a escola pública, laica, gratuita e de qualidade* (XVI); *Didática e prática de ensino no contexto político contemporâneo: cenas da educação brasileira* (XVIII); *Para onde vai a didática? – O enfrentamento às abordagens teóricas e desafios políticos da atualidade* (XIX); *Fazeres-saberes pedagógicos: diálogos, insurgências e políticas* (XX). São, evidentemente, demandas acadêmicas e políticas que expressam, em cada evento, movimentações do contexto político, cultural e acadêmico ora do país ora do Estado anfitrião e que permitem, também, identificar tensões, dissensos, a par, certamente, de algumas convergências.

Algumas tensões podem ser desveladas a partir do enunciado dos temas priorizados em cada Endipe, nos quais são realçados campos ou áreas específicas de estudo. Entre os 30 temas correspondentes a cada evento, 12 dizem respeito a questões diretamente relacionadas com a didática e práticas de ensino (incluindo os três primeiros seminários *A didática em questão*); quatro referem-se somente a profissionalização e formação de professores; quatro mencionam didática e formação de professores. Dois desses temas, nos últimos Endipes, mencionam explicitamente o contexto sociopolítico, não por acaso, pela ocorrência da crise política desencadeada em 2016 com a destituição de Dilma Rousseff da Presidência da República, assumindo o governo o vice-Presidente Michel Temer, com consequências desastrosas para o país e, particularmente, para a educação.

Os temas mostram alguns indicativos de tensões no campo que não passam despercebidos. Verifica-se, por exemplo, que 8 temas se referem à formação de professores, ainda que em quatro apareça, também, o termo *didático*. Não é irrelevante, numa perspectiva política, acadêmica e epistemológica, observar a presença de oito temas mencionando a formação de professores. Se, por um lado, há uma evidente relação entre didática e formação de professores, por outro, a fragmentação de questões do campo científico da educação em subáreas pode promover a conhecida dispersão temática, tema já mencionado em outros trabalhos. O campo da didática já havia passado por uma perda quando, no final da década de 1980, os estudos sobre currículo se autonomizaram, tornando-se um campo teórico independente. Algo semelhante ocorreu quando a formação de professores foi se instituindo como campo específico de pesquisa. Estudos sobre esse tema (ANDRÉ, 2010) informam que o objeto desse campo é o desenvolvimento profissional docente, envolvendo a formação inicial e continuada, saberes docentes, carreira e salários, condições e ambiente de trabalho, ou seja, questões da profissionalidade e profissionalização do professor, incluindo a identidade profissional. Obviamente essas questões são pertinentes para serem discutidas num evento de didática, no entanto, não como foco prioritário. Além do mais, cabem algumas perguntas: o que explica a migração de pesquisadores originários da didática para o campo da formação de professores? O conteúdo desse campo é suficiente para resolver o problema da formação de professores para a docência? Ao se falar em docência, por si só, há garantias de que esteja sendo levado em conta as peculiaridades do ensino-aprendizagem? O que explica a redução de trabalhos e de frequência ao GT Didática da Anped e ampliação de Formação de Professores? Por que boa parte dos pesquisadores da área de formação de professores são vinculados à área de políticas educacionais? Porque em vários cursos de licenciatura, incluindo a pedagogia, a didática foi substituída por outra, a formação de professores? A ênfase em aspectos sociológicos da profissão, que parece caracterizar o campo, não leva a uma secundarização das dimensões curriculares e didáticas da formação, as dimensões propriamente didáticas no sentido estrito do termo?

A questão da dispersão temática de um campo é relevante pelo risco de diluição do objeto de estudo, a despeito de opiniões segundo as quais trata-se menos de dispersão e mais de momento de desestabilização e diversificação que possibilita o surgimento de uma pluralidade de enfoques, temáticas e problemáticas (CANDAU, 2005). A questão é que, frente a uma pluralidade de temáticas, a pesquisa sobre o assunto mostra que a dispersão tem efetivamente levado à diluição do objeto de estudo da didática (CRUZ & ANDRÉ, 2014; LIBÂNEO, 2010). É o caso da autonomização dos campos do Currículo e da Formação de Professores, que pode estar promovendo a desqualificação de conhecimentos considerados menos prestigiados cientificamente ou epistemologicamente. Em pesquisa recente (LIBÂNEO, 2016; LONGAREZZI & PUENTES, 2011), constatou-se que de 135 projetos de pesquisa de Programas de Pós-graduação da Região Nordeste selecionados como pertencentes à didática, pouco mais de 40% correspondiam a temas propriamente da didática, a maioria deles referentes a didáticas específicas, enquanto que quase 30% eram referentes à formação de professores (histórico da formação, políticas de formação, currículo de formação, saberes da docência etc.). Os demais 30% eram distribuídos por temas como tecnologias educativas, educação especial, políticas públicas etc. Outros achados dessa pesquisa referem-se à exclusão do termo *didática* de títulos dos projetos, ainda que o conteúdo fosse notoriamente ligado a essa disciplina e a constatação de que a maior parte da produção bibliográfica dos professores pertencentes a linhas de pesquisa vinculadas à didática não se refere propriamente a temas da didática. As conclusões são óbvias: em cursos de pós-graduação em educação poucos docentes se ocupam de investigar questões pedagógico-didáticas; há predominância de orientações epistemológicas de outras ciências humanas que consideram a pedagogia e a didática campos de estudo de pouco prestígio acadêmico. Isto significa que, de fato, no meio acadêmico da educação, ao menos na pós-graduação, não cessam as reservas ao reconhecimento do estatuto epistemológico da didática alegando a fragilidade de seu objeto de estudo, sua obsolescência e incapacidade de responder aos atuais desafios da formação de professores. Eu escrevia em 2010, em face desses problemas:

> Compreende-se, então, os motivos que têm levado muitos dos pesquisadores e professores de Didática a se deixarem levar pelo canto das sereias de outros campos de conhecimento, permitindo que seu objeto de estudo – os processos de ensino-aprendizagem – seja apropriado por outras disciplinas como o currículo, a formação de

professores, a psicopedagogia e, às vezes, a sociologia da educação (2010, p. 44).

Outra tensão inevitável, pois que é caraterística da prática da pesquisa e da busca do conhecimento, diz respeito às distintas raízes epistemológicas das várias tendências teóricas no campo da didática. Aliás, essas tendências são evidenciadas em razão de que a escolha dos temas tende a ser condizente com as afiliações teóricas da coordenação local e do grupo promotor do evento. Essa constatação poderia explicar, em parte, a flutuação dos temas dos Endipes em torno ora da didática ora da formação de professores. O Endipe de Salvador trouxe com mais assertividade essa problemática ao incluir no tema "o enfrentamento às abordagens teóricas" após a pergunta para onde vai a didática. Tenho trazido ao debate, em várias publicações, algumas hipóteses acerca da crescente fragmentação do objeto de estudo da didática e das distintas orientações epistemológicas das principais teorias sobre a didática. No texto apresentado no Endipe de Salvador, eu apontava a presença no campo crítico da didática, ao menos cinco propostas teóricas e programas de pesquisa: a didática de recorte "pedagógico" com foco nos saberes profissionais do professor embutidos na prática docente; a didática intercultural de cunho sociológico, envolvendo práticas inter-relacionais e processos identitários; a didática inspirada em concepções teóricas da sociologia curricular crítica – incluindo várias ramificações, entre outras, a pedagogia do cotidiano –; a didática de inspiração piagetiana; a didática histórico-cultural – incluindo ramificações, entre outras, a didática voltada para o desenvolvimento humano, baseada na unidade dialética e contraditória entre ensino, aprendizagem, desenvolvimento e condições socioculturais. No momento, sem desejar levar adiante aqui essa discussão, reitero algumas perguntas já feitas em outro texto (LIBÂNEO, 2019b): É possível derivar propostas didáticas exclusivamente de fontes sociológicas, filosóficas, psicológicas, políticas? Ou as ciências da educação devem ser vistas como apoio ao objeto próprio da didática? Como essas fontes abordam a relação entre sujeito e estrutura social, entre o universal e o particular, entre igualdade e diferença nos seres humanos? Qual é o lugar, nessas fontes, do conhecimento na escola e o papel da escola no conhecimento? O que é conhecimento escolar? Qual é a natureza dos processos de ensinar e aprender: uma atividade psicológica interna ou uma interna ou atividade discursiva/linguística, ou a articulação de ambas? A didática tem um "objeto"? Se sim, qual é sua natureza, os elementos e as condições do processo de ensino-aprendizagem? O que dizem as fontes epistemológicas induzem acerca da identidade profissional do professor? Em que consiste a pesquisa propriamente didática? A didática possui meios de investigação próprios ou precisa de buscá-los em outras ciências humanas, como a psicologia e a sociologia?

Outros pontos de tensão a serem levantados poderiam ser: posições sobre finalidades educativas escolares (para que servem as escolas?); o dilema entre o papel da escola de lugar de instrução ou de socialização; que lugar ocupa a dimensão da cultura no processo de ensino-aprendizagem; as interfaces entre os campos da didática, do currículo, da formação de professores, da psicologia; os campos da didática e das didáticas específicas. Esses temas têm sido abordados em várias publicações, entre outras, Santos e Oliveira (1997), Candau (2000), Pimenta (2000; 2011), Candau e Koff (2006), André (2008), Marcondes, Leite e Leite (2011).

Em conclusão, a breve análise sobre o papel dos Endipes mostra a importância de espaços públicos para a difusão do conhecimento onde as tensões e dissensos acadêmicos mobilizam clareamentos de posições, refinamento de conceitos. Constituem, pois, um movimento coletivo de educadores que impacta positivamente o fortalecimento do campo teórico e investigativo da didática dentro de um projeto de educação emancipatória. Presentemente, os Endipes representam a oportunidade de promover a unidade de luta dos pesquisadores em favor de propostas assertivas pela educação brasileira num momento de hegemonia da ideologia e da política neoliberal associadas a movimentos conservadores, cuja atuação vem minando conquistas valiosas da sociedade e dos educadores em relação à educação pública. Contra as posições hegemônicas assentadas numa visão economicista e mercadológica, associo-me a Candau na afirmação da relevância da educação escolar como direito humano e como participante dos processos de transformação estrutural da sociedade, e na proposição de outra perspectiva para a educação,

> [...] em que a escola é chamada a ser reinventada como espaço de construção/socialização de saberes, atitudes, sentimentos e práticas, articulados a outros espaços educativos orientados a favorecer processos de autonomia e emancipação no âmbito pessoal, comunitário e coletivo, assim como à emergência de outros modelos de sociedade e escolas comprometidas com as múltiplas vozes e propostas que emergem da sociedade civil em toda sua riqueza e pluralidade (CANDAU, 2013, p. 10).

Desse modo, este texto não pode ser concluído sem mencionar a necessidade de buscar as convergências possíveis entre as propostas teóricas mais representativas das crenças e opções de pesquisadores e formadores de professores, mesmo admitindo-se diferenças de fontes epistemológicas. Alguns pontos para se chegar às convergências referem-se, por exemplo, à definição de finalidades educativas escolares (ou para que servem as escolas?), a critérios de qualidade de ensino, às interfaces entre o ensino e as questões socioculturais, às relações entre o currículo e o trabalho autônomo dos professores, a formatos do currículo de formação de professores, a formas alternativas de desenvolvimento do processo de ensino-aprendizagem.

Referências

ANDRÉ, M.E.D.A. "Formação de professores: a constituição de um campo de estudos". In: *Educação*, vol. 33, n. 3, set.-dez./2010, p. 174-181. Porto Alegre.

_____. "Tendências na pesquisa e do conhecimento didático no início dos anos de 2000". In: EGGERT, E. et al. (orgs.). *Trajetórias e processos de ensinar e aprender*: didática e formação de professores – XVI Endipe. Porto Alegre: EDIPUCRS, 2008.

CANDAU, V.M. "Currículo, didática e formação de professores: uma teia de ideias-força e perspectivas de futuro". In: OLIVEIRA, M.R.N.S. & PACHECO, J.A. (orgs.). *Currículo, didática e formação de professores*. Campinas: Papirus, 2013.

CANDAU, V.M. (org.). *Rumo a uma nova didática*. Petrópolis: Vozes, 2005.

CANDAU, V.M.F. & KOFF, A.M.N.S. "Conversa com... Sobre a didática e a perspectiva multi/intercultural". In: *Educação e Sociedade*, vol. 27, 2006, p. 471-493. Campinas.

CRUZ, G.B. et al. *Ensino de Didática*: recorrentes e urgentes questões. Rio de Janeiro: Quartet/Faperj, 2014.

CRUZ, G.B. & ANDRÉ, M.E.D.A. "Ensino de didática: um estudo sobre concepções e práticas de professores formadores". In: *Educação em Revista*, vol. 30, n. 4, 2014, p. 181-203. Belo Horizonte.

EVANGELISTA, O. "Qualidade da educação pública: Estado e organismos multilaterais". In: LIBÂNEO, J.C.; SUANNO, M.V.R. & LIMONTA, S.V. *Qualidade da escola pública*: políticas educacionais, didática e formação de professores. Goiânia: Ceped, 2013.

EVANGELISTA, O. (org.). *O que revelam os "slogans" na política educacional*. Araraquara: Junqueira & Marin, 2014.

EVANGELISTA, O. & SHIROMA, E.O. "Educação para o alívio da pobreza: novo tópico da agenda global". *Revista de Educação PUC Campinas*, n. 20, jan./2006, p. 43-54.

FREITAS, L.C. "Os reformadores empresariais da educação: da desmoralização do magistério à destruição do sistema público de educação". In: *Educação e Sociedade*, vol. 33, n. 119, abr.-jun./2012. Campinas.

LEHER, R. *Da ideologia do desenvolvimento à ideologia da globalização* – A educação como estratégia do Banco Mundial para o alívio da pobreza. São Paulo: Universidade de São Paulo, 1998 [Tese de doutorado].

LENOIR, Y. et al. (orgs.). *Les finalités éducatives scolaires* – Pour une étude critique des approches théoriques, philosophiques et idéologiques. Saint-Lambert, Quebec: Groupéditions, 2016.

LESSARD, C. & MEIRIEU, P. (eds.). *L'obligation de résultats en éducation*: évolutions, perspectives et en jeux internationaux. Bruxelas: De Boeck, 2005.

LIBÂNEO, J.C. "Finalidades educativas escolares em disputa: currículo e didática". In: LIBÂNEO, J.C.; ECHALAR, A.D.L.F.; ROSA, S.V.L. & SUANNO, M.V.R. *Em defesa do direito à educação escolar*: Didática, currículo e políticas educacionais em debate. Goiânia: Ceped/UFHG, 2019a.

_____. "Presente e futuro do campo disciplinar e investigativo da didática". In: D'ÁVILA, C. et al. (orgs.). *Didática saberes estruturantes e formação de professores*. Vol. 3: XIX Endipe. Salvador: Ufba, 2019b.

_____. "Internacionalização das políticas educacionais – Elementos para uma análise pedagógica de orientações curriculares para o Ensino Fundamental e de propostas para a escola pública". In: SILVA, M.A. & CUNHA, C. (org.). *Educação básica*: políticas, avanços, pendências. Campinas: Autores Associados, 2014.

_____. "O dualismo perverso da escola pública brasileira: escola do conhecimento para os ricos, escola do acolhimento social para os pobres". In: *Educação e Pesquisa*, vol. 38, n. 1. 2012, p. 13-28. São Paulo.

_____. "O campo teórico e profissional da Didática hoje: entre Ítaca e o canto das sereias". In: FRANCO, M.A.S. & PIMENTA, S.G. (orgs.). *Didática*: embates contemporâneos. São Paulo: Loyola, 2010.

LIBÂNEO, J.C. & FREITAS, R.A.M.M. (orgs.). *Políticas educacionais neoliberais e escola pública*: uma qualidade restrita de educação escolar. Goiânia: Espaço Acadêmico, 2018.

LONGAREZI, A.M. & PUENTES, R.V. "A didática no âmbito da pós-graduação: uma análise das publicações e veículos de divulgação das produções". In: *Anais da 34ª Reunião Anual da Anped*. Natal, 2011.

MARCONDES, M.I.; LEITE, M.S. & LEITE, V.F. "A pesquisa contemporânea em didática: contribuições para a prática pedagógica". In: *Educação em Revista*, vol. 27, n. 3, 2011. Belo Horizonte.

OLIVEIRA, M.R.N.S. "A pesquisa em didática no Brasil: da tecnologia do ensino à Teoria Pedagógica". In: PIMENTA, S.G. (org.). *Didática e formação de professores*: percursos e perspectivas no Brasil e em Portugal. São Paulo: Cortez, 1997.

PIMENTA, S.G. "A pesquisa em didática: 1996-1999". In: CANDAU, V.M. (org.). *Didática, currículo e saberes escolares*. Rio de Janeiro: DP&A, 2000.

SANTOS, L.L.C.P. & OLIVEIRA, M.R.N.S. "Currículo e didática". In: OLIVEIRA, M.R.N.S. (org.). *Confluências e divergências entre didática e currículo*. Campinas: Papirus, 1998.

SILVA, M.A. & CUNHA, C. (org.). *Educação básica*: políticas, avanços e pendências. Campinas: Autores Associados, 2014.

YOUNG, M. "Para que servem as escolas?" In: *Educação e Sociedade*, vol. 28, n. 101, set.-dez./2007, p. 1.287-1.302. Campinas.

7
A Didática na Base Nacional Comum da Formação Docente no Brasil
Guinada ao neotecnicismo no contexto da mercadorização da educação pública[3]

Selma Garrido Pimenta
José Leonardo Rolim de Lima Severo

Introdução – A prática sem teoria?

Nesta segunda década do século XXI, assistimos ao avanço mercadológico das políticas alinhadas ao neoliberalismo, que pregam uma transformação nos cursos de licenciaturas e proclamam um "praticismo" na formação profissional docente. Estão, assim, a ressuscitar o pragmatismo tecnicista que dominou a educação nos anos 70 do século passado. Investem contra os cursos de licenciatura de universidades compromissadas com uma formação de qualidade socioprofissional, e proclamam que basta a formação prática, sem teoria e sem ideologia, dizem. Essas políticas são definidas pelos conglomerados financistas, empresários da educação, que se inserem nos aparelhos de estado, com destaque para os conselhos nacional e estaduais de educação, órgãos que elaboram as diretrizes curriculares nacionais e estaduais para a formação de professores.

Qual concepção de professor, de profissional docente e de trabalho docente defendem?

Para os conglomerados financistas o professor é um simples técnico prático, com identidade frágil, executores dos *scripts* e currículos produzidos por agentes externos empresários/financistas do ensino, que elaboram o material, as ativida-

---

3. Na elaboração deste capítulo valemo-nos de excertos do que apresentamos em simpósio no XIX Endipe, em 2018, sob a referência: PIMENTA, S.G. *As ondas críticas da didática em movimento – Resistência ao tecnicismo/neotecnicismo neoliberal* [publicado posteriormente em SILVA, M.; NASCIMENTO, O.C. & ZEN, G.C. *Didática*: abordagens teóricas contemporâneas. Salvador: Edufba, 2019, p. 19-64].

des, as técnicas e as estratégias a serem executados pelos professores em qualquer que seja a realidade das escolas. Esses materiais são vendidos às secretarias municipais/estaduais de educação, em pacotes acompanhados de cursos e treinamentos para a formação contínua das equipes escolares. As avaliações externas dirão os professores que poderão receber abonos, e não aumento de salários, e conforme os resultados que seus alunos obtiverem. A docência, por sua vez, é reduzida a habilidades práticas, com ausência dos saberes da Teoria Pedagógica ou reduzidos à prática; uma formação prática – sem 'teoria'; com estatuto profissional precário: contratos por tempo determinado, sem direitos trabalhistas. As DCN, expressas na resolução 2/2015, evidenciavam, em parte, essa concepção ao manter na estrutura dos cursos de licenciaturas as PCCs (Práticas como Componente Curricular). Sem se valer das pesquisas que evidenciaram o uso indiscriminado desse componente por parte das IES, que introduziram em seus currículos disciplinas e atividades que em nada guardam identidade com a formação docente (FUSARI; PEDROSO; PIMENTA & PINTO, 2014). Nesse sentido, o CNE, na Resolução de 2015, deixou brecha para a sanha praticista dos conglomerados, evidenciada no documento de dezembro de 2019, que anulam a anterior.

No dizer de Shiroma, Moraes e Evangelista (2013), as chances de extrair lucro da desqualificação dos trabalhadores, advinda de uma formação sucateada, abrem a oportunidade de negócio para os empresários da educação. A situação de instabilidade, precarização, terceirização e vulnerabilidade a que os educadores estão expostos aumenta o mercado de venda de consultorias, de certificação e promessas de empregabilidade. A escola que, na origem grega, designava o "lugar do ócio", é transformada em um grande "negócio".

Esse negócio se expandiu e cresceu nas duas últimas décadas nos países submissos a potências do porte de Inglaterra e Estados Unidos, como o Brasil.

A didática instrumental tecnicista dos anos de 1970, que respaldou a compreensão da prática sem teoria, parece estar sendo invocada pelos empresários da educação, o que configura um neotecnicismo. Ilustra esse retrocesso a definição por parte da Fundação Lemann, da Editora Nova Escola, associados ao Google, que estão elaborando planos de ensino únicos para todas as disciplinas do Ensino Fundamental a serem acessados pelos professores de qualquer lugar do país pelo celular, tablet e outras plataformas.

Essa perspectiva não considera e se contrapõe aos avanços conquistados na área da didática. O enfoque tecnicista foi considerado por Veiga (1996), como característica da Didática no período de 1945-1960. Inspirada nas correntes pragmáticas, o foco centrou-se nos processos de ensino, descontextualizados das dimensões políticas, sociais e econômicas. Do ponto de vista do cenário político brasileiro, o período pós-1964, caracterizado por Veiga (1996, p. 34), como de "descaminhos da Didática" foi pautado pela tendência tecnicista, a qual coadunou com o sistema político instaurado de ditadura militar. Os pressupostos teórico-metodológicos consistiram na neutralidade científica, acentuando-se na educação as concepções de eficiência, racionalidade técnica e produtividade.

O estabelecimento de parâmetros pseudocientíficos para o desempenho escolar se mostrou útil para classificar dentre os alunos das classes mais pobres que passaram a ter acesso ao direito de escolarização, aqueles mais competentes para prosseguir no processo e, assim, justificar a exclusão dos sistemas de ensino público que com menos alunos, docentes e infraestrutura seriam menos dispendiosos aos cofres públicos.

No contexto dessas políticas importa menos a democratização e o acesso ao conhecimento e a apropriação dos instrumentos necessários para um desenvolvimento intelectual e humano da totalidade das crianças e dos jovens e mais efetivar a expansão quantitativa da escolaridade de baixa qualidade para os cerca de 60% da população empobrecida, que havia tido seu direito constitucional de acesso à escolaridade pública garantido em decorrência dos movimentos dos educadores e de outros segmentos sociais a partir dos anos de 1970. E, quando esses resultados são questionados pela sociedade, responsabiliza-se os professores, esquecendo-se que eles são também produto de uma formação desqualificada historicamente, via de regra, através de um Ensino Superior, quantitativamente ampliado nos anos de 1970, em universidades-empresas.

No início dos anos de 1980 teve início um movimento por educadores, atuantes no campo das práticas de ensino e didática, que se reuniram em 1979 no 1º Encontro Nacional de Prática de Ensino, e em 1982, no 1º Seminário "A Didática em Questão". Em contraposição à perspectiva tecnicista, Candau (1983) traz contribuições marcantes para esse campo epistemológico, quando indica a ruptura com a Didática limitada à dimensão instrumental. Confirmou a importância da dimensão técnica, reposicionando-a quanto à dimensão política da prática pedagógica, da qual se ocupa a Didática. Assim, no espectro de uma concepção crítica, as interfaces da prática pedagógica com essas duas dimensões: política e técnica devem ser consideradas, pois dimensão técnica "se refere ao processo de ensino-aprendizagem como ação intencional, sistemática, que procura organizar as condições que melhor propiciem a aprendizagem" (CANDAU, 2005, p. 15).

Portanto, "quando essa dimensão é dissociada das demais, tem-se o tecnicismo" (p. 15), caracterizado exclusivamente por uma visão unilateral do processo de ensino-aprendizagem, centrado na técnica sem teoria.

No entanto, esse movimento então denominado de Didática Fundamental paradoxalmente instaurou no âmbito dos cursos um esvaziamento da disciplina Didática. O questionamento de seu estatuto epistemológico, acabou por provocar o entendimento de que a Didática, como disciplina dos cursos de formação de professores, que tem seu objeto definido – os processos de ensino-aprendizagem – pudesse ser substituída por outras disciplinas. O esvaziamento dos conteúdos da Didática, decorre, em grande medida, de seu desprestígio acadêmico no âmbito do campo da educação, com professores formadores que, de certa forma, ainda insistem em minimizar a dimensão crítica de seus conteúdos. Assim, acabam por potencializar a dimensão prescritiva e técnica na formação docente (PIMENTA et al., 2017a). Estava, assim, aberto o caminho para se colocar a educação e a escola em questão. Inclusive a Didática e a formação de professores, tematizadas por intelectuais pesquisadores da área: Veiga (1988), Oliveira (1992), Libâneo (1990), Martins (2004), Pimenta (1996), Wachovski (1991), Marin (2015) e tantos outros.

As principais temáticas postas em discussão com base nas teorias críticas podem ser assim resumidas: a valorização da escola e de seus profissionais nos processos de democratização da sociedade brasileira; a contribuição do saber escolar na formação da cidadania; sua apropriação como processo de maior igualdade social e inserção crítica no mundo (e daí: que saberes? Que escola?); a organização da escola, os currículos, os espaços e os tempos de ensinar e aprender; o projeto político e pedagógico; a democratização interna da escola; o trabalho coletivo; as condições de trabalho e de estudo (de reflexão), de planejamento, de jornada remunerada; dos salários; a importância dos professores nesse processo (daí: sua formação inicial e contínua); das responsabilidades da universidade, dos sindicatos, dos governos nesse processo; da escola como espaço de formação contínua; dos alunos: quem são? De onde vêm? O que querem da escola? (de suas representações); dos professores: quem são? Como se veem na profissão? Da profissão: profissão? E as transformações sociais, políticas, econômicas, do mundo do trabalho e da sociedade da informação: como fica a escola e os professores? E fundamentadas nas teorias pós-críticas, todas as questões que envolvem as minorias: as desigualdades e diferenças culturais, de gênero, raça, cor, e, tantas outras.

Entendia-se que era necessário que os professores tivessem sólida formação teórica para que pudessem ler, problematizar, analisar, interpretar e propor alternativas aos problemas que o ensino, enquanto prática social, apresentava nas escolas (cf. PIMENTA, 1996). Essa compreensão suscitou novas propostas curriculares tanto nas legislações estaduais quanto nas práticas nas escolas, possibilitadas por amplos Programas de Formação Contínua, promovidos por Secretarias de Educação com assessoria de universidades.

As investigações na área da Didática decorrentes desse movimento de ressignificação, pautadas pelo referencial crítico, tomam o ensino enquanto uma prática social viva, considerando teoria e prática inseparáveis no plano da subjetividade do sujeito (professor), pois sempre há um diálogo do conhecimento pessoal com a ação. Esse conhecimento não é formado apenas na experiência concreta do sujeito em particular, podendo ser nutrido pela "cultura objetiva" (as teorias da educação, no caso), possibilitando ao professor criar "esquemas" que mobilizam em suas situações concretas, configurando seu acervo de experiência "teórico-prático" em constante processo de reelaboração. Autores como Sacristán (1999), Martins (1998), Oliveira (1992) e Pimenta (2001) destacam a importância da teoria (cultura objetivada) na formação docente, uma vez que, além de seu aprendizado ter poder formativo, dota os sujeitos de pontos de vista variados para uma ação pedagógica contextualizada. Marin (2015, p. 18), considerando os componentes didáticos do ensino, destaca "a intrínseca relação entre os sujeitos e deles em relação ao objeto (conhecimento) com que se trabalha, considerando a indissociável relação, mas não direta ou linear, entre teoria e práxis".

Os saberes teóricos propositivos se articulam aos saberes da prática ao mesmo tempo, ressignificando-os e sendo ressignificados. Assim, o papel da teoria é oferecer aos professores perspectivas de análise para compreenderem os contextos históricos, sociais, culturais, organizacionais e de si mesmos como profissionais, nos quais ocorre sua atividade docente, para nele intervir, transformando-os. Daí decorre ser fundamental o permanente exercício da crítica das condições materiais nas quais o ensino ocorre e de como nessas condições é produzida a "negação da aprendizagem" (PIMENTA, 1998).

Indagando se a Didática crítica continua com vigor epistemológico para a compreensão do processo ensino-aprendizagem e da formação de professores, Faria (2018):

> [...] ganha centralidade nas reflexões dos educadores sobre o conteúdo da didática o entendimento da prática social enquanto pressuposto e finalidade da educação; a necessidade de um tratamento não fragmentado entre teoria e prática pedagógica, mas da compreensão de seu caráter dialético, relacional e contraditório de negação e

afirmação; o conteúdo didático se coloca para além dos métodos e técnicas de ensino; o ensino é entendido como síntese de múltiplas determinações e, como uma atividade direcional, procura-se articular a didática vivida com a didática pensada; sua especificidade é garantida pela compreensão e investigação contínua do processo ensino-aprendizagem, de modo que se construam formas de intervenção crítica da prática pedagógica. Materializa-se o entendimento de que o trabalho didático não se reduz ao "como fazer", mas está intimamente vinculado e ganha sentido pedagógico quando se articula ao "para que fazer" e ao "por que fazer" e "com quem fazer" (FARIA, 2018, p. 10).

Ressignificando a disciplina Didática na formação de professores

Diante das provocações suscitadas pelas demandas postas para o campo da Didática, no que se refere à educação escolar e à formação de professores, as produções acadêmicas passaram a ter como eixo as relações entre a Didática, a prática pedagógica e sua finalidade social mais ampla, como possibilidades de transformação da realidade social. Esta perspectiva epistemológica teve como intento depurar a função sociopolítica da educação, da escola e, principalmente, dos processos de ensino-aprendizagem, alinhados aos pressupostos teóricos da Pedagogia Crítica, pautada em uma perspectiva dialética.

A Didática, como disciplina nos cursos de formação de professores, passou a ser uma possibilidade de contribuir para que o ensino, núcleo central do trabalho docente, resulte nas aprendizagens necessárias à formação dos sujeitos, em relação, equipados para se inserirem criticamente na sociedade, com vistas a transformar as condições que geram a desumanização. E o faz trazendo as contribuições teóricas que lhe são próprias para a análise, a compreensão, a interpretação do ensino situado em contextos, num processo de pesquisa da realidade, com vistas a apontar possibilidades de superação.

Pensar a Didática a partir de seus princípios epistemológicos contribui para promover reflexões providas de criticidade em relação ao seu objeto complexo – o ensino – assim como, abrange a análise dos condicionantes sociais, políticos, econômicos e culturais que o envolvem na construção de saberes, historicamente instituídos. Nesse sentido, poderíamos dizer que, o ensino passa a exigir um olhar numa perspectiva multidimensional, que o compreenda como uma práxis educativa pedagógica, que considere as contradições e dilemas dos contextos nos quais se realiza. E, portanto, uma didática que se faça presente nos cursos de formação de professores, contribuindo para que exerça sua práxis educativa na perspectiva transformadora dos determinantes que dificultam/impedem a finalidade pública e social de seu trabalho docente.

Pode-se afirmar que a lógica da Didática é a lógica do ensino. No entanto e contraditoriamente, essa vocação da Didática realiza-se apenas e tão somente por meio da aprendizagem dos sujeitos envolvidos no processo. Portanto, a questão da Didática amplia-se e complexifica-se ao tomar como objeto de estudo e pesquisa não apenas os atos de ensinar, mas o processo e as circunstâncias que produzem as aprendizagens e que, em sua totalidade, podem ser denominados de processos de ensino. Portanto, o foco da Didática, nos processos de ensino, passa a ser a mobilização dos sujeitos para elaborarem a construção/reconstrução de conhecimentos e saberes.

O ato de ensinar não se resume ao momento de aula expositiva, não se encerra aí e sem levar em conta os contextos nos quais se realiza. Ao contrário, o ensinar e o aprender configuram-se como indissociáveis, fenômeno complexo porque é práxis social realizada *por* e *entre* seres humanos; que se modifica na ação e relação dos sujeitos (professores e alunos); situados em contextos, institucionais, culturais, espaciais, temporais, sociais; que, por sua vez, modifica os sujeitos nele envolvidos. Ensino e aprendizagem constituem unidade dialética no processo, caracterizada pelo papel mediador do professor na relação aluno-conhecimento, onde o ensino existe para provocar a aprendizagem, através das tarefas contínuas dos sujeitos do processo, de tal forma que o processo una o aluno aos conhecimentos que estão sendo mobilizados, para que ambos, alunos e conhecimentos sejam colocados frente a frente, mediados pela ação do professor, o qual planeja, define, propõe e dirige as atividades e as ações necessárias, para que os alunos desenvolvam processos de mobilização, construção e elaboração da síntese do conhecimento. Ou mesmo para que (re)construam, (re)signifiquem, (re)elaborem os conhecimentos produzidos historicamente, mediatizados pelo mundo (FREIRE, 1979).

O professor passa a ser valorizado como um profissional intelectual crítico – reflexivo e pesquisador de sua práxis e da práxis educativa que se realiza na escola e demais contextos nos quais se insere profissionalmente (PIMENTA, 2015; GHEDIN & PIMENTA, 2002; GHEDIN; OLIVEIRA & ALMEIDA, 2015). Um profissional que, por ter sólida formação teórica, consegue criar respostas aos desafios que encontra em sua práxis docente: considera o ato docente situado nos contextos escolares; com amplo e sólido conhecimento dos contextos social e político que envolvem o ensino; sobre as realidades onde vivem seus alunos; com conhecimentos da Teoria da Educação e da pedagogia em conexão com a práxis pedagógica docente, para analisar, compreender e criar procedimentos de ensino que assegurem as aprendizagens; para que sejam participantes ativos na reinvenção das práticas e das escolas; com sólida formação teórica que lhes permita compreender as realidades em que atua/atuará e propor coletivamente caminhos para assegurar as aprendizagens e o desenvolvimento de todos os alunos que passaram a ter acesso à escolaridade. Com sensibilidade social e humana e compromisso com a superação das desigualdades educacionais. E que, com vistas ao seu desenvolvimento profissional, necessita condições de trabalho com estatuto profissional, ou seja, quadro de carreira, ingresso por concurso e permanência.

Essa perspectiva permite que se empodere os alunos, seus professores, suas escolas públicas, suas famílias para defenderem e fazerem nelas acontecer a educação pública emancipadora, partindo da consideração das desigualdades e elevando todos os alunos a uma condição de igualdade, para se manterem e atuarem na construção da sociedade democrática, justa, fraterna, superando as profundas desigualdades que o capitalismo constrói, determina e aprofunda desde sempre. E, portanto, se oponha à transformação do direito à educação em mercadoria, em bem individual de consumo, praticada com agressividade, cada oportunidade mais voraz e mais refinada em seus métodos pelas corporações financistas que cada vez mais estão se enraizando no estado brasileiro, em todos os níveis.

Considerando que o ensino é realizado em instituições específicas, preferencialmente nas escolares, e realiza-se *por* e *entre* sujeitos, professores e alunos, em contínuos processos de mediação entre diferentes contextos e circunstâncias, parece-nos oportuno apontar que os estudos e pesquisas que se debruçam sobre as questões do ensino escolar devem ser compreendidos, analisados na perspectiva da totalidade. Assim, espera-se que a pesquisa na área, ao focar as mediações entre o ensinar e aprender, considere que essas mediações são condicionadas e atravessadas por múltiplas determinações, tais como: as configurações dos sistemas escolares e escolas, as políticas e dinâmicas dos processos curriculares, as práticas pedagógicas de gestão escolar, os impactos das políticas privatistas nas práticas docentes. A partir desse avanços, vários autores vêm ampliando a relevância de se formar professores incluindo questões teóricas emergentes na contemporaneidade, como, por exemplo, a Didática Crítico Intercultural (CANDAU, 2000; 2010); Didática Crítica Dialética re-afirmada (PIMENTA, 2008; OLIVEIRA, 2009); Didática Desenvolvimental (LIBÂNEO; LONGAREZI & PUENTES, 2011); Didática Sensível (D'ÁVILA, 2018); Didática Multidimensional (FRANCO & PIMENTA, 2014; 2016).

Apesar da expressiva ressignificação da Teoria Didática e de seu campo disciplinar, propiciado pelo significativo desenvolvimento das pesquisas na área, a indagação a seguir nos é posta:

> Em que medida os resultados das pesquisas têm propiciado a construção de novos saberes e engendrado novas práticas, superadoras das situações das desigualdades sociais, culturais e humanas produzidas pelo ensino e pela escola? (FRANCO; FUSARI & PIMENTA, 2015).

A essa indagação constantemente colocada aos e pelos pesquisadores, sugiro respondermos com outra indagação: a quem interessa manter essas desigualdades? A análise do tratamento conferido à Didática na BCN de dezembro 2019 nos parece caminhar na direção oposta à superação das desigualdades.

Entre recuos e lacunas: versões da Didática na BNC da Formação Docente

Este movimento analítico que aqui procedemos das proposições dispostas na BNC da Formação Docente reflete uma primeira tentativa de aproximação crítica em torno de uma política que começa a se estruturar em 2018 com a divulgação de Proposta para Base Nacional Comum da Formação de Professores (BRASIL, 2018).

Dado o histórico de poucas iniciativas de estruturação de ações voltadas à formação de professores(as) no primeiro ano do governo ultraliberal de Jair Bolsonaro, é possível supor que a proposição desse novo documento se insere na esteira de ações iniciadas no governo anterior que se mantiveram na pauta do Conselho Nacional de Educação (CNE). Em um momento no qual o Ministério da Educação se omite de se articular com estados e municípios, entidades acadêmicas e civis na formulação de políticas que gerem impactos positivos diante dos desafios que envolvem a melhoria das condições de formação e trabalho docente, comportando-se como plataforma de disseminação de conteúdo ideológico que distorce o debate público sobre escolarização calcado em discursos obscurantistas, ações como a BNC da Formação Docente vão sendo assumidas por grupos privatistas que atuam no CNE. É importante destacar esse contexto de ação política, uma vez que alguns traços que caracterizam as proposições formativas do documento são explicadas à luz do perfil dos atores sociais envolvidos no CNE, tratando-se de representantes de conglomerados financistas que defendem uma visão praticista e "barata" de formação docente como um pilar da estratégia de rentabilização da oferta de cursos de licenciatura no Brasil, os quais já são responsáveis por cerca de 70% dos cursos, sendo 88% destes em Educação a Distância (PIMENTA, 2019).

Um outro destaque não menos importante diz respeito ao fato de que o documento é uma prescrição que ainda não se efetivou. Logo, é no percurso de implementação através da reformulação de currículos que será possível dimensionar os efeitos práticos do que por hora é possível presumir analiticamente, com base em subsídios teóricos resultantes do acúmulo de literatura e pesquisas na área da Educação.

Partindo da apresentação de um panorama de dados de rendimento de estudantes da Educação Básica resultantes de avaliações externas, os quais apontam desafios de construção de alternativas para a melhoria da qualidade do ensino-aprendizagem, a terceira versão do parecer sobre a BNC (BRASIL, 2019a) associa o desempenho estudantil a dilemas da formação docente, sem referências consistentes a fatores extra e intraescolares em uma dimensão contextual mais complexa. Isso demonstra uma visão reducionista em que a qualidade da educação dependeria principalmente da ação isolada do(a) professor(a) desassociada de políticas sistêmicas de formação e valorização salarial, suporte pedagógico, organizacional, financeiro e infraestrutural que melhorem a capacidade educativa das escolas e a valorização dos(as) profissionais que lá atuam. Ao mesmo tempo que apela para um discurso de valorização do trabalho docente, a proposta parece acentuar o baixo prestígio social quando substitui a exigência de formação em Licenciatura por cursos aligeirados de complementação e focados na preparação instrumental de bacharéis para o ensino.

Com base na ilustração de referenciais de políticas educativas de 10 países sem a devida sistematização de informações que permitam a construção de quadros comparativos dos contextos históricos e políticos nos quais se situam e com ênfase particular à experiência australiana, o parecer trata de uma série de princípios considerados como "evidências" relativas às esferas da formação, regulamentação e avaliação da profissão docente, enfatizando a concepção da aprendizagem por competências derivadas da reprodução de modelos práticos disfarçados nas expressões "currículo clínico" e "prática clínica", as quais sequer são definidas conceitualmente.

Sem qualquer referência à identidade epistemológica do campo da Pedagogia, a proposta carece de uma base explícita de conceituação teórica do que classifica como "conhecimento científico", "conhecimento educacional" e "conhecimento pedagógico" ou, ainda, para o que designa como "ciências para a Educação" (p. 33). Para um documento normatizador de políticas curriculares, é interessante notar como o emprego desses termos sem o devido esclarecimento conceitual resulta em um atravessamento de perspectivas epistemológicas sem "lugar" no texto, o que produz um efeito tautológico ou redundante, nos quais diferentes palavras servem para dizer a mesma coisa, ainda que guardem relação com discursos paradigmáticos distintos. Caberia questionar: esses tipos de conhecimento se aproximam e se distanciam em que aspectos? Podem ser equiparados um ao outro? São complementares? Na perspectiva da Ciência da Educação é possível compreender o conhecimento pedagógico como de natureza científica; já na das ciências para a Educação, o pedagógico se resume à instrumentalização prática derivada da aplicação de aportes de outros campos de saber distintos da Pedagogia, configurada como um saber sem identidade científica.

O campo da Didática Geral não é assumido teoricamente na terceira versão do parecer sobre a BNC. O "didático" é um atributo que qualifica "metodologias" e "recursos", um aspecto tipicamente característico de concepções instrumentais do saber didático. Somente quando se refere às áreas de aprofundamento do curso de Pedagogia, o documento faz uma referência genérica a "princípios didáticos de planejamento, encaminhamento e avaliação [...]" (2019, p. 29), denotando a existência de elementos de ordem conceitual que subsidiam esses processos e manifestam natureza didática.

Por outro lado, as Didáticas Específicas adquirem maior destaque, sendo explicitamente sublinhadas no Grupo II de componentes de aprofundamento nos currículos das licenciaturas quando se prevê que "nesta etapa de estudo, o curso deverá oferecer estudos em currículos referenciados na BNCC, metodologias e didática das áreas e/ou componentes" (BRASIL, 2019, p. 27). As Didáticas Específicas guardam estreita relação com o Conhecimento Pedagógico de Conteúdo (CPC), conceito que possui centralidade na constituição dos elementos formativos e definição de perfil e atuação de professores na proposta da BNC.

Desenvolvido por Shullman (1986), esse conceito lança luz à especificidade do domínio das estratégias de ensino e de aprendizagem do conhecimento específico que o(a) docente ministra, apoiando-se em um conjunto de representações e modelos de ação que o(a) auxiliam na construção de formas de mediação pedagógica. Assim como nas Didáticas Específicas, a referência central para validar a escolha das estratégias didáticas é a natureza do conhecimento que se transpõe na relação educativa.

Efetivamente, a base epistemológica dos objetos de ensino é um aspecto fundamental na composição das estratégias didáticas, uma vez que os processos de aprendizagem ocorrem diferenciadamente em função da natureza disciplinar e do processo metodológico de construção do conhecimento tanto para quem ensina quanto para quem aprende. Por isso mesmo que o próprio Shullman (1987) afirma que na *knowledge base* para o ensino se integram o CPC, mas também o conhecimento específico do conteúdo, o conhecimento curricular, o conhecimento pedagógico geral, o conhecimento dos contextos de ensino, dos alunos e de suas características e o conhecimento dos objetivos, finalidades e valores educacionais e de suas bases históricas e filosóficas.

A versão oficial homologada em dezembro trata a Didática como campo de conhecimento singular, representando uma desocultação do campo das entrelinhas da terceira versão do parecer. Além de adjetivar um tipo de conhecimento específico, o "conhecimento didático" (inc. VII do art. 7º), o campo da Didática é o segundo dos treze eixos temáticos que compõem o grupo I de componentes de organização curricular dos cursos de Licenciatura. O campo da Didática é associado às seguintes problemáticas ou dimensões do processo de ensino-aprendizagem:

> a) compreensão da natureza do conhecimento e reconhecimento da importância de sua contextualização na realidade da escola e dos estudantes; b) visão ampla do processo formativo e socioemocional como relevante para o desenvolvimento, nos estudantes, das competências e habilidades para sua vida; c) manejo dos ritmos, espaços e tempos para dinamizar o trabalho de sala de aula e motivar os estudantes; d) elaboração e aplicação dos procedimentos de avaliação de forma que subsidiem e garantam efetivamente os processos progressivos de aprendizagem e de recuperação contínua dos estudantes; e) realização de trabalho e projetos que favoreçam as atividades de aprendizagem colaborativa; e f) compreensão básica dos fenômenos digitais e do pensamento computacional, bem como de suas implicações nos processos de ensino-aprendizagem na contemporaneidade (BRASIL, 2019b, par. II do art. 12).

A partir desse leque amplo de questões atinentes ao campo didático, é possível pressupor uma matriz de conhecimentos que legitima a configuração de um componente curricular de Didática Geral nas licenciaturas. Entretanto, a tentativa de demarcar uma identidade da Didática com base nessas questões não se limita apenas a uma operação de recorte temático, mas de definição de uma concepção teórico-metodológica de Didática que corresponda à sua natureza práxica e, sobretudo, à sua orientação crítico-reflexiva na formação docente. Desse ponto de vista, o induz o entendimento de que os elementos balizados pelo conhecimento didático na compreensão e organização do processo de ensino-aprendizagem podem ser capturados por uma lógica neutra, concretizada em metodologias operativas despidas de um caráter sociopolítico e histórico, o qual se exprime na problematização da atividade docente no contexto de estruturação de projetos de sociedade e de formação humana.

Logo, entendemos que a versão da Didática na BNC-Formação se vincula à tradição recorrente de conceituação presente no campo pedagógico alinhada a paradigmas pragmatistas que a entendem como aporte metodológico às condições do trabalho docente dissociados de um referencial problematizador das finalidades e significados sociais e educativos que orientam a ação da escola e dos(as) professores(as).

Defendemos que, para que a escola alcance sua finalidade civilizatória e humanizadora, é fundamental que os processos de ensino-aprendizagem se ancorem em uma Didática que supere as versões da BNC: de uma Didática invisibilizada ou reificada em seu aspecto metodológico operativo à uma Didática multidimensional que conceba o ensino como uma prática social crítica e transformadora.

Considerações finais

Os avanços na área da Didática trazidos por inúmeros autores (dentre os quais trouxemos apenas alguns), nas duas décadas finais do século XX e nas duas iniciais do século XXI, evidenciam o *vigor* conquistado no âmbito das pesquisas, no âmbito da sua contribuição à formação de professores(as), no âmbito das práticas pedagógicas e docentes e, também, no âmbito das políticas educacionais para os sistemas de ensino, em especial os públicos.

A quem interessa que os avanços na teoria e nas disciplinas didáticas como os que aqui evidenciamos não alterem o quadro de desigualdade e baixa qualidade nos resultados da educação escolar?

A quem interessa que não seja resgatada uma formação de professores(as) que sejam autônomos, autores de suas práticas pedagógicas? A quem interessa sonegar a autoria intelectual dos(as) professores(as) entregando-lhes pelo celular planos de ensino prontos para serem usados onde quer que estejam?

A quem interessa reduzir os cursos de licenciatura com um tempo hiper-mínimo de duração? A quem interessa que os salários e os modos de empregabilidade dos(as) professores(as) sejam cada vez mais precarizados(as)? A quem interessa transformar os(as) professores(as) dos cursos de licenciatura em horistas, sem direitos trabalhistas? A quem interessa que os cursos de Didática mantenham um forte "caráter instrumental", conforme denuncia a pesquisa de Libâneo (2010) e se pode depreender da BNC da Formação Docente?

A quem interessa vender aos sistemas públicos de ensino planos das disciplinas para os(as) professores(as) acessarem por meios eletrônicos e aplicarem em todas as escolas do país? A quem interessa negar a desigualdade econômica, cultural e social, a diversidade e a multiculturalidade nas escolas brasileiras?

A quem interessa que a Didática, enquanto disciplina, supere os problemas evidenciados em pesquisa realizada por Longarezi e Puentes (2010, p. 3): "pequena carga horária em relação às demais disciplinas; empobrecimento do campo da didática no currículo dos cursos [...]"; desarticulação da didática tanto em relação a outras disciplinas quanto em relação à unidade teoria-prática inerente ao seu próprio campo?

Indagações como essas se ampliam no espaço de críticas gerado pela análise do campo da Didática na BNC-Formação e demonstram a relevância e a urgência de movimentar agendas de investigação e debate público sobre como a Didática é atravessada pelas tendências reformistas em educação e como pode colaborar com o avanço de uma perspectiva crítica e reflexiva de formação de professores(as).

Referências

BRASIL/Conselho Nacional de Educação. *Resolução CNE/CP n. 2, de 20 de dezembro de 2019*. Brasília [Disponível em http://portal.mec.gov.br/docman/dezembro-2019-pdf/135951-rcp002-19/file – Acesso em 01/01/2020].

_____. *Parecer 22/2019 que define as Diretrizes Curriculares Nacionais para Formação Inicial de Professores para a Educação Básica e institui Base Nacional Comum para Formação Inicial de Professores para a Educação Básica – BNC-Formação*. Brasília, 7 de novembro de 2019 [Disponível em http://portal.mec.gov.br/docman/setembro-2019/124721-texto-referencia-formacao-de-professores/file – Acesso em 01/01/2020].

BRASIL/Ministério da Educação. *Proposta de Base Nacional Comum da Formação de Professores da Educação Básica*. Brasília: MEC, 2018 [Disponível em: http://portal.mec.gov.br/index.php?option=com_docman&view=download&alias=105091-bnc-formacao-de-professores-v0&category_slug=dezembro-2018-pdf&Itemid=30192 – Acesso em 01/01/2020].

CANDAU, V.M. "A didática e a formação de educadores – Da exaltação à negação: a busca da relevância". In: *A didática em questão*. 25. ed. Petrópolis: Vozes, 2005, p. 13-21.

_____. "Da Didática Fundamental ao Fundamental da Didática". In: ANDRÉ, M. & OLIVEIRA, M.R. (orgs.). *Alternativas do ensino de Didática*. Campinas: Papirus, 1997, p. 71-96.

CANDAU, V.M. (org.). *A didática em questão*. Petrópolis: Vozes, 1983.

D'ÁVILA, C.M. *Didática do sensível* – Uma inspiração raciovitalista. Salvador: Ufba, 2018, 141 p. [Tese].

FARIA, L.R.A. "A centralidade da didática na formação de professores – A crítica à didática crítica não é crítica. In: AROEIRA, K.P. & PIMENTA, S.G. (orgs.). *Didática e estágio*. Curitiba: Appris, 2018.

FRANCO, M.A. & PIMENTA, S.G. "Didática multidimensional: por uma sistematização conceitual". In: *Educação e Sociedade*, vol. 37, n. 135, abr.-jun./2016, p. 539-553. Campinas.

FREIRE, P. *A educação como prática da liberdade*. São Paulo: Paz e Terra, 1979.

GHEDIN, E.; OLIVEIRA, E.S. & ALMEIDA, W.A. *Estágio com pesquisa*. São Paulo: Cortez, 2015.

LIBÂNEO, J.C. "O ensino de didática, de metodologias específicas e de conteúdos do Ensino Fundamental: o caso dos cursos de Pedagogia no Estado de Goiás". In: *Anais do XV Endipe* – Encontro Nacional de Didática e Prática de Ensino. Belo Horizonte: Autêntica, 2010, p. 14-26.

_____. *Fundamentos teóricos e práticos do trabalho docente* – Estudo introdutório sobre pedagogia e didática. São Paulo: PUC-SP, 1990 [Tese de doutorado].

LONGAREZI, A.M. & PUENTE, R. "O lugar da Didática nas pesquisas e produções dos Programas de Pós-Graduação em Educação do Estado de Minas Gerais/BR". In: *Anais do XV Endipe* – Encontro Nacional de Didática e Prática de Ensino. Vol. 1. Belo Horizonte: Autêntica, 2010, p. 2-14.

MARIN, A.J. "A Didática, as Práticas de Ensino e alguns princípios para a pesquisa e a docência". In: MARIN, A.J. & PIMENTA, S.G. (orgs.). *Didática: teoria e pesquisa*. Araraquara: J.M., 2015, p. 17-38.

MARTINS, P.L.O. "Princípios didáticos na ação docente: conhecimento como expressão da ação humana". In: ROMANOWSKI, J.P.; MARTINS, P.L.O. & JUNQUEIRA, S.R.A.

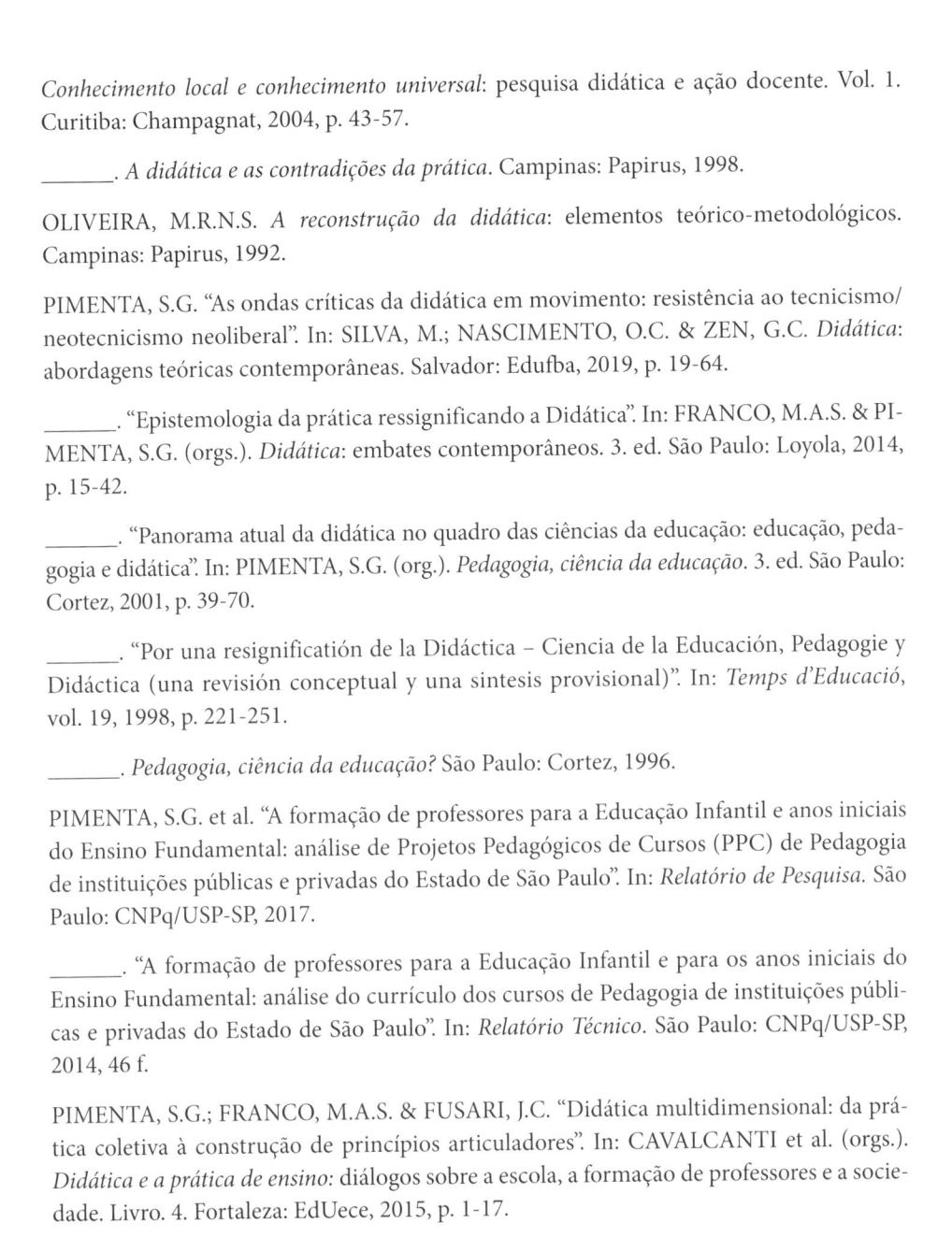

Conhecimento local e conhecimento universal: pesquisa didática e ação docente. Vol. 1. Curitiba: Champagnat, 2004, p. 43-57.

_____. *A didática e as contradições da prática*. Campinas: Papirus, 1998.

OLIVEIRA, M.R.N.S. *A reconstrução da didática*: elementos teórico-metodológicos. Campinas: Papirus, 1992.

PIMENTA, S.G. "As ondas críticas da didática em movimento: resistência ao tecnicismo/neotecnicismo neoliberal". In: SILVA, M.; NASCIMENTO, O.C. & ZEN, G.C. *Didática*: abordagens teóricas contemporâneas. Salvador: Edufba, 2019, p. 19-64.

_____. "Epistemologia da prática ressignificando a Didática". In: FRANCO, M.A.S. & PIMENTA, S.G. (orgs.). *Didática*: embates contemporâneos. 3. ed. São Paulo: Loyola, 2014, p. 15-42.

_____. "Panorama atual da didática no quadro das ciências da educação: educação, pedagogia e didática". In: PIMENTA, S.G. (org.). *Pedagogia, ciência da educação*. 3. ed. São Paulo: Cortez, 2001, p. 39-70.

_____. "Por una resignificatión de la Didáctica – Ciencia de la Educación, Pedagogie y Didáctica (una revisión conceptual y una sintesis provisional)". In: *Temps d'Educació*, vol. 19, 1998, p. 221-251.

_____. *Pedagogia, ciência da educação?* São Paulo: Cortez, 1996.

PIMENTA, S.G. et al. "A formação de professores para a Educação Infantil e anos iniciais do Ensino Fundamental: análise de Projetos Pedagógicos de Cursos (PPC) de Pedagogia de instituições públicas e privadas do Estado de São Paulo". In: *Relatório de Pesquisa*. São Paulo: CNPq/USP-SP, 2017.

_____. "A formação de professores para a Educação Infantil e para os anos iniciais do Ensino Fundamental: análise do currículo dos cursos de Pedagogia de instituições públicas e privadas do Estado de São Paulo". In: *Relatório Técnico*. São Paulo: CNPq/USP-SP, 2014, 46 f.

PIMENTA, S.G.; FRANCO, M.A.S. & FUSARI, J.C. "Didática multidimensional: da prática coletiva à construção de princípios articuladores". In: CAVALCANTI et al. (orgs.). *Didática e a prática de ensino*: diálogos sobre a escola, a formação de professores e a sociedade. Livro. 4. Fortaleza: EdUece, 2015, p. 1-17.

PIMENTA, S.G. et al. "Os cursos de licenciatura em Pedagogia: fragilidades na formação inicial do professor polivalente". In: *Educação & Pesquisa*, vol. 43, n. 1, jan.-mar./2017. São Paulo.

PIMENTA, S.G. & GHEDIN, E. *Professor reflexivo no Brasil*: gênese e crítica do conceito. São Paulo: Cortez, 2002.

SACRISTÁN, J.G. *Compreender e transformar o ensino*. Porto Alegre: Artes Médicas, 1999.

SHIROMA, E.O.; MORAES, M.C.M. & EVANGELISTA, O. *Política educacional*. Rio de Janeiro: DP&A, 2000.

SILVA, E.F. & VEIGA, I.P.A. *Profissão docente na Educação Superior – A Docência no Ensino Superior e as influências dos campos científicos*. Curitiba: CRV, 2013.

SHULMAN, L. "Knowledge and teaching: foundations of a new reform". In: *Harvard Educational Review*, vol. 57, n. 1, 1987, p. 1-22 [Disponível em https://hepgjournals.org/doi/10.17763/haer.57.1.j463w79r56455411 – Acesso em 01/01/2020].

VEIGA, I.P.A. "Didática: uma retrospectiva histórica". In: Veiga, I.P.A. (org.). *Repensando a Didática*. 11. ed. Campinas: Papirus, 1996.

_____. *Repensando a Didática*. Campinas: Papirus, 1988.

VEIGA, I.P.A. & D'ÁVILA, C. (orgs). *Didática e Docência na Educação Superior*. Campinas: Papirus, 2012.

WACHOWICZ, L. A. *O método dialético na didática*. 2. ed. Campinas: Papirus, 1991.

8
Sala de aula democrática: tempo e espaço do conhecimento

Lilian Anna Wachowicz
Pura Lúcia Martins
Joana Paulin Romanowisk

> *[...] como poderia a teoria dar conta da prática se não nascesse com ela, ali, onde essa vida se multiplica: a sala de aula?*
> Wachowicz (2005)

Apresentação

Este texto trata da sala de aula como espaço e tempo do conhecimento e resulta de discussões entre as autoras considerando o movimento de transformação da Didática, da escola e da democracia no contexto das práticas pedagógicas. Para encaminhar nossa reflexão, inicialmente abordaremos a questão "Por que Endipe?" Em seguida tratamos do processo democrático da organização de sua décima segunda edição.

Em seguida, problematizamos a coerência entre as concepções teóricas de aprendizagem, o método e os instrumentos didáticos, na perspectiva histórica da epistemologia da ciência da educação. Incluímos também uma discussão sobre as condições para a escola democrática, considerando o acesso da população nos anos de 1980, na primeira década do século XXI e na atualidade.

Finalizamos com indicações de possibilidades do vir a ser de uma prática da escola democrática.

Por que Endipe?

Como se sabe, o Endipe tem sua origem nos Seminários "A Didática em Questão", realizados em 1982/1983 no Rio de Janeiro sob a coordenação de Vera Maria Candau.

Nesses seminários a valorização da escola como campo de conhecimento esteve presente entre os professores e pesquisadores da educação como expressam suas publicações.

Registramos em sua história que dois eventos nacionais da área da educação realizavam-se separadamente, abordando de um lado a Didática e de outro as Práticas de Ensino. Em Recife, no ano de 1987, foi realizado o Encontro de Didática e o Encontro de Prática de Ensino em conjunto. A partir de então, o evento foi unificado e passou a se denominar Endipe.

É importante registrar que o Endipe permanece como "Encontro" nas suas edições até hoje, sendo atualmente considerado um dos mais importantes eventos da área da Educação. A permanência no tempo da denominação Encontro nos remete à compreensão de estar junto com, tendo em vista propósitos comuns. Entendemos que encontro, esse "estar junto com", caracteriza-se como um espaço/tempo para a produção de fazeres e saberes pedagógicos por pesquisadores, professores e estudantes de todos os níveis e modalidades do ensino.

Princípios democráticos na organização do encontro

A organização do XII Endipe realizado em Curitiba em 2004, sob a nossa coordenação, se fez segundo os princípios da democracia: autonomia, consenso e participação. Foi um acontecimento na área da educação, de cuja organização participaram as universidades estaduais e federais, a PUC-PR, a Unicenp e a UTP, abrangendo todas as universidades do Paraná e também as Secretarias de Educação do Estado do Paraná e do Município de Curitiba.

Desde o início dos trabalhos foi colocada em prática a Teoria da Democracia, criando a Associação Endipe Paraná (AEP) em assembleia e realizando a eleição da diretoria e conselho fiscal, bem como as comissões de trabalho. Nesse processo, o espírito democrático do encontro foi cuidadosamente cultivado, possibilitando a socialização do conhecimento com o refinamento que o campo da educação exige e com a ousadia necessária para o trabalho criador. A isso soma-se a vinculação com a escola básica pela parceria com as secretarias municipal e estadual de educação, viabilizada por meio do financiamento das inscrições dos professores no evento.

Esse espírito democrático se estendeu ao processo de convite aos simposistas. Para tanto, foi feito contato com as diversas sociedades e associações responsáveis pela pesquisa em educação no país, com a finalidade de que estas indicassem os pesquisadores que comporiam os simpósios e mesas encomendados. Os convites foram estendidos a todos os campos do conhecimento do currículo da educação básica que se processam na instituição escolar, o que resultou em 42 simpósios. O cuidado com o tempo para as discussões aprofundadas dos trabalhos foi garantido, mantendo-se um turno para cada simpósio, ainda que concomitantes.

A escolha do tema da XII edição "Conhecimento Local e Conhecimento Universal" parte da elaboração da discussão entre professores de Didática e Práticas de Ensino que têm uma consciência da educação como campo de conhecimento científico. Assim, na organização do evento e na escolha do tema, cuidamos para não correr o risco de permanecer nas formulações teóricas sem o referencial da prática. Entendemos que o conhecimento local e o conhecimento universal se contêm.

Com efeito, já dizia Boaventura de Sousa Santos (1999), que o conhecimento nos tempos atuais, sendo total não é determinístico e sendo local não é descritivista. É um conhecimento sobre as condições de possibilidades. Quais condições? As condições de possibilidades da ação humana projetada no mundo a partir de um espaço/tempo local.

Para que se realizasse o registro da memória do XII Endipe, que reuniu aproximadamente quatro mil pessoas e mil e trezentos trabalhos apresentados, foram realizadas publicações do evento que permanece vivo nas inúmeras citações e referências da área, bem como com acesso a todos os textos em https://endipe.pro.br/site/eventos-anteriores/ Essa energia do evento nos auxilia no enfrentamento da vida na educação e nos mobiliza para o novo, pois como poderia a teoria dar conta dessa prática se não nascesse com ela ali, onde essa vida se multiplica: a sala de aula?

Coerência entre as concepções teóricas de aprendizagem, o método e os instrumentos didáticos

Quando uma professora ou professor entra em sua sala de aula, está habitado por uma concepção de aprendizagem e o método correspondente, estudados e compreendidos durante sua formação inicial e/ou continuada, bem como consolidados na sua prática. Porém necessita de instrumentos e condições para cumprir seu trabalho. Esses instrumentos muitas vezes são preparados externamente, como os livros didáticos, por exemplo. Há uma teoria de aprendizagem e um método implícitos nesses instrumentos, nem sempre esclarecidos nem explicitados.

O que efetivamente realiza não somente o método como também a concepção de aprendizagem são os instrumentos em ação, na rotina do trabalho em sala de aula. Mais que isso, os instrumentos indicam estratégias que os estudantes aplicam, ao executar a ação didática. A mediação necessária do professor, nesse caso pode reduzir-se à aplicação dos instrumentos.

Passamos a um exemplo original em sua criação e diferente em uma aplicação distorcida da concepção de aprendizagem e do método, objetivada na elaboração dos instrumentos. Trata-se do método de alfabetização de adultos de Paulo Freire, reconhecido internacionalmente por seus resultados, em campanhas de diversos países no combate ao analfabetismo.

Para tanto, o método utiliza como instrumentos *palavras geradoras*, que não estão previamente selecionadas, mas devem ser indicadas pelo grupo de estudantes no início do trabalho, mediante diálogos implementados entre o instrutor e os aprendizes. Tais palavras pertencem obrigatoriamente ao universo cultural do grupo. Por exemplo, num grupo de pessoas operárias da construção civil, palavras como tijolo, cal, água, cimento, podem surgir numa sessão inicial. O instrutor preparado nesse método de alfabetização seleciona uma palavra, como, por exemplo, "tijolo" que contém a possibilidade de trabalho com as unidades fonéticas. Dessa forma o processo é facilitado para compor outras palavras.

Assim, o componente técnico do método é respeitado: a palavra geradora pertence ao universo cultural do grupo e ao mesmo tempo é a mais indicada, pelos fonemas que podem ser analisados. Desde a indicação das palavras e a seleção de uma delas, a conversação é incrementada intensamente. As aulas destinam-se inicialmente a separar em famílias fonéticas a palavra selecionada. Tínhamos então:

>tijolo
>ta – te – ti – to – tu
>ja – je – ji – jo – ju
>la – le – li – lo – lu

Várias palavras novas poderiam formar-se e o processo de alfabetização era realizado durante as sessões, com a motivação do grupo e a mediação do instrutor. Para compor uma das palavras que surgiam, eram unidas as sílabas lu (a última no diagrama que se apresentava no quadro negro) e a sílaba ta (a primeira no diagrama). Obtinha-se a palavra luta. Observe-se que a palavra luta era denotada, ou seja, sua compreensão era provocada durante a conversação, estabelecendo-se a conotação no contexto, naquele grupo e naquela aula.

Esse é um bom exemplo da incorporação da técnica pela política, sendo ambos os elementos respeitados na ação didática. O diagrama acima apresentado foi colocado por Paulo Freire na capa do livro Conscientização, o qual apresenta o método, capaz de alfabetizar adultos em 40 horas de trabalho.

A história recente do Brasil nos revela como efetivamente ocorre a concepção de mundo pela qual se faz o recorte na escolha de uma concepção teórica de aprendizagem, que por sua vez vai definir o objeto do conhecimento: durante o período de governo militar (1964-1978) o Ministério da Educação "adotou" o Método Paulo Freire numa campanha de efeito, com o objetivo de erradicar o analfabetismo de adultos. Entretanto, as palavras geradoras vinham impressas em material preparado e distribuído aos grupos instituídos para cumprir o programa de alfabetização. Ou seja, o método, parecendo ser o mesmo, tinha seu espírito distorcido pela mediação dos instrumentos.

A motivação que se manifestava no grupo de aprendizes desde a seleção das palavras geradoras no Método Paulo Freire não foi observada no processo oficial e o programa não obteve os mesmos resultados, tornando-se mais uma forma de cumprir estatísticas. Foi aplicado durante muitos anos e o analfabetismo não foi erradicado, porque os princípios eram outros; ou seja, o método era outro. E os instrumentos é que cumpriam essa distorção. Ainda que a mediação fosse realizada pela conversação entre o professor e os aprendizes, não tinha a energia da motivação inicial, do envolvimento do grupo na expressão das palavras geradoras, as quais não pertenciam ao universo cultural do grupo.

A coerência entre a concepção teórica da educação, o método e os instrumentos cumpre-se pela mediação do professor em sala de aula. Nessa mediação está a relação entre conhecimento local e conhecimento universal, na qual o método dialético é fundamental. Poderíamos dizer que no exemplo citado do Método Paulo Freire, o conhecimento local está na palavra "tijolo". E o conhecimento universal está no significado da palavra "luta", significado esse obtido no processo de mediação pela conversação. E a direção da mediação indica a perspectiva democrática na ação didática, pela participação motivada e sustentada todo o tempo.

No entanto, tijolo é ao mesmo tempo local e universal, pois tijolo como material para construir paredes é presente no mundo, ainda que se transforme em diferentes materiais e tipos de construções. Temos então uma questão referente ao professor(a): até que ponto o conhecimento pode ser alcançado pelo professor? Feuerstein, psicólogo romeno que criou o método de desenvolvimento cognitivo instrumental (PEI), expressava a questão do poder do professor (mediador) mediante a metáfora do arqueiro: quanto maior a força pela qual o sujeito tensiona a corda no arco, mais longe a flecha irá. Ou seja, quanto mais intensa for a cultura e os conhecimentos do professor(a), mais "longe" e certeira poderá ser sua intervenção pedagógica.

O Método Feuerstein é utilizado em muitos países da Europa, América e no Brasil. Seus instrumentos são rigorosamente preparados por uma equipe de psicólogos. A mediação é que determina os resultados, sendo que se desenvolve pelos instrumentos, mas também por inúmeros materiais culturais. A importância da mediação pode ser compreendida pela sua negação: seria como colocar um vídeo contendo os conhecimentos que o professor(a) planejou, porém não despertar na mesma sessão uma discussão aprofundada dos mesmos.

A educação a distância sofre essa dificuldade: as aulas são ministradas numa central e distribuídas com auxílio de diferentes tecnologias. A mediação para processar com um grupo de alunos todo o conteúdo é um desafio, pois o mediador deverá dominar o conteúdo transmitido e também o processo de aprendizagem dos mediados. Ou seja, necessita de uma formação em Didática e na Metodologia de Ensino da área tratada, ao lado da formação no conteúdo dos conhecimentos transmitidos, em nível o melhor possível.

Tanto o Método Paulo Freire como o Método Feuerstein e a educação a distância não representam a realidade dos nossos professores(as) na escola tal como a conhecemos. As palavras-chave dos métodos expostos seguem ativas em toda a ação didática: a energia da motivação, a mediação pela palavra e pela participação, o respeito à autonomia de pensamento dos estudantes e o consenso do grupo após a discussão dos conteúdos.

A relação de trabalho é que torna diferentes as experiências relatadas. No Método Paulo Freire, o professor necessariamente é formado, ainda que não academicamente, mas na compreensão e na experiência vivida com o método. Sua preparação é feita com a equipe coordenadora do processo. No Método Feuerstein o mediador é formado em cursos específicos e a relação com os alunos mediados pode ser em grupos extraclasse nas escolas, ou individualmente em clínicas ou consultórios. Na educação a distância, os professores são múltiplos e estão disponíveis para as consultas dos estudantes. Em alguns cursos o professor é o mediador, ainda que não de modo presencial.

Já na escola e na sala de aula, o professor(a) cria as condições necessárias para o trabalho no qual acredita. Cada aula é preparada para ser feita com os alunos, na sua concepção de aprendizagem. O ideário é estabelecido pelas mantenedoras dos estabelecimentos de ensino, mas na realidade esse ideário estabelecido nem sempre se cumpre.

Didática, escola e democracia

O tema "Didática, escola e democracia" nos coloca num plano específico do trabalho pedagógico, que é a sala de aula nas instituições de ensino. E a relação com a democracia nos leva às bases da Teoria da Educação, com a finalidade de definirmos as opções que fundamentam as possibilidades para a ação didática segundo a Teoria da Democracia.

Em todos os três elementos do tema, está implícita a definição da Pedagogia como ciência, devendo ser tratada no âmbito da ciência cognitiva, pois esta se define como o estudo da mente humana e como uma ciência interdisciplinar que recorre a muitos campos, incluindo a sociologia, filosofia, neurociência, psicologia, ciência computacional, inteligência artificial e linguística.

O propósito da ciência cognitiva é desenvolver modelos que contribuam para explicar a cognição humana, a percepção, o pensamento e a aprendizagem. Entre as teorias cognitivas de aprendizagem, optamos pela teoria de Vygotsky que tem a mediação como principal categoria.

Como todos sabem, Vygotsky não tem uma teoria elaborada de forma completa. Mas foi tão forte seu pensamento, que formou um grupo de seguidores e esses conseguiram elaborar a teoria completa. Até hoje suas ideias continuam sendo a base de várias pesquisas sobre a aprendizagem. Pode-se dizer que a teoria vygotskyana tem uma atualidade máxima. Um exemplo passível de demonstrar a possibilidade da mediação em sala de aula nos traz o próprio Vygotsky, ao tratar de um conteúdo presente no currículo da escola, área de Ciências.

O enfoque elementarista da Psicologia associacionista pode ser comparado à análise química da água, que a decompõe em hidrogênio e oxigênio, nenhum dos quais tem as propriedades da totalidade, e cada um deles tem qualidades que não estão presentes na totalidade. Os estudiosos que aplicarem esse método para buscar a explicação de alguma propriedade da água (p. ex.: Por que apaga o fogo? – descobrirão com surpresa que o hidrogênio acende o fogo e o oxigênio o mantém. Tais descobertas não lhe ajudariam muito na solução do problema... A chave para a compreensão das qualidades da água não se encontra em sua composição química, mas na interconexão de suas moléculas (VYGOTSKY, 1991, p. 5).

Esse exemplo pode nos ajudar a compreender o processo da mediação do professor em sala de aula, com estudantes em vários níveis do ensino, desde a educação básica até a superior, e mesmo na educação infantil. A adequação aos níveis do ensino depende da contextualização que o professor faz. O processo é rigoroso: o conteúdo é importante e atende à questão: o que vamos estudar? A composição da água. Nada de fórmulas no início da conversação (H_2O). O ponto decisivo é: Por que a água apaga o fogo? Temos então a seguinte proposição: o conteúdo responde à questão "O que" e a forma que o conteúdo assume é dada pelo movimento despertado pela pergunta "Por quê?"

A habilidade do professor ao conduzir a conversação atinge nesse método a possibilidade de transformar o conhecimento em saber, pela reflexão em grupo, até chegar a um consenso. A participação na conversação é desenvolvida coletivamente. Entendemos que tais elementos do processo pedagógico levam a democracia ao interior das salas de aula. A importância do conhecimento dominado pelo professor(a) é muito grande, como nos diz a metáfora do arqueiro. O professor(a) sabe, ao escolher sua profissão, que terá que estudar a vida inteira.

Aqueles problemas que todos nós já discutimos em outros momentos, podem dificultar a aplicação do método dialético:

1) Quando é predominante o ideário da mantenedora, que faz o recorte epistemológico do processo pedagógico, muitas vezes imobilizando o movimento dos conteúdos ao serem apresentados em partes e fragmentados.

2) A formação dos professores, inicial e continuada, centrada no domínio dos conteúdos e nas formas do processo de ensinar e aprender.

3) A organização hierárquica da escola sem a participação do professor na preparação do projeto pedagógico.

Sabemos que a soma das partes não compõe o todo, no método dialético, mas sim as relações e interconexões entre elas. Assim definições de currículos nacionais, listagens de competências e conteúdos, ainda que definidos de modo tecnicamente correto, aliados à formação técnica de professores e sistemas autoritários de gestão, são desintegradores, social e culturalmente, da escola e das comunidades humanas.

Epistemologia da ciência da Educação: perspectiva histórica

No item anterior, ousamos apresentar a Educação como sendo uma ciência e esclarecer a opção paradigmática da epistemologia da ciência da Educação. Faremos aqui a opção de um recorte epistemológico histórico (BACHELARD, 1978).

Segundo Japiassu, "As epistemologias atualmente vivas e significativas estão centradas sobre as interações do sujeito e do objeto: a fenomenológica (Husserl), a construtivista e estruturalista (Piaget), a histórica (Bachelard), a arqueológica (Foucault) e a racionalista crítica (Popper)" (JAPIASSU, 1991, p. 28-29).

Cada uma dessas epistemologias faz um corte diferente segundo o projeto que perseguem e que se constitui no seu paradigma. Para compreendermos a importância desse recorte, vamos analisar suas consequências, definindo antes o conceito de paradigma.

> Ao introduzir o conceito de paradigma como um conjunto de regras e de representações mentais e culturais ligados a uma disciplina científica, Thomas Kuhn valorizou as decisões pelas quais uma disciplina toma sua forma histórica... O que ele chama de revolução científica é o âmbito paradigmático de uma disciplina que é questionado (FOUREZ, 1995, p. 117-118).

Fourez (1995, p. 120) apresenta três estágios na relação entre uma disciplina e o respectivo paradigma: a fase pré-paradigmática, o período paradigmático e o esgotamento dos paradigmas, em direção ao período pós-paradigmático.

Em qual dessas fases estaria a ciência da Educação? Não na fase pré-paradigmática como querem aqueles que dizem ser o bom professor simplesmente aquele que domina o conteúdo para ensinar. Segundo o mesmo autor, essa fase pré-paradigmática caracteriza-se quando a formação do profissional ocorre em cursos não universitários. A universidade favorece uma formação de especialistas na disciplina.

No Brasil, a História recente revela várias tentativas dos legisladores para retirar do Curso de Pedagogia e das Licenciaturas a formação em nível superior, em nome das demandas sociais. Essas tentativas têm sido combatidas pelos órgãos de representação da classe dos professores e pelas corporações liberais.

Ainda segundo Fourez, um exemplo da fase paradigmática é a Física, que no início do século XX conheceu a rejeição dos pressupostos paradigmáticos anteriores, ocorrendo uma revolução científica. Os físicos têm bastante consciência de que um conceito dentro de um paradigma equivale a outro conceito em outro paradigma. Um exemplo é o conceito de comprimento. Com a Teoria da Relatividade: esse conceito só possui sentido dentro do paradigma em que ele é colocado.

Na fase pós-paradigmática, o autor coloca a Trigonometria, disciplina que se desenvolveu a tal ponto que na prática é somente utilizada e ensinada, sendo uma tecnologia intelectual extremamente útil, mas que não é mais objeto de pesquisas.

Também na Educação os paradigmas são instrumentos intelectuais poderosos, estando numa fase de afirmação um paradigma que vem sendo chamado de emergente. Essa fase paradigmática ainda é de antagonismos entre paradigmas vigentes e o novo.

Nesse ponto de nossa reflexão, é preciso afirmar que não se trata somente de uma questão ideológica a afirmação de um paradigma, mas de transformação dos conceitos científicos em projeto socialmente assumido, ou seja, uma questão histórica.

Nessa fase, é necessário "traduzir" os termos da vida cotidiana em uma linguagem instrumental e científica. As traduções de que se trata na Educação são necessárias no dia a dia, na forma de existir das instituições sociais educacionais. Chamamos esse passo de decodificação do conhecimento.

Reafirmamos a opção pelas teorias cognitivas de aprendizagem, que são destinadas a todos os professores que acreditam ser o conhecimento o objeto específico do trabalho da escola. Nesse ponto, é necessário esclarecer que se trata de um conhecimento/processo, ou seja, não está pronto e acabado. Por esse motivo, não pode ser transmitido e sim construído durante as aulas.

Optamos pela Teoria Cognitiva de Vygotsky por sua característica de valorização do professor como o profissional especificamente formado para a tarefa de promover a aprendizagem. Essa tarefa realiza-se numa instituição especificamente criada e mantida para cumprir a finalidade específica de proporcionar a todos os matriculados a conquista do conhecimento – a escola.

Nessa teoria, as relações entre o aspecto fisiológico e o aspecto mental da aprendizagem comparecem como igualmente importantes, definindo a atividade como sendo o motor do processo, por analogia à concepção do trabalho como sendo o motor da humanização.

Além de tratar do conhecimento como um processo, a teoria tem por objetivo promover as atividades na escola com o conhecimento científico. A aprendizagem de conceitos é importante, sendo que para o autor os conceitos podem ser espontâneos ou científicos. Os verdadeiros conceitos adquiridos mediante o trabalho da escola são os científicos. Os conceitos espontâneos são adquiridos e definidos a partir dos objetos a que se referem. Os conceitos científicos são adquiridos e definidos por sua relação hierárquica com outros conceitos, por seu sentido.

Meirieu (1998, p. 54) definiu a aprendizagem como "a compreensão verdadeira que somente ocorre por meio de uma interação entre as informações (que o meio disponibiliza ao estudante) e o projeto de vida que ele tem [...]. A aprendizagem e a compreensão verdadeira não são senão essa interação, ou seja, a criação do sentido".

Nas salas de aula, o enfoque democrático da aprendizagem compreende a Educação como ciência. No entanto, ainda que as condições de mediação do professor e o grupo dos estudantes se efetivem, há condições do sistema escolar que são imprescindíveis para que o processo de democratização da escola possa ser universal. Assim, a seguir tratamos de indicadores do acesso e da formação dos professores como condição de possibilidades para uma escola democrática.

Condições de acesso à escola e da formação dos professores

Ao longo destes 38 anos de Endipe essas condições tiveram mudanças em relação ao acesso dos estudantes e da formação dos professores. Em 1982, 80% da população entre 7 e 14 anos estavam na escola. Entre os jovens de 15 a 17 anos, cerca de 50% estavam matriculados, ainda que nas duas décadas anteriores tenha ocorrido uma intensificação da escolarização do antigo ensino de 1º Grau, hoje Ensino Fundamental. Até os anos de 1950, metade da população brasileira era analfabeta. Segundo dados do IBGE, em 1980 a taxa de analfabetos era de 25,4% da população de 15 anos ou mais, ou seja, o acesso à escola nessa década não se estendia para todos.

Em relação à formação dos professores, em 1982 foi empreendida uma reforma dos cursos de magistério de nível médio. Em alguns estados foram denominados Centros Específicos de Formação e Aperfeiçoamento do Magistério (Cefams), que permaneceram formando professores até a metade dos anos de 1990.

Os Cefams foram considerados escolas-modelo, nas quais as condições para a formação eram intensificadas, inclusive com bolsas, para atrair bons candidatos ao professorado (ABRUCIO, 2016).

No Paraná esta mudança foi intensa, elevando o Curso de Magistério para uma duração de quatro anos e retomando o curso de magistério para a formação do professor de modo intenso e em contato com a prática docente nas escolas.

Nessa década, em 1986, um parecer do então Conselho Federal de Educação permitia que os graduados em pedagogia passassem a exercer docência nas primeiras séries do Ensino Fundamental e era iniciado o rompimento da formação para as habilitações técnicas de atuação do pedagogo, contribuindo para o arrefecimento da abordagem tecnicista da educação. A intenção de direcionar o curso de pedagogia à educação básica soma-se ao esforço de melhorar a formação do professor para os anos iniciais. No decorrer da década seguinte, muitos cursos realizaram reformulações curriculares nessa perspectiva.

No entanto, ressaltamos que a formação do professor na década de 1980 mantém os cursos de Licenciatura curta (3 anos de duração) para formar professores para os últimos anos do Ensino Fundamental. Já o curso de Pedagogia era responsável pela formação de especialistas em educação para ocupar cargos como diretor, orientador educacional, supervisor e inspetor.

Em 2004, quando da realização do XII Endipe, a matrícula na educação básica é de 56.174.997, das quais 34.012.434 são no Ensino Fundamental, 9.169.357 no Ensino Médio regular, e os demais no ensino do campo, ensino profissional e outros. Aproximadamente 3 milhões de crianças de 0 a 5 anos estão matriculadas na educação infantil. As taxas brutas do IBGE indicam que na faixa de 0 a 3 anos 13,4% das crianças estão na escola, de 4 a 5 anos 61,5%, de 6 a 14 anos 96,1%, e de 15 a 17 anos 81,8%, ou seja, no segmento do Ensino Fundamental quase a totalidade das crianças está matriculada. Contudo a média de escolarização é de 3,5 anos no conjunto da população e a taxa de analfabetismo com 15 anos ou mais é de 11,5%. A maior taxa está entre os adultos com 65 anos ou mais (34,4%).

Ainda que a taxa de matrícula tenha sido ampliada, o número de alunos que abandonam a escola é elevado, atingindo mais de dois milhões no Ensino Fundamental, (2.670.236) e no Ensino Médio 1.206.617. As taxas brutas de reprovação atingem 15,1% no Ensino Fundamental e 13,4 % no Ensino Médio.

Quanto à formação dos professores da educação básica, de um total de 822.708 de 1º ao 4º ano, 2.633, correspondendo a 0, 003%, não possuem o Ensino Fundamental completo, 8.841 com Ensino Fundamental completo, 0, 01%, 469.596 com Ensino Médio, 57,07%; e 341.637 com Ensino Superior, 41,5%. O Ensino Médio é o que detém maiores taxas de formação de nível superior dos professores, com 92%. Naquele ano (2004) decorriam oito anos de aprovação da Lei de Diretrizes e Bases da Educação Nacional (LDBEN), que definia o Ensino Superior como formação necessária para a atuação na educação básica, ainda que a maioria dos professores apresentasse apenas formação de nível médio. Esses índices são mais elevados na educação do campo em que 83% dos professores não possuíam formação de nível superior.

Os indicadores mais recentes apontam 47,9 milhões de matrículas nas 180,6 mil escolas de educação básica no Brasil, cerca de 582 mil matrículas a menos, em comparação com 2018, o que corresponde a uma redução de 1,2% no total. O número de matrículas na Educação Infantil foi ampliado em 12,6% atingindo 8,9 milhões em 2019.

Em 2019, 9,4% dos matriculados no Ensino Fundamental permaneceram 7h diárias ou mais em atividades escolares, caracterizando-se como alunos de tempo integral. O percentual foi o mesmo em 2018. Segundo o anuário da educação brasileira, em 2018 os índices de matrículas atingiram 98% das crianças de 6 a 14 anos no Ensino Fundamental, 34% na educação infantil das crianças de 0 (zero) a 3 anos, e 93% das crianças de 4 a 5 anos. O Ensino Médio conta 68,7% de 15 a 17 anos, dos quais 63,6% concluem o mesmo com 19 anos.

A educação inclusa atende 85,9% da população. O anuário brasileiro da educação destaca que embora os índices sejam crescentes, há segmentos nos quais as crianças de famílias de baixa renda têm menos acesso à escola, como, por exemplo, na educação infantil de 0 a 3 anos em que 24% dos mais carentes estão na escola, mas dos alunos de famílias da classe média e/ou alta, esse índice é de 65%. O número de matrículas da educação especial chegou a 1,3 milhão em 2019, um aumento de 34,4% em relação a 2015, mas que ainda não atende a todas as crianças com essas necessidades (INEP, 2020).

Outro dado preocupante é que, dos jovens de 15 a 17 anos 91,5% estão na escola, mas ainda não atingiram o Ensino Médio, mantendo uma inadequação de idade e de ano de escolarização.

Além disso, apesar das crianças estarem na escola no Ensino Fundamental, um índice de 45% aprende a ler até os 8 anos. Em relação aos índices de analfabetismo da população com 15 anos ou mais, 93,5 é alfabetizada.

Quanto à formação de professores em 2019 na educação infantil, 76,3% possuem nível superior completo, 15,3% têm curso de Ensino Médio normal/magistério e 8,5% têm nível médio ou inferior. Do total de docentes que atuam nos anos iniciais do Ensino Fundamental, 84,2% têm nível superior completo, 10,6% têm Ensino Médio normal/magistério e 5,2% têm nível médio ou inferior. Nos anos finais do Ensino Fundamental, 91,4% dos docentes possuem nível superior completo e 8,7 nível médio.

No Ensino Médio 96,8% têm nível superior completo e 3,1% possuem formação de nível médio ou inferior. A formação em nível de pós-graduação tem sido ampliada, em 2018 somava 36,9% dos professores.

Em relação à escolarização em nível superior, em 2018 a taxa bruta de matrículas atingia 44,2%, mas com uma taxa líquida de 21,8%. A taxa de escolarização das pessoas de 18 a 24 anos, independentemente do curso frequentado, foi de 32,7%.

Os índices indicam um aumento constante dos níveis de acesso e de escolarização da população brasileira, o que indica a escola com acesso ampliado, mas não universalizada em todos os níveis. Não cumpre em plenitude o direito à educação para todos e assim deixa de ser democrática.

Os números gerais apontam nessa direção, e se examinarmos os diferentes segmentos as diferenças se apresentam mais acentuadas. Desse modo, em termos de condições o sistema educacional não efetiva um dos critérios da democracia: a participação de todos.

Destacamos que as escolas são diferentes na oferta de condições para a mediação pedagógica: nem todas as escolas possuem laboratórios, bibliotecas, ambientes propícios e materiais necessários para potencializar as aprendizagens. Muitas escolas são carentes de instrumentos e contam apenas com professores abnegados na promoção da aprendizagem dos alunos. De outra perspectiva, a formação dos professores não atinge os melhores níveis, o que fragiliza as possibilidades de efetivação da uma prática que favoreça a mediação da aprendizagem.

Prática de escola democrática... laivos de esperança

Racionalmente sabemos que vivemos um tempo de desesperança em que o valor e o poder do conhecimento são negados por um ensino fragmentário esvaziado de saberes. No entanto, não esmorecemos diante dos desafios para a luta por uma escola democrática alicerçada na autonomia, consenso e participação.

A escola é lugar por excelência da aprendizagem de conhecimentos poderosos fundados na história humana e sustentados num ensino com base na epistemologia da Educação. Na aula se realizam por fazeres docentes plurais que atentam para o diverso em práticas pedagógicas de mediação, nas quais o ponto de partida é o conhecimento local que no movimento da aula dialoga com o conhecimento universal. É no calor humano das discussões movidas pelo professor com seus alunos que o conhecimento se transforma em saberes que persistem em ser compreendidos e apreendidos por todos, mas que não se cristalizam. Em cada saber há uma nova possibilidade de aprender. São saberes para a vida e não apenas para índices de exames.

Eis a dialética viva da escola democrática, laivos e rudimentos para continuar sempre de novo nos embates por uma ESCOLA PARA TODOS!

Referências

ABRUCIO, F.L. (coord.). *Formação de professores no Brasil*: diagnóstico, agenda de políticas e estratégias para a mudança. São Paulo: Moderna, 2016.

BACHELARD, G. *A filosofia do não*: o novo espírito científico; a poética do espaço. São Paulo: Abril, 1978 [Coleção Os Pensadores, 1978].

BRASIL/IBGE. *Síntese de indicadores sociais*: uma análise das condições de vida da população brasileira. Rio de Janeiro: IBGE, 2015.

BRASIL/Inep. *Censo da Educação Básica 2019*: Resumo técnico. Brasília, 2020 [Disponível em http://portal.inep.gov.br/web/guest/censo-escolar].

_____. *Sinopse estatística da educação básica*: censo escolar 2004. Brasília, 2005 [Disponível em http://portal.inep.gov.br/web/guest/sinopses-estatisticas-da-educacao-basica].

CASTRO, M.H.G. & DAVANZO, Á.M.Q. *Situação da educação básica no Brasil*. Brasília: Inep, 1999.

CRUZ, P. & MONTEIRO, L.M. *Anuário Brasileiro da Educação Básica 2019*. São Paulo: Moderna, 2019.

FOUREZ, G. *A construção das ciências* – Introdução à filosofia e à ética das ciências. São Paulo: Universidade Estadual Paulista, 1995.

FREIRE, P. *Conscientização* – Teoria e prática da libertação: uma introdução ao pensamento de Paulo Freire. São Paulo: Moraes, 1980.

JAPIASSU, H. *Introdução ao pensamento epistemológico*. Rio de Janeiro: Francisco Alves, 1991.

MEIRIEU, P. *Aprender... Sim, mas como?* 7. ed. Porto Alegre: Artes Médicas, 1998.

PIERI, R. *Retratos da educação no Brasil*. São Paulo: Insper, 2018 [Disponível em https://www.insper.edu.br/wp-content/uploads/2018/10/Retratos-Educacao-Brasil.pdf].

SANTOS, B.S. *Um discurso sobre as ciências*. Porto: Afrontamento, 1999.

VYGOTSKY, L.S. *Pensamento e linguagem*. Trad. Paulo Bezerra. São Paulo: Martins Fontes, 1991.

9
Didática, formação e trabalho docente: convergências e tensões no campo da formação e do trabalho docente

Ângela Imaculada Loureiro de Freitas Dalben

Como entender formação de professor sem falar de Didática?

A busca pela qualidade do ensino, tão propagada pelas políticas públicas, pelos educadores em seus discursos e pela sociedade em geral, é o compromisso da Didática desde a sua criação. Comênio definiu, ainda nos anos de 1600, que a Didática era o artifício universal para ensinar a todos todas as coisas. Ora, se por longos períodos ficou reduzida a uma simples disciplina nos currículos dos cursos de Licenciatura e Pedagogia, ou se ficou reduzida a uma opção meramente instrumental nos discursos de alguns, o problema não é da identidade conceitual de uma área, mas das inúmeras interpretações possíveis que o fenômeno educativo permite.

A Didática tem dado mostras da sua disposição ao enfrentamento da atualidade. Tem acompanhado as discussões presentes nos diferentes contextos pela sua natureza epistemológica. Nos anos de 1980, no contexto da democratização do país, os docentes se viram diante do enorme desafio de buscar um novo caminho. A *Didática* foi colocada *em questão* (nome dado para o primeiro evento) e foram criados os Endipes num posicionamento corajoso, frente aos debates exigentes do contexto político e educacional do país.

As pesquisas têm revelado que a partir daí a produção na área tem sido intensa, com o enfrentamento das reformas dos anos de 1990, as incertezas dos anos de 2000 e os retornos aos temas clássicos nos anos recentes, associada ao potencial demarcado pelas tecnologias digitais e todo o contexto dessa produção contemporânea. Aparentemente dispersa, a produção tem procurado aos poucos retornar aos focos fundamentais do seu objeto central – o processo de ensino. Parte da Pedagogia, ciência que estuda a educação como prática social, a Didática estuda o ensino, como parte constitutiva dessa prática social. Essa perspectiva justifica a fala de Candau (1986, p. 14) quando diz que o processo de ensino é multidimensional, situado num contexto político-social que acontece numa cultura específica, trata com pessoas concretas que têm posição de classe definida na organização social em que vivem.

Nessa perspectiva torna-se impossível imaginar a Didática enquanto, simplesmente, uma instrumentalização técnica, tratada como um componente isolado ou algo fechado em si mesmo. Qualquer ação didática está revestida de sua dimensão política e se processa em suas relações com a sociedade em geral.

Assim, no âmago deste debate acadêmico, o XV Endipe, sob a nossa coordenação, juntamente com Júlio Emílio Diniz-Pereira e Lucíola Licínio Santos, trouxe como tema central as controvérsias e tensões no campo da formação e do trabalho docentes, propondo-se abordar os problemas da didática e das questões que envolvem a realidade social, econômica, política e pedagógica que constituem o ato educativo, nas diferentes áreas e temáticas do Ensino. As disciplinas vinculadas à Didática Geral ou Específica acompanharam os debates propostos nestes contextos, pautados na sua característica marcante de estar sempre focada na prática pedagógica e nos contextos da relação professor/aluno/conhecimento.

Sabemos que são as perguntas que movem a ciência e que, embora muitas delas possam nos incomodar, são elas que nos desafiam a buscar novas argumentações e a sistematizar novos conhecimentos. A comissão organizadora formulou questões e as apresentou como desafios aos pesquisadores, algumas delas respondidas nos Endipes passados e retomadas no novo contexto como: qual é o conhecimento específico que se tem acumulado em Didática? O que as pesquisas dos últimos 40 anos trouxeram de novo para a área? Quais os dilemas vividos, hoje pela didática sobre seu objeto e conteúdos? Os conteúdos clássicos estão saindo de cena, substituídos por outros? Se isso estiver acontecendo, estaríamos frente ao desaparecimento da Didática? Que áreas estariam ocupando o seu lugar? A Didática estaria perdendo o seu foco? Quais os temas deveriam fazer parte dos processos de formação de professores? Quais as interfaces destas questões com o campo das Didáticas específicas?

Assim, o XV Endipe abordou o tema "Convergências e tensões no campo da formação e do trabalho docente: políticas e práticas educacionais", contribuindo para a consolidação do campo da Didática, ampliando as discussões sobre os processos de ensino das áreas específicas.

Se acusada em tempos anteriores de ter como foco reflexões consideradas não críticas, presas num elenco de regras e preceitos ilusórios, hoje, o estatuto da Didática como área científica está revitalizado, como ficou evidenciado nas pesquisas apresentadas pelos trabalhos apresentados e publicados nos anais do evento. Ficou nítido, também, o objeto fundamental da área – o processo de ensino – constitutivo do ato de educar, aprender e avaliar, configurado nos vínculos entre fins-pedagógicos – fins sociais.

O encontro e sua configuração

A Comissão Organizadora do XV Endipe esperava que esse encontro fosse um espaço integrador para o debate de ideias, troca de experiências, capacidade de ousar mudanças e permitir novas discussões no campo. Vislumbrava o espaço/tempo do evento como uma grande oportunidade de novos contatos acadêmicos, de um balanço da produção acadêmica sobre o Ensino e seus desafios, além da chance de construção de uma rede de colaboração entre pessoas, grupos de pesquisas, potencializando a produção nacional da área.

Para isso, a intenção se fixou no potencial e nas possibilidades de se realizar um balanço da área da Educação como um todo. Acreditava-se nas possibilidades para novos encontros por meio de questões como: quais são os consensos, bem como as divergências existentes no campo da formação e do trabalho docente; quais as dificuldades de concretização em práticas educativas da produção da área e os desafios da transformação dessa produção teórica ao nível das políticas públicas.

O tema central "Convergências e tensões no campo da formação e do trabalho docente: políticas e práticas educacionais" foi, também, escolhido em razão do importante momento político vivido pela educação brasileira em 2010.

O contexto revelava-se promissor em possibilidades de realização prática de sonhos antigos. E a grande questão era: se nesse momento presencia-se um conjunto de críticas severas ao desempenho da educação básica no país, ao mesmo tempo, concretizam-se respostas importantes do governo federal com a implantação do Programa Reuni, programa de expansão das universidades públicas brasileiras, com uma amplitude e extensão jamais vistas pela história desse país. Além disso, o Pibid incentivava a articulação da universidade e escolas de educação básica, associado à políticas de incentivo à oferta de cursos de formação de professores tanto em nível de graduação quanto no âmbito da formação continuada, Mestrados Profissionais, assim como a criação e organização nos diferentes Estados da federação dos Forprofs – Fóruns de Formação de Professores, órgãos colegiados articuladores dessas ofertas, com a participação dos gestores das diversas universidades públicas e dos secretários municipais e estaduais de Educação. Vivíamos, assim, um movimento profícuo à participação da academia na estruturação de políticas educacionais, porque chamadas a integrar espaços e participar com a sua produção.

Nesse contexto, a comissão investiu na seguinte reflexão: qual seria uma resposta crítica à sociedade brasileira representando uma ação colaborativa para a melhoria da qualidade da Educação do país de um evento nacional como o XV Endipe? A resposta encontrada, a exemplo do XIV Endipe vivido em Porto Alegre, foi a produção de uma coleção que pudesse integrar toda a reflexão organizada das pesquisas e práticas sobre o ensino num determinado recorte de tempo – 2010. Acreditava-se que seria extremamente oportuna essa produção pela capacidade desse material de induzir políticas públicas.

Buscou-se, então, por meio dos 28 subtemas incluir os mais diferentes campos da pesquisa na área da Educação, sem perder de vista o foco nas questões da didática, do currículo, da formação e do trabalho docente, das práticas de ensino das diferentes disciplinas escolares e de temas ou conteúdos que incidem sobre o espaço escolar e também sobre o espaço não escolar.

Não foi uma tarefa fácil organizar um evento que incluiu, aproximadamente 90 simpósios, 600 painéis e 1.400 pôsteres. Recebemos um grande volume de trabalhos inscritos, o que demandou o envolvimento de inúmeros pareceristas *ad hoc* para a seleção dos mais de 6000 trabalhos demandados, vindos de todas as regiões do país. Foi necessária a organização de inúmeras comissões científicas específicas, a partir dos subtemas, com pareceristas que se apresentaram bastante motivados pela mesma causa.

A escolha dos conferencistas e dos simposistas foi também um trabalho difícil, porque exigiu desde uma escolha criteriosa até contatos constantes com os convidados para solução de uma série de questões. Partia-se sempre do pressuposto da importância de um balanço geral da produção da área e da história dos Endipes anteriores e sua produção. Ícones da área deveriam estar presentes conferindo a importância da construção paulatina da Didática no contexto nacional, trazendo as curiosidades, os dilemas vividos, as soluções criadas. A presença do novo não poderia ser esquecida em razão do potencial do momento e as chances de crescimento e inovação; além da importância do crescimento da pesquisa na pós-graduação que era um ponto forte a ser considerado em 2010. Da mesma forma, o lugar das políticas públicas em Educação precisaria ser garantido em razão da própria razão de ser do campo, epistemológica e essencialmente colado à dimensão da prática pedagógica.

A equipe organizadora abraçou o desafio porque sabia que poderia contar com a parceria das instituições de Ensino Superior do Estado de Minas Gerais, que eram muitas e que já tinham experiência de trabalho em equipe com a realização do Projeto Veredas de Formação de Professores. Assim, a realização do evento contou com a participação das seguintes IES: Centro Federal de Educação Tecnológica de Minas Gerais (Cefet-MG), Faculdade Pitágoras, Universidade Federal de Juiz de Fora (UFJF), Universidade do Estado de Minas Gerais (UEMG), Universidade Federal de Minas Gerais (UFMG), Universidade Federal de São João Del Rei (UFSJ), Universidade Federal de Viçosa (UFV), Universidade Federal de Uberlândia (UFU), Universidade Vale do Rio Verde (Unincor); Centro Universitário de Belo Horizonte (UNI-BH), Centro Universitário UNA, Universidade Estadual de Montes Claros (Unimontes) e Universidade Federal de Ouro Preto (Ufop) que nos ajudaram durante toda a preparação e realização desse evento. Contamos também com o auxílio financeiro do Conselho Nacional de Desenvolvimento Científico e Tecnológico (CNPq), da Coordenação de Aperfeiçoamento de Pessoal de Nível Superior (Capes) e da Fundação de Amparo à Pesquisa do Estado de Minas Gerais (Fapemig) e Fundação de Amparo à Pesquisa do Estado de São Paulo (Fapesp).

A Coordenação Geral Central do XV Endipe foi também uma coordenação colegiada. Ângela Imaculada Loureiro de Freitas Dalben, Júlio Emílio e Lucíola Licínio Santos estiveram juntos por todos os dias durante mais de 9 meses de trabalho, cada um com suas características e habilidades específicas para conduzir o complexo trabalho de levar a termo tal responsabilidade. Mas tudo foi coroado com êxito, porque, da mesma forma, Marcos Evangelista Alves e a Mary Vieira de Souza compuseram a Secretaria Geral, trabalhando o tempo todo, atuando em diversas frentes de trabalho, de modo a garantir a qualidade dos encaminhamentos, qualidade da burocracia dos documentos para o financiamento, inscrição, logística, qualidade na produção dos materiais produzidos e da infraestrutura. Expressar nossa gratidão a essa dupla dinâmica e ao pessoal da secretaria executiva e do apoio, que ficaram de prontidão durante mais de quatro meses de trabalho intenso e intensivo, é uma obrigação nossa.

O sonho da realização

A coordenação geral do evento tomou a decisão de subdividir o tema central em campos bem definidos para permitir a análise das tendências atuais em cada campo, favorecendo a socialização dos resultados dos estudos e o diálogo com as diferentes áreas. Os subtemas, em conexão com a temática geral do Encontro, debatidos nos 90 simpósios realizados pelos pesquisadores convidados constituem a base dos 6 volumes dessa coleção, organizados a partir da confluência ou similaridade dos temas e/ou das necessidades técnicas de diagramação dos volumes. São eles: Alfabetização e letramento; Arte-educação; Avaliação educacional; Currículo; Didática; Educação a Distância e Tecnologias da Informação e Comunicação; Educação ambiental; Educação de Jovens e Adultos; Educação de pessoas com deficiência, altas habilidades e condutas típicas; Educação do campo; Educação em ciências; Educação em espaços não escolares; Educação, gênero e sexualidade; Educação indígena; Educação infantil; Educação matemática; Educação profissional e tecnológica; Ensino da língua portuguesa; Ensino de educação física; Ensino de geografia; Ensino de história; Ensino de línguas estrangeiras; Ensino superior; Escola, família e comunidade; Formação docente; Políticas educacionais; Relações raciais e educação; Trabalho docente.

Como foi anunciado, o evento desejava, ainda, construir um dossiê dos trabalhos apresentados de modo a se constituir numa referência possível para novas pesquisas e novos tempos para as políticas públicas em educação. Os organizadores desejavam que esta coleção se tornasse um incentivo para o debate sobre as tensões presentes na Educação e que esse debate encontrasse convergências capazes de construir propostas vivas e criativas para o enfrentamento da luta por uma educação de qualidade para todos. Imaginava-se que fosse possível articular diferentes grupos de pesquisa a partir daqueles debates realizados com áreas distintas e a descoberta das articulações entre temas e pessoas. Desejava-se, também, que a alegria vivida no percurso de produção deste material estivesse presente nas entrelinhas daqueles textos, de modo a tecer, solidariamente, uma enorme rede de compromissos com a educabilidade em nosso planeta. Pretensão, sonho, otimismo?

O trabalho intenso, exaustivo, foi orgulhosamente coroado pela conquista. Conseguimos uma maravilhosa produção acadêmica com o evento e foi possível publicar todos os textos dos palestrantes dos 90 Simpósios numa coleção com 6 volumes, com o apoio da Autêntica, uma conceituada editora da área da Educação.

Importante salientar curiosidades, dentro das rotinas da realização. O evento precisou utilizar todos os auditórios da Universidade Federal de Minas Gerais para a realização dos Simpósios e Painéis. Foi preciso, também, montar uma enorme tenda, capaz de abrigar em torno de 3.000 congressistas, para sediar os momentos culturais, as palestras de abertura e encerramentos dos dias de trabalho. A negociação e reserva desses espaços e, ainda, a montagem desta enorme tenda provocou a divulgação do evento e a curiosidade de toda a instituição pela existência do XV Endipe.

Outro episódio tenso foi o fato de, por força de tempo, Marcos Alves, membro da secretaria executiva, precisar assumir a diagramação de todos os volumes da coleção. Deveria fazer isso para a editora, que, em seguida, faria a correção e análise para publicação. Não seria possível este trabalho técnico ser feito por ela nos prazos do evento, em função das prorrogações para entregas dos textos e dos compromissos anteriores da empresa. Para complicar e tensionar essa realização, o nosso amigo pegou DENGUE. Mas, apesar do enorme desconforto, nosso colega, mesmo assim conseguiu finalizar a tarefa.

Outro fato difícil aconteceu com a confecção das pastas. Foram muitos participantes inscritos. E mesmo aqueles que não tiveram os seus trabalhos selecionados para serem apresentados, confirmaram suas inscrições como participantes. Neste contexto, a empresa ganhadora da confecção ficou em dificuldade para entregar, na data certa, o volume de pastas necessária. Faltando um dia para o evento, começaram as entregas em pequenos lotes. Na véspera do evento, faltavam centenas de pastas e a única saída seria passarmos a noite aguardando a entrega dos lotes e ainda rechearmos as pastas com os materiais devidos. Foi organizado, no corredor da entrada da Faculdade de Educação, uma linha de montagem com todos os materiais a serem colocados dentro das pastas e dizíamos para quem chegava no prédio: "Amigo, entre na linha de montagem de pastas. Se você conseguir montar uma pasta, já contribuirá com a organização do maior evento nacional da educação". Mas, mesmo assim, pastas seriam entregues na madrugada. O porteiro, vendo a minha ansiedade, chegou perto e disse: "Professora, vou passar a noite aqui. Quando a empresa entregar as remessas de pastas, eu monto para a senhora". Assim aconteceu. Inúmeras pastas foram montadas por ele. No dia seguinte, as últimas remessas chegaram e mais uma vez a equipe da portaria continuou com o trabalho, incentivando quem chegava a contribuir para que tudo desse certo. Faltando duas horas para a abertura, pudemos ir para casa tomar banho e nos arrumarmos para a festa.

Com alegria tivemos a presença de palestrantes ilustres como o Ministro Fernando Haddad para a Mesa Solene de Abertura, e nos dias subsequentes da Professora Gloria Ladson Billings, Professor José Gimeno Sacristán e do Professor António Nóvoa, além da Orquestra Sinfônica da UFMG e da UEMG.

A programação e a Coleção Didática e Prática de Ensino expressaram a produção de renomados educadores, em diferentes campos temáticos e o desafio do debate das Convergências e tensões no campo da formação e do trabalho docente: políticas e práticas educacionais, que aconteceu no XV Endipe

Reflexões pós-encontro

Parafraseando Veiga (2009), formar professores é uma aventura. Assim, indagamos por princípio, ao discutir os Endipes, sobre a vulnerabilidade das propostas de formação de professores no que tange sua capacidade de alterar as práticas de ensino e a qualidade da educação em nossas escolas. Consideramos o trabalho docente como uma práxis e, como tal deve ser analisada no contexto da organização do trabalho escolar. Quando lançamo-nos na aventura de formar professores, embora saibamos que seja uma tarefa bastante desafiante, sabemos que essa tarefa se faz num terreno profundamente vulnerável. Vulnerável naquilo que conseguimos realizar e vulnerável naquilo que discursamos sobre o que deveria ser, frente ao que a prática nos revela como necessidade ou demanda, e vulnerável quando pensamos que formamos docentes para diferentes espaços, tempos e contextos. E que, cada um tem intencionalidades diferentes e diversas.

Vivemos num cenário bastante paradoxal. Repleto de novas experiências e alternativas metodológicas, este cenário apresenta-se também com características de uma enorme fluidez, com contornos de transitoriedade e de descontinuidades, fortalecendo a ideia de que todo processo de formação não terá um fim em si mesmo, mas se estrutura na própria dimensão de seu significado.

O investimento em formação continuada de profissionais é uma questão de exigência para o exercício da cidadania em diferentes dimensões e níveis. Enfrentar essa questão no Brasil é fundamental e exige a capacidade de o governo promover políticas articuladoras capazes de permitir o avanço tecnológico e a entrada do país no mercado internacional globalizado. O XV Endipe aconteceu num contexto do Programa Mais Educação do governo federal, que incentivava processos de colaboração entre os entes federados e a articulação Universidade e escolas de Educação Básica, por meio da formação de professores. Com certeza, a Formação de Professores é uma questão que se torna mais significativa porque está em jogo a formação de gerações de jovens e crianças. Educar é mais do que um processo formal de escolarização e deve ser considerado como uma política estratégica de desenvolvimento e inclusão social.

Muito tem sido feito nos últimos tempos no que se refere às propostas de qualificação docente. Uma retrospectiva nos acena para grandes conquistas nas últimas três décadas. Inúmeros projetos desse período demonstraram a preocupação de transformar propostas de governo em estruturas estáveis capazes de ter continuidade em momentos de mudança. O discurso da universalização da escola, superando a dimensão do acesso, e introduzindo a dimensão da qualidade da oferta, além do eixo básico da superação da pobreza cultural e da conquista de uma cidadania qualificada, tomaram feições concretas por meio de propostas que assumiram a educação como eixo estruturador da sustentabilidade da democracia do Estado.

Mas entre discursos, propostas apresentadas e os desafios permanentes da prática, muitos desacertos acontecem. A cada dia, novos e outros problemas surgem para serem enfrentados e a dificuldade de alcançarmos a sintonia entre o conhecimento produzido nas universidades, repassados nesses cursos de formação e o desafio de uma prática docente qualificada desencadeando a qualificação da aprendizagem dos alunos da educação básica é um sonho ainda por se tornar realidade. Ora, quando se fala em dificuldades dos professores, fala-se, também, das nossas dificuldades em construir propostas curriculares que contemplem as necessidades e demandas da prática cotidiana da sala de aula da Educação Básica. A construção de propostas de formação que tenham sintonia com a realidade prática exige conhecimento dessa realidade prática e abertura de caminhos diferentes daqueles, por vezes, valorizados pela instituição acadêmica. E nesse diálogo complexo começamos a nossa grande aventura!

O que priorizar na proposta curricular desses projetos, quais seriam os eixos metodológicos que atingiriam melhor o público docente em seu trabalho, quais os vínculos que devem ser criados entre a universidade, as escolas e o órgão central na oferta de cursos de formação, para que se possa dimensionar os impactos e resultados reais dos investimentos?

A formação de um professor não é algo simples. Envolve inúmeras dimensões, como dissemos, e a dimensão pessoal fala forte porque estamos trabalhando com pessoas com histórias de vida próprias e valores construídos a partir dessas histórias. Desconstruir processos e construir novas perspectivas de ações de aprofundamento, reconhecimento e redimensionamento dos projetos pessoais de profissionalização exige interação e diálogo em diferentes níveis e com diferentes atores.

As pesquisas apontaram que existe entre os docentes da Educação Básica e da Educação Superior uma tendência ao particularismo e a centralidade em problemas específicos de sua área de atuação. Que existe a ausência da noção do conjunto do trabalho executado e isso se torna um problema pela dificuldade da compreensão do ato educativo como um ato político. O docente precisa enxergar-se como referência pessoal e profissional para enxergar o seu aluno nas mesmas condições, enxergar os seus colegas, sua escola e estes em relação às demais escolas do sistema, para, em círculos cada vez maiores de conhecimento, conseguir compreender criticamente o contexto no qual se inserem. Como formar professores da Educação Básica se não entendemos o lugar do professor do Ensino Superior e suas interfaces com o trabalho docente em seus diferentes níveis?

Por outro lado, trabalhos afirmam que os eixos das propostas curriculares acertaram em diferentes aspectos, especialmente, quando se apoiavam na prática pedagógica dos docentes e nas reflexões sobre essa prática para, coletivamente, estruturarem-se projetos de ação situados nas realidades vividas.

Por último, é interessante salientar que estudos dos processos de formação continuada dos docentes apontaram dimensões que extrapolam os níveis de atuação profissional, reforçando os princípios da pesquisa e da interação pessoal como eixos básicos de qualquer projeto de ação docente.

Os programas de formação continuada de professores desenvolvidos pelas universidades em geral surgem de demandas explícitas advindas das redes de ensino com focos bem definidos. Nestes contextos, o diálogo se processa entre os gestores e pouco junto aos sujeitos participantes dos programas. No entanto, torna-se fundamental que além dos objetivos claramente apresentados, a demanda deva discutir os vínculos institucionais e pessoais desejados e até mesmo os valores sociais, pessoais e acadêmicos, político pedagógicos embutidos na proposta de trabalho. Os tempos gastos com estas discussões serão transformados em eixos fundamentais de formação e auxiliarão no sucesso do empreendimento, porque extrapolarão a simples repetição de teorias estéreis, incapazes de diálogos com a prática, mas estarão focadas nos sujeitos que realizam essas práticas e delas expressam sentidos e significados de vida.

Referências

BRASIL/MEC/CNE. *Proposta de diretrizes para a formação inicial de professores da educação básica em nível superior.* Brasília, 2001.

VEIGA, I.P.A. *A aventura de formar professores.* Campinas: Papirus, 2009.

10
Didática, formação e trabalho docente: relações com o conhecimento

Alda Junqueira Marin

Introdução

O tema proposto para esta atividade especial é exigente sob vários aspectos. Inicialmente exige a decisão de articular aspectos da didática, da formação docente e do trabalho docente, em relação a questões sobre conhecimento, por si sós complexos e com variadas abordagens possíveis. Além desse fato, esse tema específico está ao abrigo do tema geral do evento enunciando exigências de algumas considerações, entre "fazeres – saberes pedagógicos" para focalizá-los na perspectiva dos diálogos, posto que ligadas por hífen, das insurgências e das políticas o que não é pouca coisa. Evidentemente muitas seleções são necessárias a qualquer um para se dedicar e aventurar a trazer alguma contribuição ao debate. Assim sendo, a opção, neste texto, está submetida a seleções pautadas em aspectos que, de um lado, retomam contribuições bem recentes e, de outro, recuperam outras não tão recentes, mas absolutamente ainda necessárias.

Assim, este texto segue a direção do tema proposto partindo de algumas poucas considerações sobre a Didática dada sua longa vivência e a enorme contribuição já oferecida seguida de aspectos a ela articulados pelas considerações sobre formação, tema secular na área para, então, abranger aspectos específicos quando o foco é o professor enquanto um trabalhador, com abordagens e estudos mais recentes nessa esfera de atuação.

Ainda, considerando o tema geral do evento, algumas reflexões acompanham o raciocínio ligando os saberes e fazeres, muito central na área em questão, assim como as necessidades históricas de diálogos e as mais recentes – e cada vez mais necessárias – insurgências na nossa realidade diante das políticas contando com apoios de diversos autores na área.

Didática

Iniciando pela Didática – área que desde sua criação liga saberes e fazeres no processo educacional – verifica-se que existem contribuições desde os que são considerados pioneiros, sejam pelas ideias de John Amos Coménio, o mais conhecido, sejam as de Charles Hoole com menor circulação, ambos viventes e atuantes no século XVII preocupados com a difusão de seus conhecimentos organizados em relação ao processo educacional de crianças e jovens. Sistematizaram o conhecimento e publicaram suas obras no século citado: Coménio em 1657 e Hoole em 1660.

A obra de Coménio – a *Didáctica magna* – divulgada na Morávia, no centro do continente hoje conhecido como Europa, é farta em relatar e propor fundamentos que acabam por definir as ações no campo educacional. Igualmente Hoole, em outro continente (Inglaterra) criou sua obra com aspectos muito similares aos de Coménio (1966). Esse estudioso e autor apresenta farta contribuição ao propor fundamentos para o foco inicial que está na educação das crianças, sobretudo no período educativo da manhã como aprender de coisas que elas sejam capazes de entender (p. 209). Desde então, século XVII, se veicula a necessidade de organização prévia e fundamental ao processo educativo, enfatizando a relação com os materiais educacionais e outros objetos: conhecê-los antes de fazer o discurso sobre eles; nas letras focalizar os vocábulos antes da forma da gramática; as artes antes das ciências, das aplicações. Esta é apenas uma das situações analisadas pelo autor, identificada em sua obra como fundamento II (COMÉNIO, 1966, p. 210-212).

Esse exemplo é importante, também, para identificar a reflexão do autor sobre um requisito central para ensinar e aprender com segurança. É possível deduzir, também, a relação entre o saber primeiro e fazer depois para as situações de ensino que, nessa proposta, parecem passar para nós a característica de ideia insurgente diante das realidades vividas ao longo dos séculos nas escolas, pois a prioridade para obter o conhecimento sistematizado primeiro e depois aplicá-lo às realidades, ou, até mesmo, reconhecê-los posteriormente, na realidade, é o princípio que vem vigorando desde longo tempo.

Um dos aspectos fundamentais da época inicial, aqui em foco, se encontra também, na Introdução da obra *Orbis Pictus*, surgida dois anos antes do texto da obra New Discovery, de Hoole. Na introdução dessa obra, Thiselton Mark, autor da introdução do livro, retoma um primeiro princípio da obra de Hoole (1912) que é a da "necessidade de uma correta percepção dos objetos no fundamento do conhecimento" (p. XVII).

Certamente essas são características de um tempo com pouca sistematização de conhecimentos e materiais disponíveis para a veiculação dos saberes do mundo, condição que só gradativamente foi acontecendo com o passar dos séculos.

Desde então, a Didática penetrou o campo da educação e teve seus percalços e sucessos. Uma das consequências, ao longo do tempo, foi a assunção dessas noções por responsáveis pela formação dos professores quando ela se organiza institucionalmente.

Igualmente, desde essa época, há uma enorme quantidade de pessoas, profissionais ou não, em todos os países, dedicadas ao estudo dessa área em diferentes circunstâncias, pois foram se desdobrando as frentes de estudo e compreensão pedagógica sobre o uso de imagens para substituir a realidade quando esta é de impossível acesso real; a construção de objetos que reproduzem materiais como os esqueletos humanos, também quase impossíveis de se ter acesso aos reais; que seja ensinado um assunto ou matéria de cada vez entre tantos outros tantos temas dependentes de organização e disseminação pelos continentes por meio das viagens e domínio nas colônias.

Além disso, há o desenvolvimento do conhecimento sobre a própria área que ao evoluir perpassa por etapas de insurgência com décadas de crítica na Europa e no Brasil. Um exemplo recente é o de grupo de pesquisadores italianos que realizou um seminário no Instituto Gramsci, em Roma, para reflexões sobre relações entre a teoria da didática, a escola de massa e reformas propostas na Europa envolvendo também a teoria do currículo e o sistema educacional da Itália; processos de pesquisa, experimentação, prática educativa e instrução; ideologia e didática; caracterização histórico-geográfica (BECCHI; BELLERATE; MARAGLIANO; PONTECORVO & VERTECCHI, 1978).

No Brasil, esse movimento também foi realizado por meio do seminário denominado "A didática em questão", promovido pelo departamento de Educação da PUC-Rio em novembro de 1982, com publicações relativas à revisão crítica do ensino e pesquisa na área (CANDAU, 1984). Nesse seminário, vários pesquisadores apresentaram estudos que visavam uma revisão crítica da área; alguns sobre o papel da didática na formação de professores (CANDAU, 1984; LUCKESI, 1984); abordagens alternativas (BRANDÃO, 1984); ensino por meio de solução de problemas (OTT, 1984) e, por fim, análises, novos enfoques e propostas (BALZAN, 1984; LÜDKE, 1984).

Esse movimento originou a sequência de outros encontros até a denominação de Endipe, realizado a cada dois anos, incluindo este encontro, permitindo a constante colaboração de estudiosos, pesquisadores, professores e alunos na busca constante da manutenção do debate e divulgação de novos saberes relativos aos fazeres dos professores.

Evidentemente, a produção de conhecimento na área existe em dupla face: a dos que se dedicam à obtenção de saberes na área, portanto atender a curiosidade sobre o ensino de modo persistente pela pesquisa, e aqueles que também se interessam independentemente de dedicação profissional.

Todos esses movimentos trazem o conhecimento sobre a própria área e o ensino como seu objeto em situação; a atividade docente significativa e as contradições que a atravessam; as questões da relação professor-aluno-conhecimento apontados por Pimenta (2015).

As relações entre os envolvidos nessas situações, os estudos e as aprendizagens em áreas afins à didática, sobretudo a Pedagogia e outros campos científicos das ciências que compõem os currículos em vários níveis de escolaridade, vão participando de diálogos e auto evoluindo passando a se dedicar crescentemente ao estudo da docência, envolvendo professores e alunos. A Didática passa, ao longo do século XX, a se autoanalisar crescentemente enfrentando situações de críticas diversas, mas, sobretudo, de criação de perspectivas diversas como bem aponta Pimenta (2018) em amplo estudo.

Formação

Além da faceta da procura e debate sobre o conhecimento sobre o ensino, também há muito tempo foi iniciada a busca de relação da Didática com a formação de professores de modo que os egressos dos cursos pudessem ter melhores condições profissionais. Desse modo, a didática, por ser fundamentalmente voltada para o ensino, passou a ser disciplina constante dos currículos nas instituições de formação docente veiculando conhecimentos já sistematizados. No início foi denominada metodologia de ensino, quando se dedicavam a formar os professores para o ensino primário.

A nossa tradição de formação docente advém dos primeiros cursos para o preparo de professores no final do século XVIII e início do século XIX, no Rio de Janeiro, quando se preconizou o ensino do método mútuo para as primeiras escolas normais como o único preparo didático e profissional do professor (TANURI, p. 64). A partir dessa experiência, houve a disseminação dessa medida pelo país, e, já no final do século, com outra nomenclatura – Pedagogia ou Métodos de Ensino – a única formação com "caráter prescritivo" (TANURI, p. 65), também sendo alterada após a Reforma Leôncio de Carvalho (1879) para "[...] pedagogia e prática do ensino primário em geral; prática do ensino intuitivo ou lição de coisas" (TANURI, p. 67). Tais alterações foram, sobretudo, de nomenclatura e menos de caracterização de seus conteúdos ou formas de trabalho. A preocupação estava voltada para a escola primária e preparo de professores com diversas formas de organização escolar (TANURI, p. 67-74). Essa preocupação com a formação expandiu-se com a abertura crescente de cursos e reformulação de currículos, porém sem grandes alterações nos seus propósitos até a metade do século XX, quando se cria a atuação, no Brasil, do Programa de Assistência Brasileiro-Americano ao Ensino Elementar (Pabaee) resultante do acordo entre o MEC e a Usaid para instrução dos professores das escolas normais, ainda sobre metodologias de ensino para as áreas do ensino, para os professores das diferentes disciplinas (CHAGAS, 1980).

Durante o final da década entre 1920 e 1930 começou a haver muita preocupação com os cursos para alunos dos graus do Ginásio, havendo a criação das leis orgânicas, incluindo a do ensino secundário com o Ginásio de quatro anos e o Colégio de 3 anos.

Na década de 1930 já se começava a manifestação sobre a necessidade de formar os professores de modo específico para atuar no Ginásio e Colégio em todas as disciplinas. A partir dessa época tem início o movimento para criação de cursos nas faculdades, inicialmente na Universidade de São Paulo (EVANGELISTA, 1997; BONTEMPI, 2011). Posteriormente vieram a compor as Faculdades de Filosofia, Ciências e Letras, que se expandem por todo o país até os dias de hoje, sendo a Didática uma das matérias básicas da área pedagógica para os professores das diferentes disciplinas (CHAGAS, 1980).

Na sequência de todas essas modificações, o curso de Pedagogia, também dessa época, sofreu alterações por volta da década de 1960. Segundo Cury (2008) o parecer 251/62, relatado por Valnir Chagas, introduziu algumas modificações no curso de Pedagogia assinalando a necessidade de os professores primários serem formados no Ensino Superior. São fixadas novas diretrizes para o currículo propondo uma base comum a todos os alunos e posteriormente parte da formação diferenciada. A Lei 5.540/68 modificou o currículo do curso criando diversas habilitações para atender diferentes necessidades das escolas: administração, planejamento, inspeção, supervisão e orientação e dentre elas uma habilitação específica para atuar no Ensino Fundamental, A Habilitação de Magistério, oportunizando uma licenciatura para atuar nessa faixa de escolaridade mediante estudo de Metodologia e Prática de Ensino do 1º Grau (TANURI, 2000, p. 80).

Assim é que, ao longo do século XX, a didática foi cada vez mais adquirindo características de área específica em cursos e atividades de formação de professores. Os saberes da área passaram a se constituir fazeres necessários ao crescimento da docência como profissão daqueles que se dedicam ao ensino. Aceitos e defendidos por muitos e negados e criticados por outros, os temas e conceitos didáticos ainda hoje são foco de polêmica, justamente como decorrência da insurgência de décadas atrás, mas, também, da percepção de que é área desnecessária em face da existência que passou a ter a ligação específica com as áreas de ensino presentes nos currículos de todas as licenciaturas: didática da matemática, da história, de português entre outras. Esta é uma polêmica que tem levado muitos cursos a abolirem a disciplina "Didática Geral" como se não houvesse aspectos comuns a todas, como se apenas a metodologia específica cumprisse todos os pontos necessários de debate sobre o processo de ensinar em uma formação (MARIN, 2018).

Certamente articulações são necessárias considerando a evolução dos conhecimentos na área e nas outras áreas das ciências humanas, trazendo diferentes aspectos a serem considerados.

São inúmeras as sugestões que possam contribuir para a formação dos professores, principalmente na direção de que compreendam quão complexa é essa mediação da didática. Há inúmeras facetas a serem destacadas. Considero que uma das principais facetas dessa mediação é ter sempre o cuidado de esclarecer aspectos numa interpelação de alguém que quer ajuda para como ensinar, com uma resposta que seja também de pergunta em cada circunstância diante de: identificação de quem são seus alunos, sobre o que se vai ensinar, não só pela disciplina, mas como ela está no conjunto do currículo. Cruz e Borges (2015) trazem interessantes resultados de pesquisa sobre conjuntos desse tipo com vários elementos, sobretudo o desconhecimento da área, as várias formas de desenvolver a disciplina. Os resultados demonstram a relevância da problematização sobre a escola e das experiências e reflexão sobre o trabalho na área questionando os saberes "que se mostrem mais contributivos ao como ensinar intimamente articulado ao porque ensinar" (p. 168).

Na mesma direção Abreu e Pinheiro (2015) revelam dados sobre a construção de conceitos que estudantes fizeram sobre a Didática demonstrando a formação recebida e as articulações de saberes necessários na formação deles, desde o enriquecimento do vocabulário para se referir à área, fato que demonstra a relevância desse percurso. Destacam-se, então, a partir desse exemplo, desses dados obtidos na pesquisa, outros estudos apontando as articulações necessárias a partir dessas reflexões sobre imagens da docência conforme os apontados abaixo: o que é ser professor, quem é o aluno, como vem sendo discutida a docência em outras disciplinas do currículo, como os professores atuam nas outras disciplinas focalizando semelhanças e diferenças, tarefas que fazem, rotinas, conflitos, valores, procedimentos, práticas vivenciadas em outras circunstâncias fora da sala de aula. São inúmeras as fontes de informação e observação para análises (GUARNIERI, 2015, p. 110).

Paiva e Araujo (2015) relatam resultados de pesquisa, também sobre o potencial da metodologia adotada, com "recursos metodológicos diferentes, especialmente aqueles que fazem o aluno refletir a partir de uma situação mais concreta como filmes e situações-problema relacionados ao cotidiano escolar [...]" (PAIVA & ARAUJO, 2015, p. 241).

Outro exemplo de que tais atitudes fornecem formação positiva a alunos foi identificada na tese de Gomes (2020) em pesquisa com professores iniciantes bem-sucedidas no Ensino Fundamental. A autora do estudo detectou a positividade da formação no Ensino Superior vivenciado aliado a facetas do *habitus* adquiridas em diversas circunstâncias da vida escolar desses professores focalizando outros aspectos que envolvem a vida dos alunos, refletir sobre eles e criar estratégias para superar as dificuldades em prol do conhecimento.

Portanto, resultados de pesquisa têm sido ricos em demonstrar a relação entre o ensino e a aprendizagem onde não só os conhecimentos veiculados são importantes, mas a reflexão e explicitação dos fazeres são apontadas, ou seja, a função docente aprendida durante sua execução com reflexão se transforma em saberes percebendo-se o resultado do que acontece *in loco*. Penso que estes são excelentes alertas para as articulações entre saberes e fazeres no ensino conforme já apontado anteriormente em pesquisa, pois formação, neste caso, é fundamentalmente desenvolver o aprendizado dos fazeres docentes articulados aos saberes.

Trabalho docente

O exercício das funções do professor neste texto está delimitado por algumas definições: sua relação com a formação e a Didática num conjunto ainda mais amplo que estabelece relações entre fazeres e saberes definidos por diálogos, insurgências e políticas, ainda que de modo breve. De fato, há nesse conjunto, possibilidades e limites para a compreensão desse foco. Algo nada fácil neste país de tantas diferenças e decisões constantes e conflitantes na área educacional.

A decisão desta apresentação passa por articular algumas perspectivas sobre o trabalho docente, hoje disponíveis para a compreensão sobre a realidade das escolas e, em seguida, articular com perspectivas de exigência de formação para tal desempenho incluindo, com destaque, a didática como área central neste evento. Mas, não só por tal exigência e sim pela consideração de sua centralidade na formação e exercício da função docente desde o atendimento dos bebês até os adultos que frequentam os cursos de pós-graduação, cada etapa com suas exigências.

O foco no trabalho dos professores desde o início de suas funções oficiais e formais sempre foi voltado aos aspectos do ensino, como visto nos dois itens anteriores. Ao longo das últimas décadas, entretanto, surgiram novos elementos a serem considerados, sobretudo em função de alterações políticas, sociais e econômicas influenciadoras dos processos e instituições educativas sejam as públicas, sejam as privadas, exigindo atenção para as competências requisitadas.

Nas últimas décadas do final do século XX e início deste, vimos o avanço das tecnologias serem assumidas pelos docentes delineando novos perfis necessariamente voltados à compreensão e acompanhamento das incertezas e instabilidades no exercício de suas funções onde, cada vez mais, tem destaque a formação continuada.

Tais considerações nos levam a analisar as funções docentes com outras referências para além do campo pedagógico e didático, pois estes vão se alterando, também em função dessas emergências.

No âmbito deste tema que aqui focalizamos, há algumas modificações que são bem marcantes. Uma delas é a inserção das tecnologias na vida diária e, portanto, escolar, conforme apontado acima, quando e onde vemos aparelhos celulares no que se refere aos de posse particular de todos os que estão nas salas de aula ou de reuniões. Não vem ao caso, aqui, discorrer sobre o tema considerando haver inúmeros colegas já preocupados com tal foco, também relacionado ao apetrechamento de uso coletivo nas escolas.

Mas, além desses materiais e atitudes citadas temos ações políticas criadas e desenvolvidas com vistas a questões relativas a competências profissionais abrangendo todos os tipos de atuação incluindo a dos trabalhadores da educação, pois a preocupação com o tema trabalho docente surge como foco nas últimas décadas do século XX e passa a ocupar e preocupar os estudiosos, pois a tônica deixa de ser pedagógica para receber as preocupações sociais e econômicas dominando as da educação: o foco está nas competências. Conforme aponta a pesquisadora portuguesa Ana Luisa Pires, a competência resulta de "um processo dinâmico, é forjada pelo tempo, ao longo de um percurso feito de experiências, de projetos e de práticas de estudos e de atividades, mobilizando aspectos operativos, afetivos e intelectuais. Surge como uma potencialidade individual, que se pode traduzir num desempenho" (1984, p. 199). São características pessoais de comportamento, de saber ser, atitudes muito variadas e detectáveis nas populações sejam técnicas ou não técnicas, sejam pessoais.

Essas características gerais aliadas, neste caso, à degradação do trabalho dos trabalhadores educacionais compõem o processo de intensificação apontado por Apple (1995) com traços como "desde não ter tempo sequer para ir ao banheiro, tomar uma xícara de café, até ter falta total de tempo para conservar-se em dia com sua área" (39). Também são destruídos o lazer, a sociabilidade, aumentando o isolamento, reduzindo a qualidade. São condições para implantação de reformas curricular e de controle, que extraídas da vida industrial tendem a substituir outros estilos incluindo os procedimentos de ensino.

Apple (1995) nos relata o que ocorreu nos Estados Unidos em décadas anteriores, e o início do que veio ocorrendo também no Brasil nas últimas décadas: material escolar criado para compor o currículo baseado em fundamentos acadêmicos (especialistas criando) e que, no material da escola elementar, seja à prova do professor, ou seja, sem nenhuma interferência.

Com tal elaboração – muito similar ao que vem sendo feito no Brasil – e circulação socializada pelo estado, constituindo "decisão gerencial nacional da lógica industrial" e, pelas características de ciência e eficiência também o "material parecia racional" (APPLE, 1995, p. 35-36).

Como se pode verificar, essas medidas intensificadas na intervenção do trabalho dos professores em todos os níveis da escolaridade brasileira, até mesmo em cursos superiores, implantam, de um lado, o taylorismo tão desejado, pois a concepção está descolada da execução desqualificando gradativamente os professores, que se transformam em meros verificadores da execução das tarefas pelos alunos e, de outro lado, o controle absoluto do que se deseja em matéria de racionalização educacional para o preparo do aluno para o campo do trabalho.

Essas características exigem eficiência, competitividade, êxito e consumismo, ou seja, novas habilidades para os docentes. Tais aspectos, na educação, se traduzem nos resultados dos processos de avaliação escolar nacionais e internacionais desejados para serem atingidos pelos alunos e implantados no final do século XX e nas décadas deste século XXI.

Segundo Ball (2005) esse processo de reforma vem orientado por um pós-profissionalismo dominado pela racionalidade da obediência a regras impostas. O trabalho docente, portanto, está todo delineado por princípios a serem avaliados a partir de órgãos internacionais, sobretudo a Ocde, verificados por meio dos testes operados por essa entidade e por um forte gerencialismo nacional, aspectos seguramente pouco conhecidos dos que exercem suas funções docentes.

Desse modo, toda a discussão anterior, sobre a didática desde o período crítico e propostas posteriores que vêm sendo debatidas nos Endipes, Anped e outras associações e encontros, parecem cair num vazio escolar e de certo tipo de instituição universitária onde a área pedagógica da vida escolar tem outros princípios e o trabalho docente passa ao largo dos quatro séculos de debate e construção, aceitação, desconstrução e pequenas insurgências no que se refere, sobretudo, ao núcleo do ensino: a didática.

Considerações finais

Diante do cenário político que vem se apresentando, sobretudo nas últimas décadas para a área de educação, há que se ter clareza da necessidade de uma atitude de forte insurgência da parte de todos os professores primários, secundários e universitários na direção de revolta para que todos esses séculos de construção de conhecimento amealhado não se transforme em pó, temos – coletivamente – algo que não pode ser destruído: digamos NÃO à continuidade de eliminação de nossa área de dedicação acadêmica e de profissão, de nossos saberes e fazeres.

Referências

ABREU, T.B. & PINHEIRO, D.G. "Deslocamentos enunciativos e elaboração conceitual de licenciandos durante a formação inicial de professores". In: MARIN, A.J. & PIMENTA, S.G. Didática: teoria e pesquisa. Araraquara: Junqueira & Marin, 2015, p. 171-184.

APPLE, M.W. *Trabalho docente e textos*: economia política das relações de classe e de gênero em educação. Porto Alegre: Artes Médicas, 1995.

BALL, S.J. "Profissionalismo, gerencialismo e performatividade". In: *Cadernos de Pesquisa*, vol. 35, n. 126, set.-dez./2005, p. 539-564.

BALZAN, N. "A pesquisa em didática: realidades e propostas". In: CANDAU, V.M. (org.) *A Didática em questão*. Petrópolis: Vozes, 1984, p. 81-101.

BECCHI, E.; BELLERATE, B.M.; MARAGLIANO, R.; PONTECORVO, C. & VERTECCHI, B. *Teoria della didattica*. Roma: Riuniti, 1978.

BONTEMPI. B. "Do Instituto de Educação à Faculdade de Filosofia da USP". In: *Cadernos de Pesquisa*, vol. 41, 2011, p. 188-207.

BRANDÃO, Z. "Abordagens alternativas para o ensino da Didática". In: CANDAU, V.M. (org.). *A Didática em questão*. Petrópolis: Vozes, 1984, p. 48-57.

CHAGAS, V. *Educação brasileira*: o ensino de 1º e 2º Graus. São Paulo: Saraiva/Ministério da Educação e Cultura, 1980.

COMÉNIO, J.A. *Didáctica magna*. Lisboa: Calouste Gulbenkian, 1966.

CURY, C.R.J. "La formación docente y la educación nacional". In: OLIVEIRA, D.A. (org.). *Políticas educativas y trabajo docente em América Latina*. Lima: Universidad de Ciencias y Humanidades, 2008, p. 183-210.

CRUZ, G.B. & BORGES, L.P. C. "O ensino de didática em cursos de licenciatura na perspectiva do professor formador". In: MARIN, A.J. & PIMENTA, S.G. *Didática*: teoria e pesquisa. Araraquara: Junqueira & Marin, 2015, p. 155-169.

EVANGELISTA, O. *A formação do professor em nível superior* – O Instituto de Educação da USP (1934-1938). São Paulo: PUC-SP, 1997 [Tese de doutorado].

GOMES, F.O.C. *Professoras iniciantes bem-sucedidas* – Análise das estratégias didáticas de professoras bem-sucedidas no início da carreira. São Paulo: PUC-SP, 2020 [Tese de doutorado].

GUARNIERI, M.R. "Permanências e novos desafios da formação inicial: contribuições da Didática e Práticas de Ensino na preparação de professores". In: MARIN, A.J. & PIMENTA, S.G. *DIDÁTICA*: teoria e pesquisa. Araraquara: Junqueira & Marin, 2015, p. 99-112.

LUCKESI, C.C. "O papel da didática na formação do educador". In: CANDAU, V.M. (org.) *A Didática em questão*. Petrópolis: Vozes, 1984, p. 23-30.

LÜDKE, M. "Novos enfoques em didática". In: CANDAU, V.M. (org.). *A Didática em questão*. Petrópolis: Vozes, 1984, p. 68-80.

MARIN, A.J. "A disciplina Didática na formação de professores – Conhecimentos, saberes e mediação didática". In: D'AVILA, C.; MARIN, A.J.; FRANCO, M.A.S. & FERREIRA, L.G. *Didática* – Saberes estruturantes e formação de professores. Salvador: Edufba, 2018, p. 17-31.

PAIVA, F.V. & ARAUJO, I.R. "A Didática na Didática: uma experiência de formação de professores na UFRRJ". In: MARIN, A.J. & PIMENTA, S.G. *DIDÁTICA*: teoria e pesquisa. Araraquara: Junqueira & Marin, 2015, p. 227-242.

PIMENTA, S.G. "As ondas críticas da didática em movimento". In: SILVA, M.; NASCIMENTO, C.O.C. & ZEN, G.C. (orgs.). *Didática*: abordagens teóricas contemporâneas. Salvador: Edufba, 2018, p. 19-64.

_____. "O protagonismo da Didática nos cursos de licenciatura – A Didática como campo disciplinar". In: MARIN, A.J. & PIMENTA, S.G. *Didática*: teoria e pesquisa. Araraquara: Junqueira & Marin, 2015, p. 81-97.

PIRES, A.L.O. "Situações paradoxais no desenvolvimento das novas competências profissionais". In: *Actas do Colóquio "Estado actual da investigação em formação"*. Porto: Afrontamento, p. 197-207.

OTT, M.B. "Ensino por meio de solução de problemas". In: CANDAU, V.M. (org.) *A Didática em questão*. Petrópolis: Vozes, 1984, p. 58-66.

SANTOS, C.A.G. "Pressupostos teóricos da Didática". In: CANDAU, V.M. (org.) *A Didática em questão*. Petrópolis: Vozes, 1984, p. 32-38.

TANURI, L. "História da formação de professores". In: *Revista Brasileira de Educação*, n. 14, mai.-ago., p. 61-88 [número especial comemorativo dos 500 anos de Educação Escolar].

11
A Didática e a Prática de Ensino: questões contemporâneas em debate

Maria do Socorro Lucena Lima
Isabel Maria Sabino de Farias

Introdução

Este escrito apresenta reflexões sobre questões pedagógicas contemporâneas que interpelam a Didática enquanto campo de conhecimento, inquietações fomentadas a partir do debate desenvolvido no contexto do XVII Encontro Nacional de Didática e Prática de Ensino (Endipe), ocorrido em 2014 no Ceará.

Nessa direção, os apontamentos desse texto destacam, a princípio, dois aspectos desse evento reconhecidos pelas autoras como delineadores do seu contributo para o avanço do campo da Didática. Prosseguem, apresentando um retrospecto da organização da sua 17ª edição, sublinhando as parcerias construídas, os enfrentamentos político-pedagógicos vividos e as aprendizagens, resultantes de uma caminhada eivada pelo trabalho colaborativo. Focalizam então, considerando os debates ocorridos naquela ocasião, alguns dos principais desafios políticos postos à Didática e a Prática de Ensino na contemporaneidade.

Sobre os contributos políticos de um Encontro

O que faz um evento científico, após quatro décadas, manter-se como referência em uma dada área de conhecimento entre seus interlocutores – iniciados e iniciantes? Como compreender seu crescimento e visibilidade junto à comunidade acadêmica em âmbito nacional e internacional, agregando tanto pesquisadores em geral e docentes da Educação Básica e da Educação Superior quanto estudantes da graduação e pós-graduação *lato* e *stricto sensu*?

Provocações como essas objetivam chamar atenção para o valor do Endipe como estratégia social constituída pelos educadores brasileiros para debater, fazer avançar e desenvolver um campo de conhecimento e de investigação, no caso, o campo da Didática. Nesse sentido, a adoção e permanência, ao longo do tempo, do termo "encontro" para designá-lo diz muito da intencionalidade pedagógica subjacente ao seu surgimento e consolidação. Conforme o Dicionário Houaiss (2009, p. 751), esse vocábulo refere-se ao ato de "chegar um diante do outro ou uns diante de outros", a "junção de pessoas ou coisas que se movem em vários sentidos ou se dirigem para o mesmo ponto". Carrega também a conotação de "combate, enfrentamento, disputa, confluência" de especialistas em torno de um assunto. Ora, não tem sido esse o teor do movimento que nos reúne, acolhe e fortalece como coletivo, em um dado tempo e em um determinado contexto, sob a configuração de um evento científico temático e itinerante como é o Endipe?

"Estar juntos", como reportado na abertura do XVII Endipe, tem sido a força motriz dessa experiência de convergência das lutas e desafios vivenciados pelos profissionais da educação que atuam na formação das novas gerações e, por conseguinte, dos novos profissionais para as mais diversas áreas da sociedade contemporânea. Percurso em que dois aspectos, sobretudo, desvelam seu contributo político para o avanço do campo da Didática: a aderência do debate provocado por esse evento à realidade nacional e sua configuração como contexto de formação.

Ao longo de suas edições, o Endipe tem elegido pautas norteadoras do debate didático – entre nós reconhecidas como 'tema', pautas essas que objetivam visibilizar questões pulsantes do ensino, da prática pedagógica e do trabalho docente, bem como estimular análises e prospectar possibilidades de intervenção e de avanço. Um evento temático que, desde sua gênese, evidencia organicidade à realidade nacional, aos acontecimentos e enfrentamentos político-pedagógicos nas diferentes regiões, nos centros urbanos e nos rincões mais distantes de um país continental como o brasileiro, em relação aos desafios vivenciados pelos profissionais da Educação. Um esforço de uma categoria – os professores – para não perder de vista a concretude da prática educativa, reafirmando, por meio dessa via, que "cabe à Didática nos trazer para o chão da sala de aula", como lembrado por Therrien e Dias (2015, p. 16).

Este traço – de evento temático – tem firmado o Endipe como espaço de diálogo (FREIRE, 2014) direcionado para o trabalho docente na relação com o cotidiano das suas práticas, junto aos alunos e ao coletivo institucional, às políticas de educação e à sociedade em que estão inseridos. Um espaço de diálogo problematizador dos diferentes interesses que atravessam a prática educativa e, por conseguinte, a caminhada dos educadores.

Compreender as teias que se fazem entre esses diferentes interesses e as questões pedagógicas deles decorrentes apresenta-se como desafio estruturante desse evento, que chega ao final da segunda década do século XXI também como espaço de formação de formadores. Isso devido às oportunidades geradas pelo Endipe de interlocução, socialização das práticas e saberes produzidos, análise e prospecção de compreensões e possibilidades de enfrentamento dos problemas do ensino, do aprender e da docência, as quais têm assumido importante papel na aprendizagem docente. Importante porque constituída a partir de relações horizontalizadas entre pares e de uma "forma crítica, reflexiva e significativa de desenvolvimento de uma práxis educativa, situada no contexto histórico, social, político, econômico e cultural" da escola e demais instituições de formação, tendo como perspectiva a "emancipação dos sujeitos" que compõem essas comunidades, juntamente com os demais segmentos, setores e integrantes da sociedade (THERRIEN & DIAS, 2015, p. 15).

O Endipe se apresenta, nesses termos, como um espaço por excelência de formação de formadores (PIMENTA & LIMA, 2017), que potencializa o modo de aprender do adulto professor ao propiciar oportunidades diversas de partilha de conhecimentos entre pares, de socialização das práticas e experiências de um coletivo profissional; assim como de crítica e autocrítica dos modos de pensar e fazer, de saber e fazer, num movimento dialético de aprendizagem.

Sob essa ótica, um espaço de formação configurado como uma comunidade de aprendizagem (ALARCÃO, 2007), pois um ambiente vívido pelo diálogo entre pares, solidário, permeado pela reflexão sobre a práxis educativa e o compartilhamento de experiências entre professores mais jovens e mais experientes a partir de múltiplas situações de socialização (conferências, simpósios, painéis, pôsteres, rodas de conversa etc.). Ambiente de aprendizagem que, ao agregar sujeitos em diferentes fases de desenvolvimento profissional (experientes e iniciantes), abre caminho para relações e interações não segregadas e impositivas. Nessa perspectiva, mais do que a soma de trabalhos a serem apresentados por pesquisadores da educação, o Endipe tem se constituído como uma potente via de "desprivatização das práticas" (COCHRAN-SMITH, 2012), de socialização e desenvolvimento de um coletivo profissional mediada por seus conhecimentos, saberes, estudos, ideias e experiências trazidas à tona por meio do debate público (NÓVOA, 2009). Como bem ensina Freire (1981, p. 79), "ninguém educa ninguém, ninguém se educa sozinho, os homens se educam no *encontro* com outros homens".

Os traços aludidos, ao se contraporem ao individualismo competitivo e à meritocracia, encontram suporte na Didática como campo de conhecimento e de investigação dos fenômenos pedagógicos (CANDAU, 1983; PIMENTA, 1999; LIMA & SALES, 2015), aqui concebida como uma prática social datada, endereçada, ou seja, "multirreferencial", pois "situada num contexto político-social que acontece numa cultura específica, com pessoas concretas e que têm posição de classe definida na organização social em que vivem" (CAVALCANTE & FARIAS, 2015, p. 16). Essa compreensão embasou as escolhas e decisões que deram corpo ao tema central do XVII Endipe, realizado em Fortaleza, no período de 11 a 14 de novembro de 2014, e cuja tessitura detalhamos no próximo tópico.

Fazer um evento: trilhas de uma caminhada colaborativa

Um evento não se faz sem parcerias, posições e disputas, sobretudo quando assume caráter acadêmico científico e político de fortalecimento de um campo, a exemplo do Endipe. Sua feitura expressa a teia de experiências, inquietações, *expertises*, saberes, expectativas e desejos envolvidos, como bem evidenciou o percurso de organização de sua 17ª edição desde a primeira hora em que circulou a proposição de realizá-lo em Fortaleza, precisamente sob a gestão da Universidade Estadual do Ceará (Uece).

O termo 'fazer" é aqui utilizado para expressar o entendimento de que o Endipe não é um evento formatado, que chega semipronto nos contextos previstos para sua realização. Este traço o torna ainda mais potente, uma vez que possibilita que seu caráter itinerante articule demandas específicas/regionais com o que se passa no cenário mais amplo; por outro lado, torna-o ainda mais desafiador, especialmente considerando a condição de um Estado que, à época, já enfrentava contingenciamento no orçamento de custeio de suas instituições, entre elas a Uece, e a seca severa que há anos se prolongava.

O entendimento de que somente com um trabalho de colaboração intra e interinstitucional seria possível fazer acontecer o XVII Endipe foi assumido como um princípio de ação, o que propiciou um clima aglutinador e o desenvolvimento de uma prática organizativa mediada pelo diálogo e análise dos posicionamentos dos sujeitos envolvidos nesse processo, das condições institucionais e a respectiva tomada das decisões. Trabalho colaborativo que agregou pares engajados e mobilizados por uma construção coletiva visando um objetivo comum, ou, como anotam Pinto e Leite (2014, p. 147), eivado pelo "apoio mútuo, interação produtora de conhecimentos e de saberes e concretização de ações conjuntas" de professores e estudantes que fizeram acontecer essa edição.

Internamente foi este clima de trabalho que animou e congregou docentes, estudantes e funcionários da Uece dos cursos de graduação e pós-graduação *stricto sensu* na tessitura desse evento. Movimento registrado na apresentação do Caderno de Resumos do XVII Endipe como tendo "uma significação especial e um marco histórico", entendimento assim sintetizado:

> É espaço de celebração!
> Um espaço de encontro!
> Um espaço de diálogo!
> Um espaço de co-labor-ação! (LIMA, 2014a, p. 10).

Trabalho colaborativo movido pela alegria da celebração, do encontro e do diálogo da partilha com os amigos, pesquisadores brasileiros do campo da educação, de um momento ímpar do nosso coletivo institucional local: a "comemoração dos 60 anos do Curso de Pedagogia da Uece e dos 10 anos em que o Programa de Pós-Graduação em Educação (PPGE/Uece) iniciou sua primeira turma de mestrado, cuja área de concentração é a formação de professores" (LIMA, 2014a, p. 10). Um trabalho de *co-labor-ação* que envolveu inúmeros parceiros dentro e fora da Uece, desde a composição da comissão organizadora geral (Uece e UFC), do comitê científico (Uece, Ueva, Unilab e UFC) e dos pareceristas *ad hoc* (com docentes de 36 IES das diferentes regiões brasileiras) (LIMA, 2014b). Sinergia fundamental também na mobilização dos estudantes – graduandos, mestrandos e doutorandos, responsáveis pelo desenvolvimento das atividades de monitoria, atuação emblematizada pela identificação desse segmento como "os azulzinhos". Designação dedicada pelos participantes em função do jeito acolhedor, alegre e disponível desses discentes, também docentes da Educação Básica e da Educação Superior, os quais concretizaram no cotidiano do evento os versos do poema "A casa é sua" da cearense Rachel de Queiroz:

> Visitante bem querido,
> Pode entrar, a casa é sua...
> Ah, é tão bom, nesta vida,
> Abrir a porta da rua

> Como quem abre um abraço
> Dizendo assim como eu faço:
> – Entre a gosto, a casa é sua!

Este clima de trabalho foi fundamental diante da tensa cena política, econômica e educacional vivida durante a preparação e realização do XVII Endipe. Com efeito, os anos de 2013 e 2014 foram palco de abalos sísmicos na vida social brasileira, marcada por denúncias de corrupção; revelação de esquemas de espionagem por parte de agências de inteligência; tragédias que comoveram o país, como o incêndio da Boate Kiss no Rio Grande do Sul e a queda do viaduto em BH; criação do programa Mais Médico; barbáries no sistema penitenciário, a exemplo do que ocorreu no presídio de Pedrinhas/MA e a crise hídrica no Sudeste do país. Cenário agravado pelas polêmicas em torno da realização da Copa do Mundo Fifa, da dramática reeleição da primeira mulher a assumir o cargo maior do Executivo e o adeus do primeiro negro a ocupar o cargo de ministro do Supremo Tribunal Federal, bem como a emergência das primeiras revelações da Operação Lava Jato e de inúmeros protestos sociais, entre eles os movimentos *black bloc* e "Eu não mereço ser estuprada".

A cena educacional, por outro lado, não é menos efervescente, destacando-se no período greves de professores em vários Estados; sanção do Pacto Nacional pelo Fortalecimento do Ensino Médio, bem como do Plano Nacional de Educação 2014-2024 (PNE) com metas comprometidas com a melhoria da qualidade da oferta pública; a intensificação da crítica ao ensino público a partir de resultados em avaliações externas e a 2ª Conferência Nacional de Educação (Conae). No epicentro desse debate a preocupação com a defesa dos direitos democráticos, a valorização docente, a educação pública, laica, gratuita, equitativa, inclusiva e com qualidade socialmente referenciada. Esses valores, e os embates em curso naquele momento e problematizados dialogicamente entre os pares envolvidos na organização do XVII Endipe, deram corpo à definição do seu tema central, que abordou "A Didática e a Prática de Ensino nas relações entre a escola, a formação de professores e a sociedade".

O propósito da temática principal foi evidenciar questões, interpretações, polêmicas, análises, avaliações e preocupações emergentes acerca dos processos do ensinar e do aprender, debate instigado por meio de alguns focos concebidos com eixos norteadores do debate, conforme detalhado a seguir.

Quadro 1 – Eixos e subeixos focalizados na abordagem do tema "A Didática e a Prática de Ensino nas relações entre a escola, a formação de professores e a sociedade" (XVII Endipe).

Eixos temáticos	Subeixos temáticos
A Didática e a Prática de Ensino na relação com a escola.	Práticas pedagógicas e saberes docentes.
	Currículo, subjetividade e cotidiano escolar.
	Tecnologias, educação a distância e inovações pedagógicas.
A Didática e a Prática de Ensino na relação com a formação de professores.	Escola como espaço de formação docente.
	Tendências investigativas no campo da Didática e da Prática de Ensino.
	Desenvolvimento profissional e práticas formativas.
A Didática e a Prática de Ensino na relação com a sociedade.	Experiências educacionais, qualidade do ensino e da aprendizagem.
	Temas emergentes na relação da Didática e da Prática de Ensino com a Sociedade.
	Impactos das políticas na gestão e no trabalho docente.

Fonte: Extraído do Caderno de Resumo do XVII Endipe (Encontro, 2014).

A aderência a chamada do XVII Endipe, em particular ao debate proposto naquela ocasião, está manifesta nos 3.681 inscritos, oriundos das cinco regiões do Brasil, e de outros cinco países (Argentina, Portugal, Chile, Uruguai e Canadá). Também foi evidenciada no volume de trabalhos submetidos, um total de 1.612 trabalhos, entre painéis e pôsteres. "Desse conjunto, 602 propostas eram de painel, dos quais foram aprovados 324. Os trabalhos submetidos na categoria pôster somaram 1.010, sendo 788 aprovados" (LIMA, 2014b, p. 11).

O debate sobre a Didática e as práticas de ensino, considerando os eixos temáticos do Quadro 1, visou fomentar, naquele momento, uma reflexão comprometida com a produção do conhecimento, no intuito de intervir na melhoria da educação, da escola, da formação e do trabalho docente em face do contexto político nacional fortemente tensionado e que já colocava em risco conquistas históricas na área. Um debate complexo e que buscou fazer-se tendo como ponto de partida a vida da comunidade escolar e demais instituições formadoras, as relações de trabalho e as conexões tecidas nas contradições e nas possibilidades dessas interações. Reflexão feita, cabe realçar, em estreito vínculo com o pensamento e a realidade, tendo como mote as situações vivenciadas pela escola pública, professores e alunos de diferentes níveis e modalidades de ensino.

A síntese das principais ideias discutidas nos 27 simpósios e 324 painéis realizados durante o XVII Endipe é expressiva da reflexão situada, problematizadora e crítica ali desenvolvida, urdida pelo entendimento de que pensar a prática pedagógica é pensar as influências sociais e políticas que interferem nesses processos.

Nos simpósios os debates realçaram quatro principais focos de preocupação no campo:

1) A Didática em suas mediações com as práticas de ensino, com a formação de professores e as diferentes linguagens e espaços pedagógicos. Nesse âmbito ganharam notoriedade reflexões acerca da relação currículo e Didática; currículo, subjetividade e cotidiano escolar; coordenação pedagógica e mediação das práticas cotidianas; saberes e processos de ensinar e de aprender; impactos das políticas na gestão, no trabalho docente e na qualidade do ensino.

2) A Prática Pedagógica a partir do exercício da docência nos diferentes níveis de ensino e em relação aos saberes profissionais e às políticas de avaliação, as diretrizes curriculares, as tecnologias digitais e a educação a distância. Estas duas últimas pautas, tecidas com apoio no discurso da inovação pedagógica, ressaltaram o uso de ambientes digitais, educação on line, design didático, os desafios das novas tecnologias digitais no contexto escolar e a elaboração e uso de recursos didáticos para web. Ganharam destaque experiências voltadas para a qualidade do ensino e da aprendizagem relacionadas à ampliação do tempo escolar na Educação Infantil, Educação Profissional, EJA, inclusão de pessoas com deficiência, registradas como buscas de possibilidades concretas de renovação pedagógica. Estudos sobre os saberes docentes, contemplando experiências estéticas, a cultura, cinema e histórias em quadrinhos; os saberes no início da profissão; e, diálogos em torno da profissionalização e da docência universitária assumiram expressiva visibilidade. Áreas de ensino como Matemática, Ciências, Educação Física, Pedagogia, Alfabetização e Libras, sobretudo, puxaram o debate, bem como a tematização das ideias de Paulo Freire e de questões sobre interdisciplinaridade.

3) A Formação de Professores, com ênfase no desenvolvimento profissional docente no quadro das políticas de educação, destacando-se: questões ligadas à pedagogia universitária, especialmente a formação de formadores e para a atuação na coordenação pedagógica; o Estágio Supervisionado na formação inicial e continuada para professores; e, a escola como espaço de formação, observando-se significativo interesse na compreensão da relação universidade-escola, nos processos de inclusão e nos formadores e sua formação, bem

como nas pesquisas sobre formação continuada e suas contribuições para a prática pedagógica.

4) O Cotidiano Escolar como espaço-tempo de formação, especialmente em relação ao estágio supervisionado no desafio de ensinar e de aprender; as possibilidades e limites dos programas de aceleração de aprendizagem para a melhoria da educação e as contribuições do Pibid para a formação de professores. As discussões sobre a iniciação à docência no contexto desse programa se sobressaem ao lado da preocupação com o espaço e o cotidiano escolar, o desenvolvimento profissional docente e a fragilização da ação didática na compreensão do ensino enquanto prática social.

Nos painéis, com volume maior de oportunidades de participação e abordagem das pautas da Didática a partir de diferentes contextos institucionais, as análises e discussões minudenciaram os quatro focos supra destacados como predominantes nos Simpósios, os quais, vale lembrar, trazem "os nomes dos pesquisadores" que sustentam "a base teórica dos debates e reflexões" ensejados pelo tema principal do Endipe. Pesquisadores que são fontes do referencial teórico na graduação, iniciação científica, pesquisas da pós-graduação e na problematização e renovação das práticas de ensino na escola e demais instituições formadoras (LIMA & SALES, 2015).

Debates que, entre outros aspectos, também possibilitaram identificar temas emergentes e tendências investigativas no contexto atual no campo da Didática. Quanto às tendências investigativas, os diálogos e análises sublinharam as contribuições das pesquisas sobre a educação de pessoas surdas, o cotidiano escolar no ensino de Matemática e de Libras, o aporte conceitual da Psicologia sócio-histórico, as inovações curriculares na formação docente e o estágio de docência nos programas de pós-graduação *stricto sensu*. Entre os temas emergentes, ainda silenciados ou com reduzida visibilidade na investigação em Didática, encontram-se problematizações acerca da religião entre jovens e adultos, de experiências estéticas, minorias culturais, educação intercultural, os paradigmas da complexidade, o estudo sobre as diferenças e desigualdades e os direitos humanos, assim como o conceito de mediação como fundamento da Didática.

Tendências e novas frentes de estudo que explicitam os tons, conflitos e contradições da sociedade brasileira em 2014 a permear o cotidiano das práticas de ensino nas escolas e demais instituições formadoras e o fazer de seus professores. Com efeito, a caminhada endipiana de problematização, reflexão e prospecção de possibilidades de intervenção na prática educativa reforça o argumento sustentado nesse tópico de que esse evento tem, sobretudo, propiciado oportunidades de aprendizagens aos professores como coletivo profissional e de fortalecimento da Didática.

Didática e a Prática de Ensino em 2020: desafios políticos que permanecem

A considerar o desmonte de conquistas sociais democráticas e o movimento de contrarreforma da educação (AGUIAR, 2018) em curso no Brasil desde o golpe de 2016 e da eleição do Governo Bolsonaro, bem como as dramáticas repercussões da pandemia da Covid-19 na saúde e na economia em face da garantia do direito à vida, é legítimo afirmar que não são insignificantes os desafios políticos da Didática como campo de conhecimento e de investigação do fenômeno pedagógico no limiar da terceira década do século XXI e em meio ao aprofundamento global do neoliberalismo.

Esta asserção chama atenção para um aspecto que consideramos basilar em qualquer diálogo sobre desafios políticos da Didática e da Prática de Ensino nos dias hodiernos: esta é uma reflexão que nos convoca a uma revisão, a um repensar, a uma reinvenção, como há muito nos provoca Candau (2006; 2012), pois as situações e problemas pedagógicos a serem superados não são necessariamente velhos ou novos, mas permanências cujo enfrentamento ainda não logramos êxito.

Ao assim nos parecer, destacamos que entre os desafios políticos que se impõem no campo da Didática e da Prática de Ensino, no Brasil de 2020 para os próximos anos, está a urgência de um movimento em defesa da Didática crítica.

Vivemos novamente um tempo marcado pela negação da Didática crítica. Estamos diante de ataques ferrenhos a toda forma de pensamento não ortodoxo, problematizador e emancipador da condição humana; de reiteradas tentativas de controle ideológico da escola, de negação da ciência e dos direitos humanos e, em especial, dos trabalhadores. São inúmeras as investidas governamentais de diversos segmentos e setores da sociedade brasileira, nesse último quinquênio de 2020, que negam a educação como ato político, tal como nos legou Paulo Freire; que desconsideram as críticas à "antididática" e a sua falsa neutralidade, conforme desvelado por Candau (1983) e Libâneo (1986), entre tantos outros pensadores nacionais; que reduzem o compromisso político à competência técnica, numa lamentável retomada do pensamento reprodutivista, alienador e tecnicista denunciado por Saviani (1983; 2007). Enfim, uma situação comparável a um dos momentos mais obscuros da história social – os tempos da inquisição; um contexto de censura, de constrangimento e de regulação amplificados.

No atual momento histórico, a Didática crítica encontra-se à margem das expectativas e orientações legais instituídas pela via curricular e que embasam a política educacional vigente, a exemplo daquelas instituídas a partir da aprovação da Base Nacional Comum Curricular para Educação Básica (BNCC), das Diretrizes Curriculares Nacionais para a Formação Inicial de Professores para a Educação Básica (DCNFPEB) e da Base Nacional Comum para a Formação Inicial de Professores da Educação Básica (BNC-Formação) (Resolução CNE/CP 02/2019). À margem porque, como explicitado por diversas análises:

> [...] a visão político-pedagógica que estrutura a BNCC não assegura ou ratifica a identidade nacional sob o eixo do pluralismo de ideias e concepções pedagógicas, a valorização e o respeito à diversidade e à efetiva inclusão, conhecimento e cultura, respeito aos valores culturais e artísticos, nacionais e locais (DOURADO & OLIVEIRA, 2018, p. 41).

> A associação entre aprendizagem e desempenho explicita a forte vinculação a avaliação dos resultados, orientação claramente assumida na BNCC e tomada como referência na Proposta, usada recorrentemente para firmar a falta de qualidade dos professores. [...]. Trata-se, sobretudo, de uma perspectiva que desconsidera as assimetrias regionais de um país continental como o Brasil e suas implicações na prática educativa escolar; que opta por desconfiar da qualidade do trabalho que os professores realizam [...] (FARIAS, 2019).

> Sob nosso ponto de vista, em termos de orientações e princípios, a BNCC e a BNCFP contrariam o disposto na Constituição em no mínimo dois aspectos: a finalidade da educação no Brasil e o princípio da liberdade de ensino (RODRIGUES; PEREIRA & MORH, 2020).

Estas análises denunciam à retomada do aporte das competências como fundamento pedagógico da formação nas escolas de Educação Básica e nas instituições formadoras de professores no Brasil. Retomada que se faz associada a internacionalização da educação, orquestrada pela competitividade econômica que marca as sociedades globalizadas e delineia o argumento da necessidade de um ensino e de professores "globalmente competente" (ZEICHNER, 2013). Em âmbito local ela se encontra explicitamente expressa na BNCC ao indicar que "as decisões pedagógicas devem estar orientadas para o desenvolvimento de competências" (BRASIL, 2018, p. 13), orientação que, somada as ações do Projeto "Escola sem Partido", tem fomentado um olhar de desconfiança em relação a tudo o que o professor pensa e faz, situação que objetiva colocar em xeque seu profissionalismo.

Em 1982, no Seminário A Didática em Questão, Candau (1983, p. 12) advertia que "exaltada ou negada, a didática, como reflexão sistemática e busca de alternativas para os problemas da prática pedagógica, está, certamente, no momento atual, colocada em questão". Suas palavras, passadas quase quatro décadas, nos parecem bastante contemporâneas e emblemáticas do desafio no Brasil de 2020, pois vivemos outra vez um tempo de afirmação do técnico e de silenciamento do político. Permanece a luta pela defesa da educação como socialmente referenciada, pública, laica e intercultural.

Em sendo razoável pensar que a disputa entre os diferentes projetos de sociedade em ebulição no momento histórico que vivemos não é transitória e se intensificará nos próximos anos, esse cenário nos convoca a reafirmar, por meio da tessitura de pensamentos e práticas pedagógicas insurgentes, uma Didática fundamentada nos referentes da contextualização, multidimensionalidade e articulação entre igualdade e diferença (CANDAU, 2012b).

Problematizar as implicações das condições de trabalho dos professores para desenvolverem o ensino e o aprendizado discente é um desafio nessa direção, isso da Educação Básica à Educação Superior. Como esperar uma prática pedagógica diversificada, diferenciada, focada no ritmo do aluno e atenta às demandas de aprendizagem específicas diante de turmas numerosas, apertadas em salas que mal permitem a circulação do professor, além de iluminação deficiente, pouca ventilação e limpeza duvidosa em razão da falta de água? Esta, infelizmente, ainda é a situação de boa parte das escolas brasileira, conforme evidenciado pelo Censo Escolar 2017 (INEP, 2019) e criticada por Daniel Cara, coordenador Geral da Campanha Nacional pelo Direito à Educação ao ser entrevistado sobre o assunto: "É claro que bibliotecas, o acesso à internet e laboratórios de ciências são imprescindíveis à educação hoje, isso para não falar no básico do básico que é a garantia de água e esgoto" (AGÊNCIA BRASIL, 2018). Pelos dados do Censo Escolar de 2019 esse quadro praticamente permanece inalterado.

Ora, como esperar que contextos escolares assim configurados não afetem o processo de ensino e, por conseguinte, a aprendizagem dos alunos? Como promover e educar para a diversidade e a inclusão em escolas nas condições supramencionadas e sem investimentos efetivos na formação dos professores? Como desconsiderar que a intensificação do trabalho docente e o exercício de 200 e até

300 horas aulas, em duas, três ou mais escolas para garantir salário digno para a sobrevivência do professor, não impacte na qualidade do seu desenvolvimento profissional? Entendemos que as condições de trabalho fazem sim diferença na qualidade da prática docente, na mobilização do conhecimento pedagógico em situação de ensino. Obviamente que onde houver melhores condições de trabalho para o professor haverá melhores possibilidades de mediação do aprender. O cerne desse desafio político está no desvelamento dos constrangimentos pedagógicos que nos impedem de avançar na garantia do direito de todos de aprenderem, inclusive os professores.

Nessa direção, outro desafio político da Didática encontra-se na necessidade de colocar uma lente ampliada sobre a formação pedagógica nas licenciaturas, posto que persistem denúncias de que a formação inicial não oferece aos licenciandos os subsídios necessários para enfrentarem as dificuldades do fazer docente (SOUZA, 2014), indicativos reforçados por resultados de pesquisas que revelam a manutenção, nas práticas de formação, de modelos idealizados de escola, de alunos e de ensino, desconexo do contexto da escola pública, além da predominância de estudos teóricos (GATTI & NUNES, 2008; GATTI; BARRETO & ANDRÉ, 2011; PIMENTA, 2012; 2012a).

Ademais, a ação pedagógica do professor não se resume a mera transmissão, e isso precisa ser compreendido no âmbito dos processos formativos nas licenciaturas. Como compreender que discentes das licenciaturas específicas, em geral, tendam a não reconhecer a relevância e a necessidade dos conhecimentos para ensinar? Tendam a não se reconhecer como futuros professores? Até que ponto nossas práticas não reforçam, nesses contextos, a ideia de que basta saber o conteúdo para saber ensiná-lo?

Diante dessas provocações a valorização do conteúdo do conhecimento pedagógico se projeta como uma frente que precisamos trabalhar mais e melhor. Entre outros aspectos, é preciso adensar a discussão sobre os objetivos da Didática, sobre a intencionalidade da prática educativa, de modo que o aluno compreenda que o fazer docente não é neutro, mas perpassado por suas crenças, valores e representações sobre seu papel social, sobre sua relação com o conhecimento e a sociedade, sobre suas percepções acerca do pobre, do negro, do homossexual, do diferente. Tomar consciência desses elementos a partir da reflexão sobre a práxis docente é fundamental, pois eles reverberam no modo de constituir-se como profissional docente e de ensinar, nas relações cognitivas e socioafetivas no contexto de trabalho, em particular na sala de aula.

Embora essa asserção pareça óbvia, os dispositivos legais recentes caminham na contramão desse entendimento, reeditando uma concepção instrumental do ensinar, do professor e da escola. Precisamos estar atentos e assumir a reflexão sobre a práxis docente, "componente significativo do campo epistemológico da Didática" (PIMENTA & LIMA, 2019), de maneira ainda mais contundente em nossa prática de ensino no cotidiano da escola e dos processos de formação de professores. Sob esse prisma, considerando o Estágio Supervisionado como "atividade teórica instrumentalizada da práxis" (PIMENTA, 2012a), outro desafio que perdura é "[...] dotar o estágio de um discurso teórico que acabe aglutinando seu papel nas exigências formativas que a sociedade moderna propõe a seus jovens por meio da universidade" (ZABALZA, 2014, p. 29).

Outros desafios políticos poderiam ser aqui abordados, como aqueles relacionados à ampliação e diversificação dos focos de investigação no campo da Didática. Em virtude, contudo, da limitação desse escrito e das repercussões do isolamento social na educação devido à crise sanitária da Covid-19, parece-nos imperativo tecer considerações sobre a emersão das "atividades pedagógicas não presenciais (com ou sem mediação *on-line*)" (MEC/CNE, 2020, p. 4) na cena educativa brasileira, em decorrência da suspensão das aulas regulares em todos os níveis e modalidades de ensino, desde a Educação Infantil à pós-graduação *stricto sensu*.

O texto da "Proposta de parecer sobre reorganização dos calendários escolares e realização de atividades pedagógicas não presenciais durante o período de pandemia da Covid-19" (MEC/CNE, 2020) é cunhado por um discurso de boas intenções, precisamente, evitar o aumento das desigualdades educacionais no país, argumento ancorado em quatro questionamentos apresentados como desafios a serem enfrentados:

> • Como garantir padrões básicos de qualidade para evitar o crescimento da desigualdade educacional no Brasil?
> • Como garantir o atendimento dos objetivos de aprendizagens previstos na Base Nacional Comum Curricular (BNCC) e nos currículos escolares ao longo deste ano letivo?
> • Como garantir padrões de qualidade essenciais a todos os estudantes submetidos a regimes especiais de ensino que compreendam atividades não presenciais mediadas ou não por tecnologia de informação e comunicação?
> • Como mobilizar professores e dirigentes dentro das escolas para o ordenamento de atividades pedagógicas remotas? (MEC/CNE, 2020, p. 2).

Ora, parece-nos que é justamente na proposição de resguardar o direito de aprendizagem sob a ótica da igualdade de oportunidades de aprender de todos os alunos, independentemente de sua condição social, onde se situam algumas das incoerências que impregnam o discurso deste Parecer.

Não podemos perder de vista que o alunado brasileiro não é homogêneo, grande parte – aquela que precisa da oferta pública de educação – enfrenta condições de vida bastante humilde, com reduzido acesso a bens e serviços, a exemplo do acesso à internet em casa e da disponibilidade de um celular pessoal. As famílias possuem, igualmente, condições e composições bastante variadas, não sendo possível assegurar, mesmo naquelas mais abastadas, o acompanhamento das atividades pedagógicas não presenciais por "mediadores familiares". Efetivamente, nem a família, nem os alunos que se encontram em casa foram preparados para lidar com o modelo de aula que atividades pedagógicas não presenciais demandam.

Não fosse suficiente o questionamento da capacidade dos pais ou de outro familiar assumir, do dia para noite, tarefas educativas escolares, também não é possível desconsiderar os impactos da elevada taxa de analfabetismo funcional no Brasil na condição e na qualidade do apoio à educação de crianças e adolescentes em casa. Os inúmeros vídeos disponibilizados na *web* satirizando a agonia dos pais e dos alunos diante do ensino remoto fornecem uma amostra da falácia do discurso do CNE de proteger o direito de aprendizagem na perspectiva da igualdade de oportunidades de aprender de todos os alunos.

Outra face da moeda encontra-se nas escolas e nos professores que, confrontados pela urgência, são chamados a desenvolverem atividades de ensino remotas, o que vem ocorrendo de maneira ensaística e improvisada. Esta exigência coloca em xeque a tradição pedagógica constituída na escola e pelos professores. Ao mesmo tempo, também reifica a concepção das tecnologias e da internet como meras ferramentas de apoio ou suporte ao professor e sua prática didática, o que é preocupante, pois reforça a perspectiva pragmatista e neotecnicista em ascensão no contexto atual de acirramento do neoliberalismo econômico.

Esta realidade nos convoca, se quisermos potencializar os processos de aprendizagem na perspectiva do direito à educação, dedicarmos atenção a essas questões colocadas em evidência no cenário atual. Não é possível desconsiderar seus impactos sobre o conhecimento pedagógico e os múltiplos aspectos do processo de ensino e do exercício da docência em um tempo marcado pela cultura digital, reflexão que certamente precisa ser ampliada urgentemente no debate didático.

Para fechar as provocações desse texto, reafirmamos os desafios políticos que buscamos explicitar ao longo desse escrito, que podem ser sintetizados na ideia de que é tempo de nos contrapormos às negações desse desgoverno que atravessamos no Brasil, a exemplo da exclusão das Ciências Humanas do currículo escolar, da imposição de conteúdos e materiais didáticos rasos e acríticos, da censura sobre práticas libertadoras, dos discursos explícitos de incentivo ao racismo, homofobia, feminicídio, extermínio dos povos originários, preconceito de classe e credo. Entendemos que continuamos desafiados a articular forma e conteúdo, meios e fins, habilidades e atitudes.

Os apontamentos apresentados, ainda que preliminares, no entendimento das autoras trazem indicativos dos desafios políticos que cercam a prática educativa e os professores, reafirmando a urgência de uma agenda em defesa dos fundamentos de uma Didática crítica para os próximos anos.

Referências

Agência Brasil. "Censo Aponta Que Escolas Públicas Ainda Têm Deficiência De Infraestrutura", 31/01/2018. Brasília [Disponível Em Https://Agenciabrasil.Ebc.Com.Br/Educacao/Noticia/2018-01/Censo-Aponta-Que-Escolas-Publicas-Ainda-Tem-Deficiencias-De-Infraestrutura – Acesso em 05/05/2020].

AGUIAR, M.A.S. "Relato da resistência à instituição da BNCC pelo Conselho Nacional de Educação mediante pedido de vista e declarações de votos". In: AGUIAR, M.A.S. & DOURADO, L.F. (orgs.). *A BNCC na contramão do PNE 2014-2024*: avaliação e perspectivas. Recife: Anpae, 2018, p. 8-22.

ALARCÃO, I. *Professores reflexivos em uma escola reflexiva*. 5. ed. São Paulo: Cortez, 2007 [Coleção Questões da Nossa Época].

BRASIL/MEC. *Proposta para Base Nacional Comum da Formação de Professores da Educação Básica*. Brasília, 2018 [Disponível em http://portal.mec.gov.br/index.php?option=com_docman&view=download&alias=105091-bnc-formacao-de-professores-v0&category_slug=dezembro-2018-pdf&Itemid=30192 – Acesso em 01/05/2019].

CANDAU, V.M. (org.). *Didática crítica intercultural*: aproximações. Petrópolis: Vozes, 2012a.

_____. *Reinventar a escola*. 8. ed. Petrópolis: Vozes, 2012b.

_____. *Educação intercultural e cotidiano escolar*. Rio de Janeiro: 7 Letras, 2006.

_____. *A Didática em questão*. Petrópolis: Vozes, 1983.

CAVALCANTE, M.M.D. & FARIAS, I.M.S. "Introdução". In: FARIAS, I.S.; LIMA, M.S.L.; CAVALCANTE, M.M.D. & SALES, J.A.M. (orgs.). *Didática e Prática de Ensino na relação com a formação de professores*. Fortaleza: Eduece, 2015, p. 16 [Coleção Práticas Educativas].

COCHRAN-SMITH, M. "A tale of two teachers: Learning of teach over time". In: *Kappa Delta Pi Record*, vol. 48, n. 3, jul.-set./2012, p. 108-122. Indianápolis.

DOURADO, L.F. & OLIVEIRA, J.F. "Base Nacional Comum Curricular (BNCC) e os impactos nas políticas de regulação e avaliação da Educação Superior". In: AGUIAR, M.Â.S. & DOURADO, L.F. (orgs.). *A BNCC na contramão do PNE 2014-2024*: avaliação e perspectivas. Recife: Anpae, 2018, p. 38-43.

ENDIPE. "*A Didática e a Prática de Ensino nas relações entre Escola, Formação de Professores e Sociedade*". In: *Caderno de Resumos*: pôsteres e painéis, 2014, 528 p. Fortaleza: Eduece.

FARIAS, I.M.S.F. "O discurso curricular da proposta para BNC da formação de professores da Educação Básica". In: *Revista Retratos da Escola*, vol. 13, n. 25, jan.-mai./2019, p. 155-168. Brasília.

FREIRE, P. *Pedagogia da autonomia* – Saberes necessários à prática educativa. 48. ed. Rio de Janeiro: Paz e Terra, 2014.

_____. *Pedagogia do oprimido*. 9. ed. Rio de Janeiro: Paz e Terra, 1981.

GATTI, B.A.; BARRETO, E.S.S. & ANDRÉ, M.E.D.A. *Políticas docentes no Brasil*: um estado da arte. Brasília: Unesco, 2011.

GATTI, B.A. & NUNES, M.M.R. (orgs.). *Formação de professores para o Ensino Fundamental*: instituições formadoras e seu currículo; relatório de pesquisa. São Paulo: Fundação Carlos Chagas/Fundação Vitor Civita, 2008.

HOUAISS, A.; VILLAR, M.S. & FRANCO, F.M.M. *Dicionário Houaiss da Língua Portuguesa*. Rio de Janeiro: Objetiva, 2009.

INEP. *Resumo técnico* – Censo da Educação Básica 2017. Brasília: Instituto Nacional de Estudos e Pesquisas Educacionais Anísio Teixeira, 2019. 56 p. [Disponível em http://portal.inep.gov.br/documents/186968/484154/Resumo+T%C3%A9cnico+-+Censo+da+Educa%C3%A7%C3%A3o+B%C3%A1sica+2017/66ea001f-1744-4b70-bd03-bfcbd686befa?version=1.0 – Acesso em 05/05/2020].

LIBÂNEO, J.C. *Democratização da escola pública*: a pedagogia crítico-social dos conteúdos. 4. ed. São Paulo: Loyola, 1986.

LIMA, M.S.L. "Apresentação". In: ENDIPE. "A Didática e a Prática de Ensino nas relações entre Escola, Formação de Professores e Sociedade". *Caderno de Resumos*: pôsteres e painéis, 2014a, p. 10-11. Fortaleza: Eduece.

_____. "Aos que chegam para o XVII Endipe". In: ENDIPE. "A Didática e a Prática de Ensino nas relações entre Escola, Formação de Professores e Sociedade". Caderno de Programação, 2014b., p. 9. Fortaleza: Eduece.

LIMA, M.S.L. & SALES, J.A.M. "Introdução". In: CAVALCANTE, M.M.D.; SALES, J.A.M. & FARIAS, I.M.S. & LIMA, M.S.L. *Diálogos sobre a Didática e a Prática de Ensino nas relações entre Escola, Formação de Professores e Sociedade*. Fortaleza: Eduece, 2015, p. 15-16.

MEC/CNE. *Proposta de parecer sobre reorganização dos calendários escolares e realização de atividades pedagógicas não presenciais durante o período de pandemia da Covid-19*. Brasília, 2020 [Disponível em http://portal.mec.gov.br/index.php?option=com_docman&view=download&alias=144511-texto-referencia-reorganizacao-dos-calendarios-escolares-pandemia-da-covid-19&category_slug=marco-2020-pdf&Itemid=30192 – Acesso em 05/05/2020].

NÓVOA, A. *Professores*: imagens do futuro presente. Lisboa: Educa, 2009.

PIMENTA, S.G. *O estágio na formação de professores*: unidade teoria e prática? 11. ed. São Paulo: Cortez, 2012a.

_____. *Saberes pedagógicos e atividade docente*. 8. ed. São Paulo: Cortez, 2012b.

_____. *Saberes pedagógicos e atividade docente*. São Paulo: Cortez, 1999.

PIMENTA, S.G. & LIMA, M.S.L. "Estágios supervisionados e o Programa Institucional de Bolsa de Iniciação à Docência: duas faces da mesma moeda?" In: *Revista Brasileira de Educação*, vol. 24, 2019, p. 1-24. Rio de Janeiro.

_____. *Estágio e Docência*. 8. ed. rev., atual. e ampl. São Paulo: Cortez, 2017.

PINTO, C.L.L. & LEITE, C. "Trabalho colaborativo: um conceito polissêmico". In: *Conjectura*, vol. 19, n. 3, set.-dez./2014, p. 143-170. Caxias do Sul.

RODRIGUES, L.Z.; PEREIRA, B. & MORH, A. "O documento 'Proposta para Base Nacional Comum da Formação de Professores da Educação Básica' (BNCFP): Dez Razões para temer e contestar a BNCFP. In: *Revista Brasileira de Pesquisa em Educação em Ciências*, vol. 20, jan./2020, p. 1-39, jan./2020. Belo Horizonte.

SAVIANI, D. *Escola e democracia*. Campinas: Editores Associados, 1983.

_____. *História das ideias pedagógicas no Brasil*. Campinas: Editores Associados, 2007 [Coleção Memória da Educação].

SOUZA, N.C.A.T. "Repensando o processo de inserção de licenciandos à docência: implicações de propostas recentes para a formação inicial". In: *Revista Lugares de Educação*, vol. 4, n. 8, jan-jun./2014, p. 18-28. Bananeiras/PB [Disponível em: file:///C:/Users/Educas/Downloads/17808-34700-1-PB.pdf – Acesso em 29/07/2018].

THERRIEN, J. & DIAS, A.M.I. "Introdução". In: SALES, J.A.M.; FARIAS, I.M.S.; LIMA, M.S.L. & CAVALCANTE, M.M.D. *A Didática e a Prática de Ensino na relação com a sociedade*. Fortaleza: Eduece, 2015, p. 15-16.

ZABALZA, M.A. *O estágio e as práticas em contextos profissionais na formação universitária*. São Paulo: Cortez, 2014.

ZEICHNER, K.M. *Políticas de formação de professores nos Estados Unidos*: como e por que elas afetam vários países no mundo. Trad. Cristina Antunes. Belo Horizonte: Autêntica, 2013.

12
Desafios políticos da docência: raça, subalternidade, performatividade

Silas Borges Monteiro

Este texto é escrito buscando observar a seguinte estrutura de apresentação: inicialmente, designa seus pontos a partir de alterações de títulos de livros que julgo relevantes enquanto pontos de inflexão ao que quero apresentar. Nesse caso, a palavra-chave para a escolha dos títulos fora *futuro*. A princípio, porque o assunto educação é, certamente, algo da ordem do presente, mas, sobretudo, é um projeto de futuro, de consequências futuras, de efeitos futuros. Em segundo lugar, a política educacional do governo, que assumira a presidência do Brasil em 2019, teve como alvo o explícito combate à educação brasileira, não apenas pública, mas a educação de modo geral. A demonização da profissão docente – vista como uma ação social realizada por pessoas doutrinadas com o objetivo de doutrinar estudantes para um projeto de destruição da família e da fé – teve como apoteose o *brand* do projeto natimorto intitulado *Future-se*, declarado pelo gestor da pasta, Abraham Weintraub, tal como "a maior revolução na área de ensino no país nos últimos vinte anos". A escolha do período de vinte anos coincide com a ascensão e o declínio de um governo popular à Presidência da República. Assim, a palavra-mote é *futuro*, sustentada pela literatura de autores de meu apreço; os livros e textos não serão examinados; serviram como *leitmotiv*.

O future-se de uma ilusão

A fim de estabelecer a primeira contiguidade entre os títulos que escolhi, o livro de Sigmund Freud, *O futuro de uma ilusão* [Die Zukunft einer Illusion] é trazido, aqui. Em seu primeiro parágrafo, o autor escreve: "[...] quanto menos se sabe do passado e do presente tanto mais incerto é o juízo acerca do futuro" (FREUD, 2014). O psicanalista centraliza sua análise na cultura e na religião e afirma: "o anseio pelo pai é a raiz da necessidade religiosa". Se adotarmos tal perspectiva, o *deslocamento* da necessidade de uma figura concreta do pai, idealizada em religiosos, pode, igualmente, ser uma possibilidade de anseio por figuras autoritárias, religiosas, político-empresariais, artísticas e outras. Ao lado disso, transcrevo uma afirmação feita pela colega do Programa de Pós-Graduação em Psicologia da UFMT, Professora Vera Lúcia Blum: "há uma dimensão intratável do humano que é o apego às ilusões e às quimeras". Se, por um lado, adentramos a uma espécie de afirmação pessimista, por outro, a frase não perde seu caráter pertinente em relação às vivências de 2019. Ainda no momento em que experimentamos um tempo de apego à quimera, de desejo por ilusão, de sinalização de um futuro construído sobre ilusão, a qualidade do próprio apego é colocada em questão às relações projetadas na figura autoritária.

No momento em que essa figura masculina assume a ilusão de um pai futuro, o também πατέρας grego, o pai, revela-se na figura de chefe-da-casa, de δεσπότης, o déspota, enquanto herdeiro de um passado reconhecido e garantido por um presente concreto. Com Chauí (1993), o atual movimento da conjuntura brasileira em sua célebre manifestação histórica pode ser demonstrado a partir do texto apresentado no curso Ética, oferecido pela Secretaria de Cultura do município de São Paulo, iniciado em 1º de abril de 1991, quando a autora e professora era Secretária de Cultura na gestão da paraibana Luiza Erundina de Sousa, naquele momento, filiada ao Partido dos Trabalhadores. Vale ressaltar que desde 15 de março de 1990, estava na presidência de República o carioca Fernando Affonso Collor de Mello, criado em Alagoas, primo do, igualmente carioca, Marco Aurélio Mendes de Farias Mello, nomeado por Fernando Henrique Cardoso, ministro do Supremo Tribunal Federal. Eis a citação:

> No Brasil, o pós-modernismo cai como luva. De fato, a política neoliberal é conservadora, contrária aos direitos sociais e civis, contrária aos movimentos sociais e à divisão dos poderes. Se cai como luva num país como o nosso é porque a sociedade brasileira sequer chegou aos princípios liberais da igualdade formal e das liberdades e muito menos aos ideais socialistas da igualdade econômica e social e da liberdade política e de pensamento. Sociedade sem cidadania, profundamente autoritária, onde as relações sociais são marcadas com o selo da hierarquia entre superiores e inferiores, mandantes e mandados, onde prevalecem relações de favor e de clientela, onde inexiste a prática política da representação e da participação, a socie-

> dade brasileira sempre teve fascínio pelo populismo como forma da esfera pública da política. O populismo, como se sabe, opera pela relação direta e imediata entre o governante e o "povo", a distância das mediações institucionais, alimentando o imaginário messiânico da salvação e o imaginário feudal da proteção. Assim, no ponto mais alto da contemporaneidade – o pós-modernismo –, encontramos uma formulação do público que veste perfeitamente a mais velha e anacrônica tradição política brasileira. O chefe populista tem uma relação despótica com a sociedade (pai, "coronel", "doutor" competente, messias dos pobres e descamisados) e pode, agora, ir recoberto com os paramentos do que há de mais moderno – aliás, pós-moderno – quando fabrica sua imagem e seu poder com os recursos da publicidade pós-moderna (CHAUÍ, 1993, p. 387).

Vinte e nove anos depois, ainda reconhecemos essas ponderações. Tais desdobramentos não são identificados por suas características possível e simploriamente retidas em tons proféticos, como se Chauí impulsionasse, estritamente, as atuais situações políticas brasileiras, porém pelo fato de que, dada a atualidade contingencial dos escritos da autora, ainda não superamos uma herança coronelista, messiânica, conservadora, reacionária e, sobretudo, racista. O Brasil de hoje parece ser o mesmo dos anos de 1990. O brasileiro médio anseia pelo δεσπότης, carrega a necessidade que idealiza uma figura autoritária como a entidade que garante certezas do futuro.

Entre o passado e o future-se

No livro de Hannah Arendt, *Entre o passado e o futuro* [*Between Past and Future*], que alcançou sua edição definitiva em 1968, há um ensaio intitulado *A crise na educação*, escrito em 1958; nele, a filósofa analisa a educação americana, indissociável da sua experiência como judia alemã morando em outro país. Quando o regime nazista foi estabelecido na Alemanha, Arendt perdeu sua nacionalidade, tonando-se apátrida. A autora refugiou-se em Paris e, posteriormente, recebeu cidadania americana em 1951. Devido às experiências antissemitas vividas na Alemanha, Arendt tornou-se uma das intelectuais de sua época que antecipou uma crítica cultural do racionalismo moderno, acompanhada por autoras como Rosa Luxemburgo. A responsabilidade política que professorava marcou-a como uma intelectual ambivalente, ora por ocupar a posição de um *vir a ser* judia, em consideração ao contexto político alemão, ora por *ser*, propriamente, a favor de um compromisso judaico. Embora a tenha conseguido fugir do campo de concentração de Gurs, na França ocupada, em 1939, foi somente em 1941 que fixou residência no continente americano. Ainda que a tensão entre sua ambivalência não tenha sido resolvido ao longo do seu projeto filosófico, a autora estabeleceu um diálogo crítico contundente às diversas manifestações autoritárias advindas da Europa.

Na obra citada, Arendt (2016) demonstra experiência frente ao sistema educacional americano, lugar no qual escrevera acerca da crise na educação após dezessete anos como imigrante e sete como cidadã norte-americana. Se, por um lado, o ensaio sustenta-se em uma visão crítica, porém eurocêntrica, de educação, suas considerações que visavam a distância de traços, mesmo que fracos, de autoritarismos, parecem pertinentes ao que, para Arendt, era futuro e, para nós, presente. Nessa via, dois aspectos desse ensaio ganham destaque para este texto: o primeiro, de um fenômeno social de querer "a ilusão emergente do *pathos* do novo"; aliás, como tem-se ouvido que vivemos um novo momento, um novo Brasil, uma nova época, uma nova política. Com Arendt, compreendemos que a falsa questão de "Por que Joãozinho não sabe ler?" escamoteia a adoção de modelos psicopedagógicos pragmatistas cuja "intenção consciente não era a de ensinar conhecimentos, mas sim de inculcar uma habilidade" que substitui "o aprendizado pelo fazer" e transforma "instituições de ensino em instituições vocacionais". Em segundo lugar, a autora estabelece que a "crise da autoridade na educação guarda a mais estreita conexão com a crise [...] de nossa atitude face ao âmbito do passado". E aqui, a dimensão histórica ganha particular importância. Reescrever a história, apagar episódios, viver para o futuro pela ignorância sobre o passado, *futura-se* um país.

Por isso, conto, sob perspectiva pessoal, uma história dos últimos anos; admito que o que será apresentado, a seguir, não é uma análise que considera a pluralidade de leituras e interpretações dos episódios tão conhecidos, é, tão somente, a minha do que vivi.

Voo de cruzeiro

Sob o tema *Didática e prática de ensino: desafios políticos da atualidade*, proposto para sessão especial do XX Encontro Nacional de Didática e Prática de Ensino, mesmo correndo o risco de cair no lugar comum, retomarei alguns elementos de minha história vida.

Em 2013, compus um pequeno grupo de trabalho organizado pela Secretaria de Educação Superior (Sesu) sob a coordenação do Professor Paulo Speller, por solicitação do ministro da educação Aloizio Mercadante Oliva. Eram reuniões quinzenais com a tarefa de sinalizar uma política educacional brasileira para a próxima década. Notei, de imediato, a necessidade de um trabalho que poderia organizar políticas nacionais de educação e, ao mesmo tempo, por minha impressão, a tarefa poderia servir como proposta da área de educação à eminente candidatura de Dilma Rousseff para um segundo mandato. Este grupo começou a trabalhar no fim de setembro de 2013; finalizamos os trabalhos em meados de dezembro.

Logo ao início de nossas reuniões, comentávamos as manifestações de junho, pelos R$ 0,20, ocorrida na cidade de São Paulo. No primeiro dia de reunião de trabalho, enquanto eu esperava na ante sala do gabinete do secretário, notava uma tensão e um vai e vem de pessoas, talvez assessores, com preocupação sobre as manifestações de junho. Ouvi alguém dizer: "nos descuidamos, pois estávamos em *voo de cruzeiro*". Era evidente que as manifestações tiraram a tranquilidade do Governo Dilma; elas chegaram ao governo como desafio a tomada de decisões, e a educação era uma delas, certamente, importantíssima. Os entraves no debate eram muitos. O diagnóstico feito mostrava a falta de simetria entre o investimento do governo e o retorno nos indicadores educacionais e sociais. O grupo apostou na proposta de empenhar os investimentos públicos com projetos que reduzissem a evasão do Ensino Médio. Ao término dos trabalhos, chegamos a uma proposta muito elementar. Não tivemos retorno do efeito do trabalho feito pelo grupo. Em 2014, Dilma Roussef, foi reeleita. Em seu discurso de posse, disse:

> Gostaria de anunciar agora o novo lema do meu governo. Ele é simples, é direto e é mobilizador. Reflete com clareza qual será a nossa grande prioridade e sinaliza para qual setor deve convergir o esforço de todas as áreas do governo. Nosso lema será: BRASIL, PÁTRIA EDUCADORA! (Agência Câmara de Notícias)[4]

No primeiro semestre de 2015, começam a sair versões preliminares do documento *Brasil, pátria educadora*, organizado pelo Professor Roberto Mangabeira Unger. Quando li o documento, notei onde queria chegar a proposta de trabalho do grupo que participei no fim de 2013. Quando li o documento, identifiquei as discussões que travamos naqueles 4 meses.

---

4. Disponível em https://www.camara.leg.br/noticias/448217-integra-do-discurso-de-posse-da-presidente-dilma-rousseff-no-congresso/

Mosca-azul

Em 27 de junho de 2001, Aécio Neves foi presidente do Brasil por 3 dias. Quando assumiu a presidência, por conta da viagem de FHC e Marco Maciel à Bolívia, ganhou de sua avó, Risoleta Neves, a caneta Mont Blanc que seu avô Tancredo Neves usava. Ao ser indagado se esta experiência lhe daria entusiasmo a ser candidato no ano seguinte, respondeu: "Hoje cedo, antes de tomar um café preto com um pão de queijo, eu tomei também um antídoto contra a mosca-azul" (*Folha de S. Paulo*, São Paulo, quarta-feira, 27 de junho de 2001). O antídoto perdeu o efeito em junho de 2014.

Ao término do Endipe em Fortaleza, em 14 de novembro de 2014, a menos de um mês da reeleição da presidente Dilma Rousseff, assumi o compromisso de organizar o Encontro em Cuiabá, que ocorreria em 2016. Depois da reeleição de Dilma Rousseff, o país agravou sua polarização. No estado de Mato Grosso, foi eleito, no primeiro turno, José Pedro Gonçalves Taques, oriundo do Ministério Público Federal. Ele começou a carreira partidária no PDT, como senador, indo ao PSDB para a eleição a governador. Sua campanha enfatizava a necessidade de ética na política e o combate da corrupção, a mesma cantoria feita por Aécio Neves em nível nacional.

Logo ao início de 2015, Pedro Taques declarou sua suspeita contra as ações da universidade, rompendo parcerias e tratando a comunidade universitária como adversária, pois seriam "de esquerda". Por mais que eu tentasse aproximação do governo, para apoio na realização do Encontro em Cuiabá, não obtinha sucesso. A audiência com representantes do governo de Mato Grosso só veio a ocorrer no fim de 2015; o, então Secretário de Educação,

Permínio Pinto, firmou compromisso de colaborar com a organização do Endipe.

Em 2 de dezembro de 2015, o presidente da Câmara, Eduardo Cunha, aceitou a denúncia contra a Presidente Dilma Rousseff.

Borboleta-azul

Essa expressão foi usada por Monica Baumgarten de Bolle, uma economista conservadora; foi colunista de jornais como *Folha de S. Paulo* e *O Estado de São Paulo*; também foi economista do Fundo Monetário Internacional (FMI). Ela usou esta expressão para falar do Governo Dilma Rousseff. Assim ela afirma: "A história […] da borboleta-azul inglesa […] é um exemplo das consequências indesejáveis provocadas pelas supostas boas intenções." Isso se encontra no livro *Como matar a borboleta-azul – Uma crônica da era Dilma*. Esse ideário alimentou posições oportunistas desde a reeleição de Dilma Rousseff.

Pois bem. Abrimos o ano de 2016 com a aprovação do relatório da comissão especial da Câmara dos Deputados no dia 17 de abril, com 367 votos favoráveis e 137 contrários.

No dia 4 de maio de 2016, o secretário de Educação de Mato Grosso, Permínio Pinto, foi afastado do cargo por suspeita de envolvimento na Operação Rêmora, do Grupo de Atuação Especial de Repressão ao Crime Organizado, por fraudes em licitações de pelo menos 23 obras em escolas estaduais, a fim de cobrir gastos da companha de Pedro Taques ao governo do Estado com recursos da Secretaria de Educação.

Em 12 de maio de 2016, o Senado da República aprovou por 55 votos favoráveis a 22 votos contrários, a abertura do processo de impedimento da presidente, afastando Dilma da presidência até que o processo fosse concluído. Em 23 de maio, assumiu a Secretaria de Educação, Marco Marrafon, que evitou o quanto pode receber-nos em audiência. Quando o fez, deixou claro que as universidades públicas eram inoperantes e agiam para a esquerda petista. O evento seria no mês seguinte. Na reunião, eu disse que a história da UFMT era de laços com o Estado e não com os inquilinos que ocupavam o Palácio Paiaguás, ou seja, prezávamos por relações com o Estado e não com governos. Ele disse que iria cumprir os compromissos assumidos anteriormente.

Em 20 de julho, Permínio foi preso, o que levou o Marrafon a pensar que todas as ações do ex-secretário estavam comprometidas por corrupção. Mesmo assim, Pedro Taques e Marco Marrafon decidiram ir à abertura do XVII Endipe, no dia 23 de agosto. Quando estavam a caminho do evento, foi-lhes avisado que a audiência do Encontro seria hostil aos políticos que estavam declarando apoio ao impedimento de Dilma Rousseff; temendo ser vaiado, como já havia sido em outras aparições públicas, desistiu de ir à abertura. O apoio financeiro ao Encontro foi suspenso.

O XVIII Endipe terminou seus trabalhos em 26 de agosto de 2016; 5 dias depois, Dilma Rousseff sofreu o golpe final do movimento iniciado em 2013. A primeira mulher presidente da República foi impedida de concluir seu mandato. Todos os compromissos assumidos deixaram de existir. A história da política brasileira, marcada por regimes de exceção, tomava, novamente, seu curso.

Sobre o future-se de nossos estabelecimentos de ensino

Esse subtítulo foi roubado de um escrito de Friedrich Nietzsche, do ano de 1872: *Sobre o futuro de nossos estabelecimentos de ensino* [Ueber die Zukunftunserer Bildungsanstalten]. Nesse texto, o jovem professor acentua suas críticas ao movimento institucional que vê acontecer, qual seja, a preocupação cada vez maior dos institutos em formar para o trabalho, ou, como ele chama, formar fariseus da cultura. Uma cultura que não cria as condições do surgimento do gênio, ou da diferença, empenha todos seus esforços em subordinar para a obediência.

Uma questão intrigava-nos: o que será da educação neste governo que começa em janeiro de 2019?

Em janeiro de 2019 vimos abrir a primeira investida sobre a educação básica, quando a gestão Jair Bolsonaro prometeu liberar o ensino domiciliar por medida provisória. Mesmo querendo soar como algo alternativo e excepcional à formação escolar, já estava claro o interesse de esvaziar a atenção à educação. No mesmo momento, começaram a circular notícias de que o MEC pretendia abrir a oferta de cursos de pós-graduação por empresas.

O mês de fevereiro viu o então ministro da educação, Ricardo Vélez Rodríguez, títere do astrólogo Olavo de Carvalho, enviar um memorando às escolas para que, ao cantarem o hino nacional, fossem filmadas nessa posição de obediência e docilização dos seus gestos, exatamente assim como eu experimentei em minha infância. A diferença, é que não éramos filmados, mas supervisionados por funcionários públicos, por profissionais da educação. Esse memorando foi um claro recado do modelo educacional desejado pelo Governo Bolsonaro, cuja inscrição principal é a eliminação do ideário freireano de autonomia, pretensamente presente nas escolas de educação básica. A resposta à educação viria com a proposta de criação de escolas cívico-militares, mesmo não havendo nenhum estudo que mostrasse que tais unidades escolares obtinham desempenho superior a outras escolas nos exames nacionais. Assim, a única proposta do governo federal é, na verdade, proposta alguma.

O que se anunciava na posse do Messias ficou cada vez mais evidente: um governo fraturado, resultado de um político personalista.

Em abril ocorreu o impensável: a saída de um ministro incompetente, mas inoperante, para a entrada de Abraham Weintraub, outro acólito do alarve terraplanista. Tornou-se pior por ser operoso, por assumir a forma patética de lidar com assuntos sérios; espero que, ao fim de sua designação para a pasta da educação ele seja encaminhado diretamente para a prisão por falta de decoro no cargo e irresponsabilidade com os recursos públicos. Foi por suas mãos que 30% dos recursos do orçamento das universidades foi subtraído.

A resposta dos profissionais da educação e dos estudantes de escolas públicas veio no mês de maio, nos dias 15 e 30, que saíram às ruas para manifestações à favor da educação. Ao mesmo tempo, o ministro demonstra seu desejo de que a pós-graduação seja financiada com mensalidades dos mestrandos e doutorandos.

Depois de 30 anos de exercício democrático nas universidade federais – que garante o controle social pela composição, por eleição, dos seus colegiados, com a participação de todos os segmentos que constituem uma instituição pública –, o Governo Jair Bolsonaro nomeou no dia 18 de junho o Professor Luiz Fernando Resende dos Santos Anjo como reitor da Universidade Federal do Triângulo Mineiro; ele era segundo colocado. Isso foi feito, também, por Paulo Renato ao nomear José Henrique Vilhena, segundo colocado, em 1998, na Universidade Federal do Rio de Janeiro. Nesse mesmo mês têm início as complicações no Exame Nacional do Ensino Médio (Enem) culminando no processo mais desastroso desde sua criação.

O único projeto feito pelo ministro da educação, Abraham Weintraub, foi lançado em 17 de julho de 2019, intitulado *Future-se*. Este projeto natimorto tinha como ponto principal transformar as universidades federais em centros precarizados de ensino, ou em escolas de artífices, como já foi visto no Brasil de 1909 a 1942. Com o mote do empreendedorismo, as universidades ficariam responsáveis por buscar os recursos necessários para formar profissionalmente os jovens, dissolvendo áreas das humanidades, por conta do pouco interesse profissional e pela posição crítica que esses cursos têm, visando a fortalecer as profissões técnicas, como engenharia e medicina. Pela farta quantidade de análises feitas sobre essa proposta, não me estenderei nesse ponto. Apenas, tomo-o como exemplo de um projeto que demonstra o desconhecimento do Governo Bolsonaro em relação às universidades públicas e a educação, de modo geral.

No fim de agosto, deputados estaduais de São Paulo lançam frente parlamentar em defesa de escolas militares em seu estado, eco do programa do governo eleito em 2018. Foi também em agosto que o CNPq suspendeu 4.500 bolsas de estudantes de cursos de *stricto sensu*. No mês seguinte, a Capes corta 5.613 bolsas. Em agosto e setembro quase dez mil estudantes ficam sem garantia de formação para a pesquisa.

Em outubro de 2019, o Ministério da Educação anuncia que enviará o projeto *Future-se* para as Universidade Federais.

Em novembro, as observações do governo acerca da preponderância da prática sobre a teoria ganham ecos nos meios de comunicação, que apoiam tal perspectiva. Contudo, a incapacidade de traduzir essa ideologia pragmatista em propostas leva a uma Comissão da Câmara a produzir um relatório que conclui a completa falta de direção e planejamento do Ministério da Educação.

O ano de 2019, em seu encerramento, mantém o curso da instabilidade política na área da educação; o ministro Weintraub, na opinião de parlamentares, além de tomar decisões que nada beneficiam a educação no país, carrega um discurso sem evidências e cheio de acusações. A reação dele ante às críticas dos parlamentares é que o Governo Bolsonaro vem fazendo uma revolução na educação. Declarações vazias, sem contrapartida da realidade. Além de todos esses problemas, talvez por um processo de identificação projetiva, Bolsonaro chama de energúmeno o patrono da educação brasileira, Paulo Freire. Cada vez mais fica claro que seu governo alimenta sua base eleitoral com afirmações absurdas. Ao lado disso, a instabilidade da equipe do MEC, a ausência de quadros técnicos mostra um ministério e suas políticas públicas sem rumo. O ano de 2019 fecha como sendo um ano em que a educação está à deriva.

Future-se do presente do indicativo – Todas as moças faziam o Normal

Este subtítulo é a transcrição do que disse Magna, participante da pesquisa conduzida por Raquel Silveira Martins e publicada na *Revista de História e Historiografia da Educação* (MARTINS, 2017).

Eu comecei a frequentar os primeiros anos escolares entre 1968 e 1972. Depois de adulto, descobri que minhas professoras eram *normalistas*. Eu estudava em uma escola municipal. Em minha memória, essas professoras efetivas, jovens senhoras, que por vezes eram substituídas, temporariamente, por moças recém-formadas – com suas saias godês e camisas com laço na gola – tinham realizado o sonho de *todas as moças*: fazer o curso Normal. Pareciam prendadas, de classe média, que tinham tido aulas de francês e aulas de piano. A mim, parece que quando se ouve falar que a educação era melhor, visualizam-se mulheres – e alguns poucos homens – com essa imagem de uma época, uma lembrança da infância. Como Freud argumenta (FREUD, 2016), as lembranças da infância podem ser *encobridoras*. Por assim serem, essas lembranças encobrem o que desagrada, o que produz desprazer. Podemos questionar: o que essas lembranças encobrem? O que essas lembranças querem negar? O que é inconveniente, que precisa ser encoberto? Uma possibilidade de resposta é que, ante ao desagrado de como a educação se configura nesse momento, alimentam uma fantasia idílica de uma escola que funciona, que tem disciplina e que suas professoras eram elegantes e cultas. Essa caricatura criada por lembranças encobridoras lança nuvem sobre os problemas reais e atuais da sociedade e da educação.

Isso nos leva a indagar qual configuração da docência hoje, quem está, diariamente, na escola atuando nos processos de ensino?

Tomando como base o relatório publicado em 2018, intitulado *Perfil do professor da Educação Básica*, temos o seguinte quadro acerca da docência, tomando em questão docentes por quantidade, sexo, cor/raça e formação.

Em 2017, o relatório afirma haver, no Brasil, 2.078.910 professores da Educação Básica. Esse contingente é composto por 1.683.772 de mulheres e 395.138 homens. Isso dá-nos a convicção de que quando falamos em docentes estamos falando de professoras. Em termos de cor/raça 42% são pessoas brancas, ou seja, 872.435 pessoas. O segundo maior grupo é o de pessoas que não declararam sua cor/raça, totalizando 570.373 pessoas (27,4%). O terceiro grupo, em termos de quantidade, são de pessoas pardas, 524.078; isto é, 25,2% de docentes da educação básica. Irei problematizar esses dois dados a diante. A seguir, 84.934 pessoas declararam-se pretas (4,1%); 14.352 pessoas declaram-se amarelas (0,7%); 12.738 pessoas declaram-se indígenas [0,6%].

O censo nacional da população brasileira, IBGE, em 2015, em uma pesquisa por amostra de municípios, afirma que 45,22% da população declaram-se brancas, 45,06%, pardas e 8,86% declaram-se pretas. Aqui, com esses dados, poderíamos levantar a hipótese de que pessoas que não declararam sua cor/raça são pessoas negras, entendendo que *negro* é uma categoria político social. Ao fazer essa inferência, correndo riscos de estar equivocado, uma explicação para a não declaração está no racismo à brasileira. Com isso, arrisco afirmar que parte significativa da população docente da Educação Básica é mulher negra e assujeitada ao racismo estrutural; por isso, estruturante. Há uma boa chance de que não tenham estudado francês e que não saibam tocar piano.

Imaginando o futuro

Essa expressão tirei do título do ensaio escrito por Angela Davis e publicado no livro *Mulheres, cultura e política* (*Women, Culture & Politics*), de 1984. O ensaio é uma palestra que Angela Davis fez na cerimônia de graduação na Berkeley

High School, em 16 de junho de 1983. Essa turma escolheu como canção tema *Imagine*, de John Lenon. Ela lembra o que disse Frederick Douglass (1818-1895) em sua autobiografia: "o conhecimento torna uma criança inadequada para a escravidão", como um ponto do passado que gestou o futuro. Na leitura que faz de sua militância que faz com que o Congresso dos Estados Unidos aprove as leis dos Direitos Civis (em 1964) e do Direito ao Voto (em 1967), foi a educação que criou as condições de transformação da sociedade norte-americana.

Para imaginar o futuro do Brasil, podemos olhar, igualmente, o passado; e escolho fazê-lo com duas pessoas: Arthur Bispo do Rosário e Carolina Maria de Jesus.

Arthur Bispo do Rosário, sergipano, ingressou na Marinha em 1925. Foi boxeador, biscateiro, funcionário do Departamento de Tração dos Bondes, acabou por ser empregado doméstico. Em 23 de dezembro de 1938, foi detido e fichado pela polícia como "negro, sem documentos e indigente". Como ele se dizia enviado de Deus, foi ingressado no Hospital Nacional dos Alienados no dia 24 de dezembro de 1938 (HIDALGO, 2012). Um homem negro que vagueia pelas ruas, próximo da noite de Natal, dizendo ter comunicação divina, é entendido pela segurança pública e pela justiça brasileira como sendo incapaz de viver em sociedade.

Outro exemplo vem de Carolina Maria de Jesus (1914-1977). Ela conta em seu livro, *Diário de Bitita* (JESUS, 2014), que, com sete anos, com estudos financiados por José Saturnino, a pedido da esposa, Maria Leite, patrões de sua mãe, ao chegar à escola onde iria estudar, ouviu: "– Que negrinha feia! – Que olhos grandes, parece sapo." Embora D. Mariquinha tivesse interesse claramente inclusivo, dizia à Bitita e a sua mãe, Maria Catarina de Jesus, "Vamos alfabetizá-los para ver o que é que vocês nos revelam: se vão ser tipos sociáveis, e tendo conhecimento poderão desviar-se da delinquência e acatar a retidão." Pois assim, talvez, pensem pessoas de bem: o tempo dirá se a escola poderá evitar que uma pessoa negra consiga desviar-se da delinquência, seu destino natural.

Esses dois exemplos podem ilustrar o que o século XX viu fazer com pessoas negras. Pois bem, são essas as nossas professoras da educação básica, mulheres negras que lidam com estudantes pobres e negros. Se a "professorinha" prendada ensina aos seus, crianças de classe média, hoje, sob a mesma inscrição simétrica, professoras negras e pobres ensinam às crianças negras e pobres.

Retomando o ensaio de Angela Davis, parece oportuno, ainda, ouvir: "Por fim, jovens amigas e amigos, lembrem-se de que vocês não devem apenas imaginar e sonhar com seus objetivos futuros – bem como com o futuro do mundo –, mas devem se levantar, unir-se e lutar pela paz, por empregos, pela igualdade e pela liberdade!" (DAVIS, 2017).

Política da superfície do corpo

Essa expressão é de Judith Butler; foi lida no ensaio "Atos corporais subversivos" do livro *Problemas de gênero* [*Gender Trouble: Feminism And the Subversion of Identity*, publicado em 1990], onde faz uma leitura crítica de Foucault, Kristeva e Esther Newton. Todos os conceitos de Butler emergem, também, da noção que tem do corpo. Rompendo com a lógica biomédica própria do último século, que cria suas definições a partir da transposição do conceito de identidade ao universo biológico, a filósofa americana se opõe às posições essencialistas da filosofia e da ciência. Com Hegel, assumirá que "o corpo está sempre sitiado, sofrendo a destruição pelos próprios termos da história" o que significa dizer que a restrição temporal de uma compreensão é contendora de possibilidades de superação. A autora fica mais radical quando afirma que "a história é a criação de valores e significados por uma prática significante que exige a sujeição do corpo". Assim, se a história é uma narrativa de superação, neste caso de atravessamento moral, as práticas de cuidado, de afeto, de saúde acabam por ser uma história de sujeição do corpo. Por fim, assumindo posição distinta do estruturalismo, essa "destruição corporal é necessária para produzir o sujeito falante e suas significações." Portanto, o sujeito falante deixa de ser condição de potência do corpo biológico, pelo contrário, a sujeição do corpo é a condição do falante.

Aqui, se requer dar um passo ao lado para uma breve palavra sobre a noção de sujeito. Butler recorre a Michel Haar para trazer uma leitura não essencialista promovida por Nietzsche; ele afirma sobre o autor de Zaratustra: "Todas as categorias psicológicas (eu, indivíduo, pessoa) derivam da ilusão da identidade substancial" (HAAR, 1977, p. 17). Um dos pontos mais caros a Nietzsche é o investimento que faz nas noções de força, conceito aliado ao de *devir*: pois tal noção, a exemplo da meditação heracliana, não comporta estados de estabilidade permanente. E Haar continua sua interpretação de Nietzsche afirmando: "Foi a gramática (a estrutura de sujeito e predicado) que inspirou a certeza de Descartes de que 'eu' é o sujeito de 'penso'" (p. 17-18). Com isso, a noção de vir a ser, que não decorra de uma consequência natural de uma substância primária, terá dificuldade de sustentar conceitos como sujeito ou identidade.

Nessa trilha, é possível problematizar a informação prestada anteriormente de que a população docente da educação básica é, predominantemente, de mulheres: essa afirmação em uma cultura heterossexual e cristã encontrará sua referência na mãe de Jesus, uma santa que, mesmo virgem, ficou grávida. Pouco se diz sobre a jovem que se tornou mãe solteira, como era o caso de Maria, mas a santa que assim permanece por ser mãe. A referência da mulher como pudica, pura e submissa à vontade do Pai definem a "identidade" da mulher. Se assim não "são", não merecem respeito. A resposta que Butler dá a essa compreensão que se tem da mulher é que "o que constitui o limite do corpo nunca é meramente material, mas que a superfície, a pele, é sistemicamente significada por tabus e transgressões antecipadas" (BUTLER, 2017); de modo mais elaborado, afirma:

> Se a verdade interna do gênero é uma fabricação, e se o gênero verdadeiro é uma fantasia instituída e inscrita sobre a superfície dos corpos, então parece que os gêneros não podem ser nem verdadeiros nem falsos, mas somente produzidos como efeitos da verdade de um discurso sobre a identidade primária e estável (BUTLER, 2017).

Subjetividade não subalterna

Trago, nesse ponto, o texto de Gayatri Spivak: *Pode o subalterno falar?* [*Can the Subaltern Speak?*], escrito no início dos anos de 1980 e publicado em 1985. Sua posição que combina uma leitura crítica de Marx (por autores como Althusser e Gramsci) e, igualmente, crítica, uma leitura do pós-estruturalismo de Jacques Derrida, traz um conceito gramsciano que avança em relação ao jargão marxiano de "classe social"; como ela afirma: "O trabalho de Antonio Gramsci sobre as 'classes subalternas' amplia o argumento da 'posição de classe' / 'consciência de classe' encontrado em *O 18º brumário*" (SPIVAK, 2010, p. 55). A razão por adotar a subalternidade como analítica e crítica decorre de sua profunda inserção no debate da cultura, principalmente na dimensão de mulheres ou, mais propriamente dito, do feminino. Assim com Butler, Spivak irá problematizar o conceito de sujeito, pois não haveria possibilidade de pensar uma substância universal que venha a operar ao que se pode chamar de sujeito: subalterno funciona como referência à pessoa cuja voz não pode ser ouvida. Tal adjetivação desloca a noção para, ao estilo de Derrida, problematizar a voz como um fenômeno. Se a cultura ocidental para Derrida é logocêntrica, por dar o primado à razão, ao *logos*, à voz, Spivak identifica algo mais profundo e problemático: a cultural ocidental, nas palavras de Spivak, *colonial*, nem a voz é franqueada. E isso é mais abissal em relação "ao subalterno feminino". Como ela afirma: "Se, no contexto da produção colonial, o sujeito subalterno não tem história e não pode falar, o sujeito subalterno feminino está ainda mais profundamente na obscuridade" (SPIVAK, 2010, p. 67).

À questão "Pode o subalterno falar?", Spivak é enfática: não, não pode. E não haveria, ao modo de Gramsci ou Althusser, o papel do intelectual que faria com que essa posição pudesse ser mudada? Aliás, não seria o intelectual responsável por questionar as instituições para que o sujeito subalterno feminino viesse a falar?

A resposta de Spivak é igualmente radical: não, não pode, pois há sempre um risco. Se, como Derrida, a produção intelectual é a oferta de variados tipos de narrativa – ciência, arte, literatura, filosofia – não caberia a alguma narrativa, mesmo no marco de instituições destinadas à produção de narrativas, que venha a oferecer "a ideia de que haverá uma análise objetiva que será o fim da narrativização" (SPIVAK, 1990, p. 34). A filósofa compreende que "a produção intelectual ocidental é, de muitas maneiras, cúmplice dos interesses econômicos internacionais do Ocidente" (SPIVAK, 2010, p. 20). Pode nos parecer um caminho sem saída, ou uma filosofia negativa, contudo, sua tarefa filosófica é a da *desconstruir* as noções de feminino, lugar de fala, dar à voz, falar em nome como fórmulas que podem carregar os mesmos elementos que sustentam sua oposição. Parece não estar em questão uma via sem saída, mas o esforço em não tornar simples problemas por demais complexos. Ilustrarei esse ponto.

Em uma entrevista dada a Fábio Zanini e publicada em 27 de fevereiro de 2020 no jornal *Folha de S. Paulo*, o deputado federal por São Paulo, Luiz Philippe de Orléans e Bragança (PSL-SP), tetraneto do Imperador Pedro II, disse ao repórter:

O Congresso, em sua maioria no Norte e no Nordeste, foi eleito pela velha política, com prefeitos, cabresto, emendas parlamentares. O Sul/Sudeste é outro padrão. O eleitor que me elegeu tem um vínculo direto comigo. Bate papo, sabe tudo que eu votei, debatemos abertamente. A população está muito ativa, muito ligada ao que acontece em Brasília.

A repugnância que provoca uma afirmação como essa é um exemplo escrachado do perigo de falar em nome do outro. Por outro lado, acaba por mostrar que as pessoas com quem esse senhor "bate papo" ou "debate abertamente" não são as pessoas que "representam" a população brasileira. O sujeito subalterno feminino não é ouvido pelo "príncipe", pelo simples fato de que o sujeito subalterno feminino não pode falar. Spivak trabalha com dois termos da obra de Marx e Engels: *Vertretung* e *Darstellung*.

No texto *Die Verhandlungen des 6. rheinischen Landtags* [As negociações do 6º parlamento da Renânia], Marx usa os dois termos, *Vertretung* e *Darstellung*. Inicialmente, transcrevo como usa o termo *Vertretung*; em seguida, *Darstellung*:

> É sobre se a província deve *estar consciente de sua representação* [*Vertretung*] ou não! O novo mistério da representação [*Vertretung*] do governo deve ser acrescido? O povo também está representado [*vertreten*] no governo. A nova representação [*Vertretung*] dele pelas propriedades é, portanto, puramente sem sentido, a menos que seu caráter específico não consista no fato de que não está agindo para a província, mas sim que está agindo para si; que não é representado aqui, mas representa a si próprio (p. 44).

* * *

E, no entanto, retomamos a representação [*Darstellung*] das negociações do estado neste momento, não apenas por um interesse especial pela liberdade de imprensa, mas também por um interesse geral pelo parlamento estadual. Em nenhum outro lugar podemos encontrar o espírito específico, mais claro, decisivo e totalmente desenvolvido do que nos debates sobre a imprensa (p. 33).

Spivak explica como entende esses termos de Marx:

> Primeiramente, sobre *Vertretung*, pisar no lugar de alguém, na verdade. *Tritt* (dapalavra *treten*, segunda parte do termo*vertretung*) tem o correlato em inglês *tread* [trilha]. Então, pode ser mais fácil olhar para essa palavra como uma só palavra. *Vertretung*, caminhar "com os sapatos de outro", como se passasse pelo que você passa. Seu congressista, se você está falando sobre os Estados Unidos, realmente se coloca nos sapatos de quem ele ou ela representa. Caminhando com seus sapatos, usando seus sapatos, isso é *Vertretung*. Representação, nesse sentido: representação política. *Darstellung–Dar*, aí, o mesmo cognato. *Stellen*, é colocar, então "colocar-se lá". *Representar*: ser procurador e retratar, como eu disse, são duas maneiras de representar (p. 108).

Pelo ensino de Marx, Spivak entende que *Vertretung* é típico do uso político partidário representativo, ou seja, por ter vivido o que determinado grupo viveu, o representante defende uma agenda de seus representados, pois a sabe muito bem pelo experimentado. O outro termo, *Darstellung*, diz respeito a uma espécie de encenação, de figuração, de performatividade de outro. Em nenhum desses casos, um intelectual pode *representar* um sujeito subalterno feminino. Esse é o risco de assumir como se intelectuais fossem transparentes a ponto de que, por meio deles, o sujeito subalterno feminino fosse visto cristalinamente. Como Spivak afirma: "o que é conhecido é sempre um excesso de conhecimento. Conhecimento nunca é adequado ao seu objeto" (SPIVAK, 2006).

De que amanhã...

Para as considerações finais, escolho o título do livro de entrevistas feitas por Elisabeth Roudinesco com Jacques Derrida, *De que amanhã...* [*De quoi domain... (Dialogue)*].

Assumir uma herança

Chegamos a esse momento histórico por variadas razões que, se remontadas em uma lógica causal, retrocederíamos à fundação do ocidente, de uma cultura que experimenta, que sempre experimentou, a vazão de forças imperialistas. O império romano é um bom exemplo; a força do catolicismo – nome herdado dos gregos, καθολικός, que significa geral, universal – em sua expansão religiosa e política; as descobertas do século XV e seus reflexos até o século XX; tudo isso mostra uma força de domínio que a Europa, ao longo do século XX, principalmente depois das duas guerras, lentamente, começa a tentar se afastar desse lugar de centro. A crítica vinda de autores como Derrida, denunciando o logocentrismo da filosofia, teve desdobramentos em autoras como Spivak e Butler e, bem menos, em Davis.

O ponto é que autores como Derrida, quando indagado sobre um possível amanhã, aposta em políticas que possam "libertar o direito de seus próprios limites eurocêntricos" (p. 31) E para isso, assume que a filosofia, como ensino e procedimento, seja essa força de negação de pertencimento a um único vínculo cultural e político.

A questão que se coloca aqui, portanto, é se a educação, mais especificamente naquilo que atinge professoras na densidade da vida que possuem nas instituições de ensino, podem contar com a oferta da crítica interna dos nossos procedimentos formativos. Em uma palavra, pergunto se estamos dispostos, por exemplo, a *desconstruir* o pensamento educacional tendo no horizonte essas mulheres, como sujeito subalterno feminino, na dimensão de uma política da superfície do corpo, como mulheres negras, asiática, brancas, indígenas, orientais e ocidentais. Enfim, se assumiremos nossa herança que faz o pensamento ser continuamente revisto.

A política contra a compulsão identitária

Há um importante alerta no texto *De que amanhã...* Do mesmo modo, no pensamento de Davis, Butler e Spivak. São filosofias que anunciam a urgente necessidade do reconhecimento da diferença. E aqui, não é a diferença pura, a da distinção ou da subjugação da diferença como igualdade. A fórmula televisiva, "é normal ser diferente" lança cal sobre a possibilidade de levar o pensamento da diferença em seu limite radical. Não se trata de lidar com uma espécie de comunitário ou "culto narcísico das pequenas diferenças, como afirma Roudinesco" (DERRIDA, 2004, p. 33). Mas sim, "pensar o processo de diferenciação para além de qualquer espécie de limite" (p. 33).

Ante um cenário desfavorável, um desafio talvez seja o da pequena política, da produção de efeitos em menor escala, a entrada em lutas locais, reconhecendo a diferença dessas profissionais da educação em seu traço vivente. Reconheço a urgência da luta em um campo mais amplo, como tentei mostrar com Angela Davis; não se pode abrir mão da força que decorre dos movimentos, de "assumir responsabilidades políticas que nos ordenem uma certa solidariedade para com aqueles que lutam contra esta ou aquela discriminação, e para fazer reconhecer uma identidade nacional ou linguística ameaçada, marginalizada, minorizada, deslegitimizada, ou ainda quando uma comunidade religiosa é submetida a repressão" (p. 34). Mas, ao fazê-lo, não perder de vista a falta de necessidade de se reivindicar identidades, em nosso caso, docente, para que pelo "perfil social" calibremos nossas armas da crítica e da formação. Enfim, para usar uma expressão de Derrida, podemos ser *republicanos*, tendo preocupações políticas que atinjam o estado e as instituições e, ao mesmo tempo, podemos ser *democratas*, pois tem no horizonte os pequenos núcleos de inserção política.

Quero insistir na ideia de que o campo de luta é global e, também, é local. Estamos tomados pelas notícias nacionais e nos esquecemos que temos nosso políticos locais que podem, por pressão popular, se opor ao governo federal. Ainda, temos de ter em mente que as escolas estão nos municípios e seus vínculos são com redes municipais ou estaduais.

Podemos ter acesso aos vereadores, aos deputados estaduais, aos nossos representantes federais. Experimentamos um tempo em que poderes democráticos locais devem ser acionados ao mesmo tempo que não deixamos nossas lutas republicanas.

Eu preciso destas palavras – escrita

Essa frase, registrada no caderno de Bispo do Rosário, autor já apresentado, sugere um a agenda: é preciso palavras – escrita (HIDALGO, 2012). Palavras performáticas, como sugere Butler, no mesmo tom que Davis propõe: "Devemos fazer passeatas, protestos, petições e percorrer quaisquer outros caminhos de resistência coletiva" (DAVIS, 2017); ou, ao estilo de Nietzsche, em seu *Genealogia da moral*, II § 11:

> Uma ordem de direito concebida como geral e soberana, não como meio na luta entre complexos de poder, mas como meio contra toda luta, mais ou menos segundo o clichê comunista de Dühring, de que toda vontade deve considerar toda outra vontade como igual, seria um princípio hostil à vida, uma ordem destruidora e desagregadora do homem, um atentado ao futuro do homem, um sinal de cansaço, um caminho sinuoso para o nada (NIETZSCHE, 2007).

Ou no tom de Judith Butler, quando escreve: "Em um esforço para evitar ou superar os termos pelos quais a subjetivação acontece, minha luta com as normas é minha própria luta" (BUTLER, 2015). Em meu caso, eu preciso destas palavras de Derrida – escritas: "Decerto é preciso lutar contra aquilo de que tal livro ruim é o sinal preocupante, é preciso fazer de tudo para se opor a isso publicamente e para justificar nossa oposição: falando, escrevendo, analisando, argumentando, protestando, demonstrando, e mirando bem" (DERRIDA, 2004, p. 149). Eu preciso das palavras daquele senhor que estava sendo alfabetizado por Paulo Freire, que encontrou nas sílabas de "tijolo" a palavra *luta*. Eu preciso destas palavras – escritas.

Em 20 de fevereiro de 2020, na banca de defesa de dissertação da estudante de mestrado do Programa de Pós-Graduação em Educação da Universidade Federal de Mato Grosso, Lorena Filipim Souza, sob o título: *Expansão dos cursos tecnólogos no estado de Mato Grosso: interfaces e dimensões do acesso à Educação Superior*, assim iniciei meu parecer, que transcrevo:

Peço licença à banca e aos presentes, por conta do trabalho que hoje está sendo defendido publicamente, dizer algo acerca do atual cenário da Educação Superior no Brasil. O trabalho da Lorena demonstra o processo de expansão que vem se dando na Educação Superior tecnóloga, algo que se dá na Educação Superior, de modo geral. Contudo, bem sabemos que a expansão se dá em direção oposta aos investimentos públicos para a garantia da oferta e da permanência. Os cortes, que já vinham ocorrendo desde o segundo mandato do Governo Dilma

Roussef, tornaram-se agudos. A Educação Superior está em franco processo de remoção institucional da realidade brasileira. Ao mesmo tempo que os recursos são escassos, a Educação Superior, de modo geral, está sendo demonizada pelo Governo Jair Bolsonaro. Isso torna o trabalho da Lorena uma oferta analítica e, ao mesmo tempo, crítica do que vivemos nesses dias.

Ainda, usando a palavra pessoal, e não institucional, espero que este senhor que ocupa o cargo de presidente da república chegue ao fim de seu mandato (pois tenho apreço aos processos políticos democráticos, afinal, ele foi legitimamente eleito) mas que deixe a vida pública partidária para sempre após 2022, não sendo eleito para nenhum outro cargo público. Só assim haverá alguma perspectiva de que a Educação Superior possa ser reinserida como um objetivo da vida do povo brasileiro que quer cultura superior e qualificação profissional de ótima qualidade.

Eu preciso destas palavras – escrita.

Referências

ARENDT, H. "A crise na educação". In: Entre o passado e o futuro. Trad. Mauro W. Barbosa. São Paulo: Perspectiva, 2016.

BUTLER, J. *Problemas de gênero*: feminismo e subversão da identidade. 13. ed. Rio de Janeiro: Civilização Brasileira, 2017.

_____. *Relatar a si mesmo*. Trad. Rogério Bettoni. Belo Horizonte: Autêntica, 2015.

CARVALHO, M.R.V. *Perfil do professor da educação básica*. Brasília: Instituto Nacional de Estudos e Pesquisas Educacionais Anísio Teixeira, 2018 [Relatos de Pesquisa n. 41].

CHAUI, M. "Público, privado, despotismo". In: NOVAES, A. *Ética*. São Paulo: Companhia das Letras/Secretaria Municipal de Cultura, 1993, p. 345-390.

DAVIS, A. *Mulheres, cultura e política*. São Paulo: Boitempo, 2017.

_____. *Mulheres, raça e classe*. São Paulo: Boitempo, 2016.

DERRIDA, J. *De que amanhã...* – diálogo. Rio Janeiro: Zahar, 2004.

FREUD, S. "O futuro de uma ilusão". In: *Obras completas* – O futuro de uma ilusão e outros textos. Vol. 12. São Paulo: Companhia das Letras, 2014.

_____. "Lembranças encobridoras". In: *Primeiras publicações psicanalíticas (1893-1899)* – Edição Standard Brasileira das Obras Psicológicas Completas de Sigmund Freud. Vol. III. Rio de Janeiro: Imago, 2006.

HAAR, M. "Nietzsche and Metaphysical Language". In: ALLISON, D. (org.). *The New Nietzsche*: Contemporary Styles of Interpretation. Nova York: Delta, 1977.

HIDALGO, L *Arthur Bispo do Rosário*: o senhor do labirinto. Rio de Janeiro: Rocco Digital, 2012.

JESUS, C.M. *Diário de Bitita*. São Paulo: Sesi-SP, 2014.

MARTINS, R.S. "A jovem normalista que fui, a professora que fui – Inserção profissional feminina através de memórias de normalistas". In: *Revista de História e Historiografia da Educação*, vol. 1, n. 1, 2017, p. 193-209.

SOUZA, L.F. *Expansão dos cursos tecnólogos no Estado de Mato Grosso*: interfaces e dimensões do acesso à Educação Superior. Cuiabá: UFMT, 2020, 128 f. [Dissertação de mestrado].

SPIVAK, G.C. "Quem reivindica alteridade?" In: HOLLANDA, H.B. *Pensamento feminista*: conceitos fundamentais. Rio de Janeiro: Bazar do Tempo, 2019.

_____. *Pode o subalterno falar?* Trad. Sandra Regina Goulart de Almeida. Belo Horizonte: UFMG, 2010, 133 p.

_____. *In other worlds*: essays in cultural politics. Nova York: Routledge, 2006, 409 p.

_____. "Subaltern studies: deconstructing historiography". In: *In other worlds*: essays in cultural politics. Nova York: Routledge, 2006, 409 p.

_____. *The Post-colonial Critic*: Interviews, Strategies, Dialogues. Nova York: Routledge, 1990.

13
Para onde vai a Didática?

O enfrentamento às abordagens teóricas e desafios políticos da atualidade

Cristina D'Ávila

Introdução

A crise paradigmática e a emergência de novos conceitos e valores na contemporaneidade não deixam incólume o mundo acadêmico em suas mais variadas produções e manifestações. Em tempos de revolução científica e tecnológica, ritos, saberes e modos de intervenção social vem sendo amplamente questionados, como também tem despertado valores e outras sociabilidades que precisam ser investigadas e trazidas à baila nos diversos segmentos da educação. Assim como as questões históricas que atravessam o fenômeno educativo e as práticas sociais da educação editam eras que fazem emergir situações políticas que necessitam de reflexão crítica. As reformas educacionais implantadas desde 2016, são exemplares icônicos do grave momento político que caracteriza o país no governo atual.

Para onde vai a Didática? O enfrentamento às abordagens teóricas e desafios políticos da atualidade foi o tema do XIX Endipe, realizado em Salvador, no ano de 2018, que reuniu cientistas, professores, estudantes, e educadores para discutir o futuro da didática num contexto de análise de abordagens teóricas polêmicas e desafios políticos inescapáveis. Com o tema gerador e eixos temáticos subsequentes, pretendeu refletir e discutir sobre diferentes formas de se interpretar o fenômeno do ensino, a partir de novas abordagens didáticas, estimular a realização de pesquisas e estudos que tensionassem as práticas educativas e debater sobre as políticas educacionais que necessitam de enfrentamento ainda no momento presente.

Entendemos que o XX Endipe traz, numa sequência temática quase orgânica, o tema "Fazeres-saberes pedagógicos: diálogos, insurgências e políticas". O saber e o fazer pedagógicos em diálogo faz transparecer as produções intelectuais na área e as políticas educacionais que transversalizam nossa práxis. Um evento que nas suas variadas modalidades de comunicação, pretende construir "caminhos de afirmação da democracia brasileira. Uma marca não só do primeiro, mas de todos os Endipes que se sucederam". De fato, os Endipes realizados há quase 40 anos estão marcados pelas reflexões em defesa de uma sociedade justa e democrática.

Neste artigo, procederemos a uma análise do que foi o encontro de Salvador, por meio de seus eixos temáticos refletidos nos simpósios, pôsteres, painéis e sessões especiais de comunicação, na tentativa de entrecruzar a experiência soteropolitana de 2018 com as discussões do XX Endipe, dois anos depois. E, tendo em vista a necessária insurgência contra o que se nos apresenta o atual cenário educacional, buscamos atualizar aquelas discussões em face do momento presente. Um momento marcado por ameaças constantes à democracia brasileira e, *de per se*, diante de ameaças à autonomia docente, tanto na Educação Básica quanto na Educação Superior. Na Educação Básica pós-aprovação da Base Nacional Comum Curricular (BNCC) que altera sobremaneira a realidade da educação básica – o cenário, seus atores, os processos educativos – e na Educação Superior, pós-aprovação do Parecer do CNE que altera a Resolução 02/2015 e institui as Diretrizes curriculares nacionais para os cursos de formação de professores da educação básica, incorporando as determinações da BNCC via uma outra Base nacional comum de formação para os professores da educação básica – as DCN-BNC – no apagar das luzes do ano de 2019.

Para começar... um breve histórico

O Encontro Nacional de Didática e Práticas de Ensino – emerge como um encontro necessário, atualmente encontro bianual, entre pesquisadores, especialistas, dirigentes educacionais, professores e estudantes dos mais distintos espaços do país e do exterior para discutir questões problemáticas atinentes a área da Didática. O primeiro Endipe foi emblemático e aconteceu em 1982, na Pontifícia Universidade Católica do Rio de Janeiro (PUC-Rio). Não tinha esta sigla; se constituiu inicialmente como um seminário, o primeiro se intitulou: "A didática em questão" e foi organizado pela Professora Vera Maria Candau na PUC-Rio. Do Seminário, o livro "A didática em questão" (CANDAU, 2004) traz à tona importantes reflexões sobre o fenômeno educativo e do ensino. Os frutos deste seminário nos conduziram à ideia da didática como conhecimento de mediação. Para explicar melhor, a educação, como prática social compreendida numa perspectiva contextualizada e *histórica*, rompendo-se, pois, com o paradigma tecnicista. Vera Maria Candau (2004), neste contexto, tece críticas às pedagogias de cunho liberal – Tradicional, Nova e Tecnicista – no que tange ao papel da didática nessas tendências – e elabora um novo paradigma: o da *Didática fundamental*. A autora parte do pressuposto de que o objeto de estudo da didática é a prática pedagógica numa perspectiva multidimensional, na qual se articulam as dimensões humana, técnica e política.

> Trata-se de conhecimento de mediação, sendo, portanto, importante que se baseie nas diferentes disciplinas da área de fundamentos; sua especificidade é garantida pela preocupação com a compreensão do processo ensino-aprendizagem e a busca de formas de intervenção na prática pedagógica. A didática tem por objeto o *como fazer*, a prática pedagógica, mas este só tem sentido quando articulada ao para que fazer e ao *por que fazer* (CANDAU, 2004, p. 106-107).

No âmbito dessa didática crítica e multidimensional, a competência técnica e a competência política do educador não são vistas isoladamente: "Nessa linha, a competência técnica e a competência política do educador se exigem mutuamente e se interpenetram. Não é possível dissociar uma da outra. A dimensão técnica da prática pedagógica tem de ser pensada à luz do projeto político-social que a orienta" (CANDAU, 2004, p. 107). A didática fundamental parte, assim, de alguns pressupostos, dentre os quais cabe destacar: a análise da prática pedagógica a partir da visão de seus determinantes político-sociais, a contextualização dessa prática e o repensar sobre as três dimensões mencionadas (técnica, humana e política), a análise de diferentes metodologias, considerando-se o contexto em que foram geradas, a visão de homem e de mundo que passam, e a não dicotomia entre teoria e prática.

A Didática fundamental cumpre um papel muito importante na reviravolta da área nos anos de 1980. Houve depois do primeiro, mais dois seminários "A didática em questão" (1983, 1985, respectivamente), trazendo à luz questões fulcrais da didática e inaugurando as primeiras discussões sobre a didática como campo epistemológico. Considero essencial trazer essa questão que hoje ressurge com muita veemência após um longo período de invisibilização da área. Um fenômeno que vimos investigando há anos e que ainda persiste atualmente revelando uma outra face – a face da precarização no processo de formação de professores a partir de uma didática de ideologia tecnicista/praticista, como se pode depreender das novas Diretrizes Curriculares para a Formação de Professores da Educação Básica (BRASIL. *Parecer do CNE 02/2019*).

É muito interessante acompanhar os temas que foram constituintes de cada encontro e como eles refletem cada contexto vivenciado à época. Trazemos para tal compreensão o quadro elaborado por Maria Isabel Almeida e atualizado por nós no presente artigo [Disponível em https://www.andipe.com.br/endipe – Acesso em 27/02/2020]:

Ano	Evento	Local
2020	XX Endipe – "Fazeres-saberes Pedagógicos: diálogos, insurgências e políticas"	Universidade Federal do Rio de Janeiro – Rio de Janeiro (e IES parceiras)
2018	XIX Endipe – "Para onde vai a didática? O enfrentamento às abordagens teóricas e desafios políticos da atualidade"	Universidade Federal da Bahia – Salvador (e IES parceiras)
2016	XVIII Endipe – "A Didática e Práticas de Ensino no contexto político contemporâneo: cenas da educação brasileira"	Universidade Federal do Mato Grosso – Cuiabá
2014	XVII Endipe – "A Didática e Práticas de Ensino na relação entre escola, formação de professores e a sociedade"	Universidade Estadual do Ceará – Fortaleza
2012	XVI Endipe – "Didática e Práticas de Ensino: compromisso com a escola pública, laica, gratuita e de qualidade"	Universidade Estadual de Campinas – Campinas
2010	XV Endipe – "Convergências e tensões no campo da formação e do trabalho docente: políticas e práticas educacionais"	Universidade Federal de Minas Gerais – Belo Horizonte
2008	XIV Endipe –" Trajetórias e Processos de Ensinar e Aprender: lugares, memórias e culturas"	Pontifícia Universidade Católica de Porto Alegre
2006	XIII Endipe – "Educação, Questões Pedagógicas e Processos Formativos: compromisso com a inclusão social"	Universidade Federal de Pernambuco – Recife
2004	XII Endipe – "Conhecimento universal e conhecimento local"	Pontifícia Universidade Católica do Paraná – Curitiba
2002	XI Endipe – "Igualdade e diversidade na educação"	Universidade Federal de Goiás – Goiânia
2000	X Endipe – "Ensinar e aprender: sujeitos, saberes, espaços e tempos"	Universidade Estadual do Rio de Janeiro – Rio de Janeiro
1998	IX Endipe – "Olhando a qualidade do ensino a partir da sala de aula"	Universidade de São Paulo – Águas de Lindoia
1996	VIII Endipe – "Formação e profissionalização do educador"	Universidade Federal de Santa Catarina – Florianópolis

1994	VII ENDIPE – "Produção do conhecimento e trabalho docente"	Universidade Federal de Goiás – Goiânia
1991	VI Endipe – "Perspectivas do trabalho docente para o ano de 2000: qual Didática e qual Prática de Ensino? As bases teóricas de uma prática docente interdisciplinar: explicitações necessárias"	Universidade Federal do Rio Grande do Sul – Porto Alegre
1989	V Endipe – "Organização do processo de trabalho docente: em busca da integração da Didática e da Prática de Ensino"	Universidade Federal de Minas Gerais – Belo Horizonte
1987	IV Endipe – "A prática pedagógica e a educação transformadora na sociedade brasileira"	Universidade Católica de Pernambuco – Recife
1985	III Seminário A Didática em Questão	Universidade de São Paulo – São Paulo
1985	III Encontro Nacional de Prática de Ensino	Pontifícia Universidade Católica de São Paulo – São Paulo
1983	II Seminário A Didática em Questão	Pontifícia Universidade Católica do Rio de Janeiro
1983	II Encontro Nacional de Prática de Ensino	Universidade de São Paulo – São Paulo
1982	I Seminário A Didática em Questão	Pontifícia Universidade Católica do Rio de Janeiro
1979	I Encontro Nacional de Prática de Ensino	Santa Maria

Que lição tirar desses emblemáticos encontros? Primeiro a de que a Didática merece lugar de destaque enquanto área da ciência pedagógica e campo epistemológico, para além de uma matéria de ensino. O lugar que ocupa no enfrentamento às questões políticas de ontem e de hoje, na organização do trabalho docente, na produção do conhecimento científico neste campo, na profissionalização da docência, no compromisso com a inclusão social, na compreensão científica do processo ensino e aprendizagem, nas lutas pelas políticas públicas em prol da educação brasileira, nas lutas pela escola pública laica e de qualidade para todos, na compreensão do contexto político contemporâneo, nas novas e velhas abordagens teóricas, nos fazeres e saberes na área. Isso não é pouco. Representa uma contribuição de milhares de pessoas, de professores, de estudantes e cientistas, na área da didática e na área educacional de modo geral, a produzir, descobrir e socializar novos e importantes saberes e fazeres.

No encontro baiano, a criação de um novo espaço para a Didática

O XIX Endipe traz uma questão instigante: "Para onde vai a didática?" Quais as novas abordagens teóricas, que retrospecto fazer e quais bandeiras empunhar? Os objetivos deste Endipe, a partir de seus eixos temáticos, residiam em:

• Divulgar pesquisas, estudos, experiências sobre a Didática, práxis pedagógicas, docência, saberes docentes, currículo e formação de professores, no entrecruzamento de múltiplos olhares sobre o cenário político-social da atualidade, seus desafios, embates, enfrentamentos e implicações sobre a educação básica e Educação Superior.

• Discutir coletivamente e ressignificar o estatuto da didática na contemporaneidade, com base em abordagens críticas, emancipatórias, inovadoras, criativas, em busca da compreensão e (re)construção de práxis efetivas em favor da transformação social.

• Congregar experiências didáticas, confrontar paradigmas, criar espaços de interlocução, diálogos e de trabalho cooperativo entre as instituições e as pessoas.

Os eixos temáticos eleitos traziam, em função dos objetivos do encontro:

1) "Didática: abordagens teóricas contemporâneas." Deste, subeixos emergiram: "O estatuto epistemológico da didática no contexto atual" – com a ideia de indagar a respeito da constituição do campo naquele momento histórico – daí a pergunta inicial. "A didática e as perspectivas pedagógicas na atualidade": interessava-nos compreender conceitos, abordagens e proposições didáticas em torno da educação e diversidade cultural, do multiculturalismo e outras abordagens emergentes. "As tecnologias da informação e comunicação no currículo e práticas de ensino", também enquanto uma abordagem face a qual não se pode recuar. Necessário investigar e debater seus fundamentos, seus efeitos na formação dos seres humanos hoje.

2) "A Didática e os desafios políticos da atualidade", tema ineluctável e revelador do momento político que atravessávamos e que se reflete no cenário educacional contemporâneo. Investigávamos mais a fundo a BNCC, o programa Escola sem partido que ali despontavam, daí o subeixo: "As reformas políticas atuais e a profissionalidade docente". Qual o papel da didática nesse contexto? quais as repercussões nos currículos escolares e nos currículos de formação dos professores? Quais os efeitos dessas políticas na profissionalização e profissionalidade docentes? O outro eixo pretendia, então e de forma mais

focada, refletir sobre: "A Didática e as políticas de formação dos(as) pedagogos(as)", pensando em analisar a fundo as Diretrizes curriculares nacionais para a formação de professores e de pedagogos. As rupturas e continuidades... que hoje vemos se encaminhar para uma outra proposta que não aquela pela qual lutávamos: a superação da compreensão dicotômica entre o saber e o fazer; a teoria e a prática; a educação e o ensino. Essa discussão trouxe à tona o terceiro subeixo que visava, para além da discussão sobre a formação dos pedagogos, discutir as "Tensões e Possibilidades entre a didática e os cursos de Licenciatura", na busca de diálogos possíveis entre a Didática e as Didáticas Específicas – a busca ainda presente de integração entre conhecimento pedagógico-didático e conhecimento disciplinar.

3) "A Didática, seus saberes estruturantes e formação de professores(as)" constituiu o terceiro eixo de nosso encontro. Neste, pretendíamos trazer à tona, com muita ênfase, os conteúdos da Didática, seus saberes constituintes. Daí mais um ponto de encontro com o atual Endipe, no subeixo: "Saberes docentes estruturantes na formação de professores", que visavam provocar uma discussão sobre os saberes pedagógicos e saberes didáticos na prática educativa, mormente o saber da mediação didática, o papel do professor. Trazer também à baila o Planejamento do processo de ensino e aprendizagem a partir dos vários paradigmas. Uma discussão ainda e sempre atual sobre as metodologias ativas e participativas, a avaliação da aprendizagem e a relação professor-aluno; relações afetivas, psicopedagógicas e políticas. O outro subeixo visava trazer compreensões sobre a "Didática na formação de professores para a Educação Básica e Ensino Superior". Para além da educação básica, tensionar também e trazer à luz os estudos teóricos e empíricos sobre a pedagogia universitária, sobre a formação dos formadores, enfim. Finalmente, o subeixo 3 discutia a relação intrínseca entre "Didática e currículo" visando melhor compreender as relações entre Didática e multiculturalidade, ensino, currículo e pautas políticas, na contemporaneidade. Além disso, pretendia-se estreitar os laços da relação entre didática e currículo como campos epistemológicos complementares, entendendo que o campo do Currículo surge com estatuto próprio a partir da ciência pedagógica. Numa perspectiva inclusiva, cabe a didática estudar, investigar o processo do ensino, numa perspectiva contextual, multideterminada, e ao currículo, os atos de currículo, que não se encerram num documento formal, mas no que está subliminar, nas entrelinhas, no que parece oculto, mas que determina, em muito, as relações que se entrelaçam no cotidiano escolar, em amplo espectro. Daí a im-

portância dessa discussão, trazendo à baila, no contexto escolar, os processos didáticos e pedagógicos e, para sua compreensão, as pesquisas sobre o Projeto Político Pedagógico e o processo do planejamento do ensino, ambos vistos como fenômenos situados história e politicamente.

O coroamento do XIX Endipe foi a constituição da Associação Nacional de Didática e Práticas de ensino – a atual Andipe. A Andipe foi criada naquele contexto de 2018, embora tenha sido gestada desde o Eniped de Fortaleza, em 2014. Queríamos uma entidade que nos representasse e congregasse nossas lutas, nossa gente, nossos profissionais, cientistas. Assim, surgiu a Andipe como "uma associação civil de natureza científica, cultural e educativa, sem fins lucrativos e econômicos e sem vinculação confessional e/ou político-partidária, com duração ilimitada" (Estatuto da Andipe [Disponível em https://www.andipe.com.br – Acesso em: 27/02/2020]).

A finalidade maior da Andipe é "promover a realização de atividades científicas, culturais e educativas nas quais os professores e pesquisadores da área [...] possam compartilhar estudos e pesquisas visando contribuir para o efetivo usufruto do direito à educação e ao ensino de qualidade para todos ao longo da vida, alicerçados nos valores éticos da liberdade e da igualdade, da solidariedade e da justiça social" (Estatuto da Andipe). Além disso, visa desenvolver também estudos e pesquisas sobre questões teóricas e práticas relacionadas com o ensino, pesquisa e extensão em Didática e disciplinas conexas; promover sua divulgação por meio de publicações, eventos científicos, como o próprio Endipe, intercambiar experiências e conhecimentos com associações congêneres e, enfim, poder representar a luta de pesquisadores desta área.

Atualmente a Andipe tem como corpo gestor – eleito a cada dois anos no seio do Endipe – uma diretoria atualmente representada pelas presidente e vice-presidente: Cristina d'Ávila e Selma Garrido Pimenta; como secretários, José Carlos Libâneo e Vânia Leite e como tesoureiras, Giovana Zen e Suzana Gomes. O atual corpo gestor traz como representantes regionais: Lenilda Rego de Faria, na Região Norte, Amali Mussi, representando o Nordeste, Edileuza Fernandes e Ireuda Mourão, a Região Centro-Oeste, Maria Isabel Almeida e Giselli Cruz representando o Sudeste, Nadiane Feldkercher e Lui Norenberg, representando a Região Sul do país (Andipe [Disponível em https://www.andipe.com.br – Acesso em: 27/02/2020]).

O XIX Endipe deu origem também a três livros, sendo o primeiro: *Didática abordagens teóricas contemporâneas*, tendo como organizadores, Marco Silva,

Cláudio Orlando, Giovana Zen. O livro traz à baila a renovação da didática crítica e aplicação da arte e do lúdico à prática de ensino; discute também a didática revigorada pela interatividade das tecnologias digitais e recursos educacionais próprios da cibercultura; discute a didática à luz da interculturalidade e a educação dos corpos. Temas que se enlaçam e compõem a roda de preocupações e projeções para um futuro incerto feitos por pesquisadores atentos às diferenças e singularidades, que não confundem resistência com defesa do anacrônico. O livro reúne 15 artigos, organizados em três partes: Didática na contemporaneidade: rupturas e perspectivas; Arte e ludicidade: novos encaminhamentos didáticos; e Didática, metodologias e práticas inovadoras.

A didática e os desafios políticos da atualidade foi o segundo livro, organizado por Selma Garrido Pimenta, Cristina d'Ávila, Cristina Cinto Araujo Pedroso e Amali de Angelis Mussi. As organizadoras reuniram artigos que discutem a Didática e os desafios das reformas políticas neoliberais, os projetos de regulação da educação escolar e seus rebatimentos na profissionalidade docente e as proposições atuais para a formação de professores com vistas a superar os efeitos negativos das atuais políticas educacionais. Selma Garrido Pimenta, na apresentação deste livro questiona: "Quais os enfrentamentos às abordagens teóricas as pesquisas têm contemplado diante dos desafios políticos da atualidade?" E nesses contextos, até que ponto tem sido possível abordar os temas da contemporaneidade que são nucleares ou atravessam o saber didático, como o protagonismo dos sujeitos, as emergências, as tensões e as tecnologias; as contribuições oriundas das aproximações realizadas entre a didática e as distintas áreas do conhecimento e as relações e implicações produzidas entre a didática e as narrativas de formação docente na contramão das políticas neoliberais que desqualificam a educação enquanto direito e a tornam cada vez mais uma mercadoria? Este livro está dividido em três partes. A primeira parte aborda a questão da didática e do Ensino Superior, suas relações e possibilidades face aos embates políticos da atualidade. A 2ª parte do livro intitula-se Didática e formação de professores em cursos de licenciaturas.

O 3º livro *Didática: saberes estruturantes e formação de professores* foi organizado por Alda Junqueira Marin, Cristina d'Ávila, Lucia Gracia Ferreira, Maria Amélia Santoro Franco. O livro se divide em três partes: "Os saberes estruturantes da prática pedagógica e mediação didática"; "O estágio na formação e profissionalidade de professores"; "O campo da didática e as relações pedagógicas". Procura responder a questões sobre a relação entre os saberes estruturantes e a formação dos professores. Além de retomar questões centrais da área, respondem a questões em três blocos que têm a tônica da pesquisa como suporte trazendo dados de realidade e reflexões inovadoras. Como disse Alda Junqueira Marin, na apresentação desse volume: "Pode-se questionar: o que os pesquisadores apresentam de diferente em face de tudo o que já foi dito sobre os aspectos estruturantes desses saberes? Encontramos, então, focos sobre os conhecimentos, saberes e suas relações presentes e ausentes nos cursos, inclusive destacando o papel da mediação no processo didático com a preocupação de que os alunos serão novos professores."

Para se medir a importância de um evento de vulto com o Endipe, foram produzidos ainda, vários vídeos dos principais simpósios e conferências apresentadas no evento, e a edição especial da Revista Presença Pedagógica (2018), na qual se encontram presentes relatos dos pesquisadores José Carlos Libâneo, Selma Pimenta, Cristina d'Ávila e Cipriano Luckesi, dentre outras reportagens que cobriram o evento (ABREU & FERREIRA, 2018).

Em síntese, podemos afirmar, que o encontro realizado em Salvador, foi, como os demais, marcado pelo êxito. Malgradas as difíceis condições político-econômicas para sua realização, a coordenação conseguiu uma organização impecável e bons frutos foram colhidos.

As mudanças no cenário educacional atual e as necessárias insurgências

Assumindo aqui a expressão "insurgência" que nos cativa e chama a atenção na temática do encontro de 2020, é mister trazer à luz as mudanças, anunciadas desde a introdução, ocorridas nos dois anos que se seguiram à realização deste evento na Bahia. Lá se discutia, dentre as várias questões, no cenário político educacional, a Base Nacional Comum Curricular (BNCC) aprovada em 2017 e implementada a partir de 2018, como sendo uma reforma avassaladora na educação básica, trazendo muitas consequências negativas.

A BNCC se apresenta problemática por várias questões, a principal é a ideológica: a ideia do currículo por competências que se prenuncia no documento: "Cada área do conhecimento estabelece competências específicas de área, cujo desenvolvimento deve ser promovido ao longo dos nove anos. Essas competências explicitam como as dez competências gerais se expressam nessas áreas (BRASIL. *BNCC*. 2017, p. 28).

No Ensino Médio, pior que no Ensino Fundamental, as áreas de conhecimento engolem os componentes curriculares que deixam de ser autônomos e passam a se integrar em áreas de conhecimento: Linguagens e suas Tecnologias (que abrangem exclusivamente a Língua portuguesa), Matemática e suas Tecnologias (que abrange exclusivamente a Matemática), Ciências da Natureza e suas Tecnologias, Ciências Humanas e Sociais Aplicadas. Diz-se que oferece, por assim dizer, aos adolescentes o acesso à cultura e as tecnologias.

Um outro problema bastante agudo, a meu ver, não são os chamados "itinerários formativos" para o nível médio. Do total da carga horária nos três anos de Ensino Médio, 1.800 deverão ser guiadas pela BNCC. As demais 1.200 passarão a pertencer aos "itinerários formativos", nos quais as escolas poderão oferecer uma formação acadêmica mais aprofundada em uma ou mais áreas do conhecimento, em detrimento de outras, perdendo, assim, os estudantes, a formação escolar de caráter humanístico e geral. Além disso, os itinerários formativos serão desenvolvidos pelos estados e escolas. O MEC não definirá a priori, cabendo a oferta às escolas, e aos alunos, a "livre" escolha, que não é tão livre assim. É determinada pela escola, localizada num bairro específico, num contexto socioeconômico específico (BRASIL. *BNCC*. 2017, p. 28).

Trazemos à baila, para além da avalanche que representa a BNCC para a educação básica, a questão da reforma na Educação Superior, no que tange a formação dos professores para a educação básica. Esta reforma teve início em 2018, mas só foi aprovada em dezembro de 2019. Em novembro já discutíamos seu conteúdo na 39ª Reunião da Associação Nacional de Pesquisadores em Educação – a Anped. Muitas organizações se insurgiram contra as novas DCN-BNC assim chamadas. Elas são uma reedição do espírito da BNCC agora no cenário da Educação Superior. Não cabe a nós, neste artigo, discutirmos os meandros da mencionada DCN, mas pelo menos apontar alguns de seus efeitos visivelmente nefandos para a formação de professores e para a educação universitária que trabalha diretamente a formação.

Essa proposta retoma a concepção de competências, de natureza comportamentalista, como nuclear para a formação docente, vinculada à preparação de professores(as) para o mercado de trabalho, alinhando os cursos de licenciaturas ao neotecnicismo consubstanciado pelo neoliberalismo em vigor. Enfatiza o domínio de conteúdos disciplinares na formação de professores(as) em total dependência às áreas da BNCC, reduzindo a complexidade dos processos de ensino-aprendizagem à compreensão do como ensinar. Mais, reduz a Didática ao ensino de conteúdos técnicos, precarizando a formação de novos professores limitada a conteúdos eminentemente metodológicos.

Considerações finais

Os desafios são imensos. Assistimos entre perplexos e angustiados, ao desmonte da educação brasileira. É mister reagir e encontros com o Endipe se constituem em espaço de resistência e denúncia. É deste contexto que se pode fazer eclodir documentos de entidades representativas do professorado e demais profissionais da educação, contra o estado em que se encontra a educação nacional em todos os âmbitos.

A autonomia docente está ameaçada, hoje não passa de um espectro do que já representou. O profissional professor percebe-se reduzido a executor de uma pauta rígida calcada em competências previamente estabelecidas, ferindo frontalmente a diversidade brasileira e a compreensão política do seu papel. Há que se repensar a fundo sobre a Didática que se encontra, a partir das DCN-BNC reduzida a metodologias de ensino. Acredito que no seio do Endipe reside o *locus* privilegiado para fazê-la ressurgir a partir de uma compreensão ampliada, uma didática crítica, pós-crítica, de caráter progressista e que inclua outras dimensões que lhe são imanentes: sociopolítica, econômica, histórica, ética, estética.

Referências

ABREU, R. & FERREIRA, L.G. "A didática na contemporaneidade – Caminhos para emancipação do ser humano" [Entrevista a Cristina d'Ávila e Cipriano Luckesi]. In: *Revista Presença Pedagógica*, ano 23, ed. 146, nov./2018.

ANDIPE [Disponível em https://www.andipe.com.br/endipe].

BRASIL. *Diretrizes Curriculares Nacionais e Base Nacional Comum para a Formação Inicial e Continuada de Professores da Educação Básica* – Resolução 2, de 20 de dezembro de 2019 [*DOU*, n. 247, 23/12/2019, seção 1, p. 115].

_____. *Base Nacional Comum Curricular*: Ensino Médio. Brasília: MEC/Secretaria de Educação Básica, 2018.

_____. *Base Nacional Comum Curricular*: Educação Infantil e Ensino Fundamental. Brasília: MEC/Secretaria de Educação Básica, 2017.

CANDAU, V.M. (org.). *A Didática em questão*. 23. ed. Petrópolis: Vozes, 2004.

D'ÁVILA, C. "Invisibilização didática: reverberações na formação de professores". In: *39ª Reunião Nacional da ANPEd*. GT04 – Anais. Niteroi, 20-24/10/2019.

MARIN, A.; D'AVILA, C.; FERREIRA, L.G. & FRANCO, M.A.S. *Didática*: saberes estruturantes e formação de professores. Salvador: Edufba, 2019 [Disponível em https://

repositorio.ufba.br/ri/bitstream/ri/30772/1/Did%C3%A1tica-Saberes%20estruturantes%20forma%C3%A7%C3%A3o%20de%20professores.pdf].

PIMENTA, S.G.; D'ÁVILA, C.; PEDROSO, C.C. & MUSSI, A.A. *A didática e os desafios políticos da atualidade*. Salvador: Edufba, 2019 [Disponível em https://repositorio.ufba.br/ri/bitstream/ri/30771/1/A%20did%C3%A1tica%20e%20os%20desafios%20da%20atualidade.pdf].

Revista Presença Pedagógica. "Olhares sobre a Didática", ano 23, ed., 146, nov./2018.

SILVA, M.; NASCIMENTO, C.O. & ZEN, G. C. *Didática e abordagens teóricas contemporâneas*. Salvador: Edufba, 2019 [Disponível em https://repositorio.ufba.br/ri/bitstream/ri/30770/1/Did%C3%A1tica%20-%20Abordagens%20te%C3%B3ricas%20contempor%C3%A2neas.pdf].

Parte II

Didática, currículo e formação de professores: relações históricas e emancipadoras

14
Didática, Currículo e Formação de Professores: relações históricas e emancipadoras

Maria Rita Neto Sales Oliveira

Introdução

O objetivo deste texto é contribuir para a reflexão e a ação emancipadoras no nosso trabalho de professores e pesquisadores de Didática, Currículo e Formação de Professores, particularmente no contexto da discussão das relações entre esses campos de conhecimento.

O entendimento da expressão presente no título, relações históricas e emancipadoras, implica abordar o tema levando-se em conta a construção social dessas relações por sujeitos históricos, em contextos socialmente determinados. Implica ainda assumir, como faço, o compromisso com uma educação e um ensino de qualidade social porquanto emancipadora. Isso envolve ter como horizonte processos educativos que perspectivam um projeto de sociedade ética, ou seja, justa, democrática e solidária, uma vez livre de qualquer forma de exploração e dominação em qualquer tempo e espaço.

Em termos de abordagem, vou tratar o tema à luz do conceito de campo em Bourdieu (1983a; 1983b) e de categorias da dialética do concreto (KOSIK, 1986) ou propriedades da realidade, empírica e pensada, das relações em pauta. Isso envolve abordar essas relações no contexto social mais amplo e em suas contradições. Além disso, dada a natureza das relações entre Didática, Currículo e Formação de Professores, a categoria da mediação na realidade didático-pedagógica também será considerada na presente abordagem.

Tomo como fontes principais produção intelectual que trata da temática em pauta, a partir da década de 1990. Elas envolvem estudos que abordaram essa temática, mesmo quando seus objetivos principais não eram o de tratá-la.

Inicialmente, discuto as relações entre Didática, Currículo e Formação de Professores com base no conceito de campo e em suas relações com o contexto social mais amplo. Em seguida, discuto dois movimentos distintos, embora não exclusivos, nas relações entre esses campos, particularmente, entre Didática e Currículo e Didática e Formação de Professores. Para terminar, retomo indicações de diálogo emancipador entre Didática, Currículo e Formação de Professores, apresentadas no decorrer do texto.

Didática, Currículo e Formação de Professores como campos de conhecimento

Didática, Currículo e Formação de Professores são subáreas da educação e podem ser compreendidas a partir dos conceitos de disciplina/disciplinaridade, tal como discutido por Moreira (1998) e Veiga Nego (1998), ou como campos de conhecimento teórico-prático, com base em Bourdieu (1983a; 1983b). Em ambas as condições, reconhece-se a existência de conflitos, negociações, lutas de poder, relação de força entre as instituições e os sujeitos referidos a essas subáreas, quer no âmbito interno de cada uma, quer no âmbito das relações entre elas. Há que se registrar ainda que essas subáreas, compreendidas aqui como aqueles campos, não têm existência objetiva ou materialidade própria, independentemente dos agentes, sujeitos histórico-sociais, que as constituem. A propósito, na caracterização dessas subáreas como campos de conhecimento teórico-prático, reconhece-se que elas contam com objetos de estudo, objetivos, regras de funcionamento próprias, além de um grupo de agentes e um público que produzem e consomem bens simbólicos, legitimados e divulgados por instâncias e instituições próprias.

O reconhecimento mútuo do status de campo de conhecimento para cada uma das subáreas mencionadas, e que pode ser constatado nas relações históricas entre elas, já indica uma primeira condição de relação emancipadora, entre tais campos, porquanto, no mínimo, envolve solidariedade e respeito acadêmico, à luz daquele compromisso aqui expresso.

Além do exposto, uma relação emancipadora entre Didática, Currículo e Formação de Professores envolve reconhecer que esses campos compartilham âmbitos comuns de atuação que se interagem na prática pedagógica escolar.

Assim, embora de forma nem sempre sistematizada, os agentes desses campos indicam aceitar mutuamente, não sem conflitos e lutas de poder, que seus campos possuem legitimidade em pelo menos quatro âmbitos de estudo: o teórico (teoria da prática); o da prática do ensino, enquanto atuação nos cursos de licenciatura e/ou de formação de professores; o da pesquisa; além do âmbito da prática propriamente dita nas escolas. Isso não significa que se está assumindo a separação da unidade teoria-prática, a despeito da sua não identidade epistemológica, como se explicará mais à frente. No caso do campo da Formação de Professores, de fato, em geral, ele não aparece como disciplina em si, em cursos que têm a docência como um objetivo. No entanto, ele permeia as demais disciplinas pedagógicas nesses cursos, mormente nas licenciaturas. Tudo isso implica considerar o caráter teórico-epistemológico-investigativo, disciplinar e profissional dos três campos, com presença marcante em espaços formativos como o espaço escolar.

A propósito da unidade teoria-prática:

> Cada corpo teórico é construído tendo-se em vista o entendimento e a explicação de fenômenos existentes, o que tem a ver com as práticas existentes; toda teoria tem sua origem e seu fundamento nessas práticas. No entanto, é verdade, também, que os corpos teóricos são tão mais potentes quanto mais preveem novas práticas. Ao lado disso, toda prática representa um teste da teoria que lhe corresponde, mas também é uma fonte para nova(s) teoria(s). Pode-se dizer que uma dada prática confirma ou não uma dada teoria, podendo ou não ser fonte para outra(s) teoria(s). Esta(s), por sua vez, explicita(m) ou não uma dada prática, e projeta(m) ou não uma nova prática (OLIVEIRA, 2013a, p. 143).

Outro aspecto que vale lembrar sobre relações emancipadoras entre Didática, Currículo e a Formação de Professores é o de que, na caracterização histórica desses campos, seus agentes, não raro, fazem menção aos condicionantes do sistema social mais amplo no desenvolvimento desses campos. Nessa direção, no contexto atual da contemporaneidade e da internacionalização das políticas educacionais, chamam a atenção para desafios presentes na escola brasileira que intencionam enfrentar, entre os quais, os referidos às diferenças, à diversidade cultural e à autonomia docente. Aqui se encontra mais uma condição de relações emancipadoras entre os três campos.

A despeito do exposto, contraditoriamente, pela sua própria natureza, as relações com potencial emancipador entre Didática, Currículo e Formação de Professores nem sempre se atualizam. Esses campos interagem entre si por meio de lutas de poder, envolvendo relações de força, por exemplo, na institucionalização dos territórios de aprendizagem, na expressão de Pacheco (2011).

Mas é exatamente essa condição que sustenta a existência das relações históricas entre os campos em pauta, envolvendo estratégias de subversão, mas também de conservação, que subjazem aos antagonismos dentro de cada campo ou entre eles.

Vale retomar para o caso, a seguinte reflexão, a propósito da análise do então considerado campo dos Encontros Nacionais de Didática e Práticas de Ensino:

> Em luta uns contra os outros, os agentes de um campo têm interesse em que o campo exista, e mantém, por isso, e para isso, uma cumplicidade que ultrapassa as lutas que os opõem [...]. E se não perdurar a cumplicidade subjacente aos antagonismos, o campo se desintegrará e se fragmentará em outros (SOARES, 2000, p. 184-185).

No campo da Didática, ao qual me filio diretamente, suas estratégicas internas de sobrevivência ficam bem caracterizadas pelos diferentes momentos pelos quais ele vem se constituindo, como evidencia Faria (2016) e Pimenta (2018). Conforme esta autora, aquelas estratégias vão da resistência ao tecnicismo, da década de 1980, até o presente, com o que se pode denominar por neotecnicismo neoliberal. Além disso, vale retomar, também, para a condição de manutenção da Didática, a afirmação da autora quando discute uma Terceira Onda Crítica na Didática:

> Os embates, rebatimentos e confrontos, então surgidos na área entre os autores da didática e os de outras áreas, especialmente os do currículo e das didáticas específicas, empreendidos nos anos recentes, configurando uma nova ressignificação da didática crítica (PIMENTA, 2018, p. 39).

Ainda sobre a sobrevivência do campo da Didática, cumpre retomar as reflexões de Libâneo (2018). Para ele, a Didática conta com vários fatores que a enfraquecem enquanto campo investigativo e disciplinar. São eles: antinomias e insuficiências do campo da Pedagogia com reflexos na Didática; o desprestígio da Didática na pós-graduação em Educação, com carência de pesquisas vinculadas àquele campo; a natureza neoliberal das políticas educacionais, em curso no país, implicando currículos instrumentais com redução do papel do professor. Sobre este último fator, Franco (2018) chama a atenção para a resistência à implementação dessas políticas na educação, no processo de renovação da denominada Didática Crítica.

A partir dessa análise, Libâneo (2018) levanta questões e apresenta propostas teóricas e programas de pesquisa para a Didática. No entanto, o autor afirma a dificuldade de uma pauta comum entre propostas. Dificuldade esta reforçada por aqueles fatores de enfraquecimento do campo. Para ele, a superação das dificuldades passaria pela ressignificação da Didática que presume a umidade entre ensino e aprendizagem, mas que supõe compreender as duas pontas da pesquisa na área: as finalidades educativas escolares e o desenvolvimento humano dos alunos (LIBÂNEO, 2018, p. 159).

Todo o exposto indica que a Didática tem se encontrado historicamente, em constantes crises, mesmo internas, que ameaçam a sua identidade como campo de conhecimento teórico-prático na área da educação. No entanto, essas crises têm constituído uma das condições que forçam o campo a se reinventar em direções que, a rigor, interferem nas suas relações com os campos do Currículo e da Formação de Professores. Há que se lembrar de que as relações da Didática com esses campos também contribuem para os momentos em que ela é posta em questão. Aliás, pode-se dizer que é no contexto das relações históricas entre Didática e Currículo, com vistas a propostas emancipadoras na Didática, que Candau (2007) apresenta a denominada didática na perspectiva multi/intercultural; e, ao se perguntar Didática: novamente "em questão"?, em sessão especial do XIX Endipe de 2018, em Salvador, transmitida ao vivo, retoma a sua frequente defesa por uma reflexão crítico-intercultural na Didática (CANDAU, 2018).

Quanto às estratégias de sobrevivência dos campos do Currículo e da Formação de Professores, elas contam com condições históricas semelhantes às do campo da Didática, mormente aquelas relativas ao seu alinhamento ou à sua resistência ao contexto social mais amplo.

Assim, de forma resumida, constatam-se, no campo do Currículo, movimentos de mudança/transformação que passam do contexto da redemocratização do Brasil, na década de 1980, para o crescente alinhamento internacional do país, tal como evidenciado em Pinar (2010). Dentro disso, os estudos registram um conteúdo do campo do Currículo que, da resistência ao tecnicismo, na década de 1980, chega à resistência à cultura da performatividade (MOREIRA, 2013b). Esta, pelas características da internacionalização das políticas educacionais no país, que se encontram alinhadas com o avanço do capitalismo no âmbito mundial. Aqui vale lembrar o momento mais atual do campo do Currículo marcado pela sua internacionalização que, segundo Moreira (2012), envolve uma mudança paradigmática na área.

No caso do campo da Formação de Professores, também abordado aqui de forma mais geral, encontra-se, na produção analisada, aspectos que evidenciam uma característica diferencial em relação à Didática e ao Currículo. Enquanto nestes, salientam-se crises e mudança de paradigma, na Formação de Professores, seus agentes preocupam-se com uma questão anterior. Essa tem a ver com as próprias condições de a subárea da formação de professores, na área da educação, constituir-se como um campo de conhecimento autônomo, com identidade própria, no contexto de lutas de poder com outros, conforme estudo de André (2010).

Dentro disso, Diniz Pereira (2013) analisa a constituição do então denominado campo da pesquisa sobre formação de professores, que, segundo ele, é um campo ainda jovem. E de forma similar aos agentes da Didática e do Currículo, o autor contextualiza a constituição do campo, fazendo referências, por exemplo, ao contexto social mais amplo e à crise de paradigma na virada das décadas de 1980 e 1990. Assim, com base no autor, podem-se definir ênfases na produção acadêmica sobre Formação de Professores, nas últimas décadas do século XX. Essas ênfases vão do treinamento do técnico em educação à formação do professor-pesquisador, seguidas pela preocupação, no presente século, com o tema da construção das identidades múltiplas dos docentes. A rigor, as ênfases expressam momentos de crise e superação do campo, em suas relações internas e com os campos da Didática e do Currículo.

O exposto evidencia que os três campos se constituem inseridos em um contexto social mais amplo cujas mudanças têm efeitos similares na sua constituição. Como tal, eles vão sofrendo crises e superações quer internas, quer nas relações entre si, e definindo/redefinindo seus temas, suas abordagens e as possibilidades de relações emancipadoras entre eles.

No contexto atual da contemporaneidade, os três campos, aliam-se, na resistência a características perversas desse contexto em relação a uma educação emancipadora. Com isso, chamam a atenção para desafios presentes na escola brasileira. Entre eles, aqueles já mencionados, envolvendo o respeito às diferenças e à diversidade cultural (CANDAU, 2018), à oposição à cultura da performatividade, pela autonomia e profissionalização docente (MOREIRA, 2013b), além da busca pelo resgate de conteúdos da Didática em documentos de política pública sobre a formação de professores (GATTI, 2017). Nesse sentido, os campos em pauta assumem relações entre eles, que podem ser consideradas emancipadoras, isso na direção de uma escola democrática e que, em suas práticas formativas, estaria atenta a conteúdos didático-pedagógicos.

Não é demais lembrar que, no contexto da contemporaneidade, no Brasil, considerando-se sobretudo a conjuntura atual de autoritarismo, do atentado a direitos constitucionais, de crise econômica, política e ética, conforme Oliveira (2017), assiste-se a: processos de padronização na educação; defesa da eficiência escolar avaliada por mecanismos globais de controle e exames; educação considerada como mercado/mercadoria e a sua materialização pelas parcerias público-privadas. Isso no contexto da internacionalização das políticas públicas, que vem sendo discutida com frequência e densidade teórico-documental em várias produções acadêmicas, como em Evangelista (2013a) e Libâneo (2013a; 2013b; 2014). Mas, os campos da Didática, do Currículo e da Formação de Professores resistem a essas políticas.

Relações entre Didática, Currículo e Formação de Professores – Alguns movimentos

As relações entre Didática, Currículo e Formação de Professores serão discutidas, neste texto, a partir de dois movimentos distintos, embora interligados, no contexto histórico em que se afirmam. Eles se referem, de forma mais específica, às relações entre Didática e Currículo e às relações entre Didática e Formação de Professores.

A – Uma contradição nas relações entre Didática e Currículo

As relações históricas entre os campos da Didática e do Currículo os aproximam, expressando semelhanças e convergências, a despeito das diferenças e divergências que os distanciam. Com isso, discute-se a possibilidade de diálogo entre esses campos e apresentam-se propostas para uma interação virtuosa entre eles. Nessas direções, encontram-se posições de vários autores reunidas nos livros *Confluências e divergências entre didática e currículo* (OLIVEIRA, 1998), *Currículo, didática, e formação de professores* (OLIVEIRA & PACHECO, 2013b), e *Temas de pedagogia*: diálogos entre didática e currículo (LIBÂNEO & ALVES, 2012). A despeito das abordagens diferentes com as quais os autores tratam a questão, tal como alerta Veiga-Neto (1998), pode-se afirmar algumas conclusões a respeito. Várias vêm sendo retomadas por alguns desses mesmos autores (p. ex.: OLIVEIRA, 2013a, 2014; LIBÂNEO, 2014), como também por outros (p. ex., LEITE, 2014; ROLDÃO, 2014; MARIN & TOMASIELLO, 2014; VIANA, 2014).

Mas o que dizer sobre as relações em pauta?

Uma primeira consideração é a de que, no tratamento das relações entre Didática e Currículo, privilegia-se o âmbito teórico-investigativo desses campos. E para ambos a prática de ensino nas escolas aparece como o critério de verdade para a sua legitimação. Isso posto, com base em Pacheco e Oliveira (2013), essas relações podem ser abordadas em vários aspectos, tais como: identidade diferencial de cada campo quanto a objeto de estudo e fundamentos teórico-epistemológicos, com críticas mútuas por seus agentes; fronteiras e abrangência referentes aos conteúdos de cada campo, envolvendo confluências e interseção; e contribuição recíproca e condições de cooperação para relações emancipadoras entre eles.

A análise dessas relações evidencia, em primeiro lugar, que elas próprias são abordadas de forma não raro divergente pelos agentes dos dois campos, até por conta das referências teórico-epistemológicas que abraçam, em especial, a pedagogia histórico-crítica e a Teoria Crítica do currículo. As divergências apresentam-se em consonância com a presença ou não da posição hierárquica da Didática e do Currículo nos cursos de formação docente. Fica evidente, nestes casos, a influência da correlação de forças entre os sujeitos e órgãos didático-administrativos nas escolas. Assim, a despeito da contribuição recíproca possível e não raro existente entre os conteúdos dos dois campos, para o entendimento das práticas escolares (p. ex., os estudos da história das disciplinas escolares), a possível cooperação entre eles é limitada pela defesa da hegemonia de um em relação ao outro.

Nesse contexto, como defendem Pacheco e Oliveira (2013), uma possibilidade de cooperação *seria a de ambos os campos se centrarem nas demandas da prática docente, atuando junto aos professores, em atividades formativas e investigativas comuns* (p. 41). De forma similar, Moreira (1998, p. 49) propõe *um programa de interferência*, entre os campos pela centralidade na prática. Mas sabe-se que essas propostas que poderiam ser consideradas emancipadoras não parecem contar, pelo menos ainda, com materialidade expressiva no campo da educação.

No entanto, não se pode dizer que as relações entre Didática e Currículo não envolvem condições emancipadoras, quando se encontram

> [...] na recusa do tecnicismo, na defesa de uma pedagogia que leve em conta as diferenças culturais, na concepção dos professores como sujeitos dos seus conhecimentos, em discussões sobre o conhecimento, mormente as relativas à transformação do saber científico em saber escolar, e em estudos sobre a cultura do professor, e sobre a cultura e o cotidiano escolar (PACHECO & OLIVEIRA, 2013, p. 40-41).

Importa mencionar ainda dois outros estudos, dadas as abordagens diferentes do tema em pauta, em comparação com as já referidas neste texto.

Assim, Ferraço (2012), discute as relações entre Didática e Currículo a partir da noção de rede, pela qual

> [...] os conhecimentos, os currículos e as didáticas se tecem juntos, se hibridizam, se relacionam permanentemente, sendo difícil ou quase impossível situá-los em lugares epistemológicos circunscritos, muito menos reduzi-los às suas relações com os conhecimentos disciplinares (FERRAÇO, 2012, p. 105).

Hypólito (2012), por sua vez, traz à tona a questão das relações entre Didática e Currículo junto com as políticas educativas. Com isso, ele levanta uma questão importante no entendimento do tema em pauta.

> Se o conteúdo está previamente definido, se a aula já está planejada, se os materiais estão elaborados e decididos, se a supervisão é exógena, se há inúmeros relatórios a preencher, se há um índice a ser atingido e uma boa avaliação a ser obtida, afinal de que Didática e Currículo se está a falar? (HYPÓLITO, 2012, p. 548).

Finalmente, salienta-se um aspecto silenciado na discussão das relações entre Didática, Currículo as quais se situam na perspectiva de reforço da identidade de cada um desses campos, num movimento de luta por sua identidade, hegemonia e importância na área da educação. No entanto, na constituição histórica de cada campo, seus agentes defendem compromissos e finalidades que lhes são comuns. A questão da defesa da democracia aparece como categoria privilegiada, afirmada, simultaneamente, por eles, no tratamento das finalidades da escola e da educação. Salienta-se a defesa do compromisso da Didática e do Currículo com a democratização escolar e a luta por uma sociedade democrática, ainda que se possa questionar sobre o significado que os agentes desses campos, mesmo no interior de cada um deles, atribuem a essa categoria. Defende-se, também, a não neutralidade científica e pedagógica em cada campo, construídos na afirmação ou negação das características do contexto social mais amplo, criticamente analisado. No entanto, estranhamente, talvez pela sua obviedade, esses aspectos não são apresentados como pontos de convergência entre a Didática e o Currículo, na produção analisada.

Pelo exposto, fica claro que a constituição histórica das relações entre Didática e Currículo, no âmbito da singularidade de cada campo, implicam (a) mais diferenças e divergências do que semelhanças ou, até mesmo, disposição para confluências; (b) mais afastamento do que aproximação, nas condições de luta pela identidade e hegemonia particular de cada um.

De outro lado, em um âmbito de totalidade dessas relações, por envolverem, conjuntamente, a crítica ao contexto social mais amplo e a contextualização dos seus objetivos e intenções vinculados a uma escola democrática, elas indicam: (a) mais confluências do que divergências; (b) mais aproximação do que afastamento, tendo em vista a luta por ações emancipadoras na direção daquele compromisso aqui expresso.

Assim, no movimento incessante da realidade das relações entre Didática e Currículo, pela lei dialética da unidade e luta dos contrários, engendram-se contradições e choques entre opostos, os quais, no entanto, constituem uma unidade (OLIVEIRA, 1992, p. 52). Tem-se, simultaneamente, a luta individual por legitimidade científico-acadêmica e a luta conjunta por ações emancipatórias na educação. Resta lembrar que essas relações não são mecânicas ou naturais. Por outro lado, sem cair no reducionismo do voluntarismo, elas dependem da ação transformadora dos agentes da Didática e do Currículo, como sujeitos históricos que são.

B – A interferência mútua e a mediação entre Didática e Formação de Professores

Inicialmente, constata-se que, talvez pela ênfase naquela luta identitária entre Didática e Currículo, as construções históricas específicas a respeito das relações entre os dois campos não fazem referências explícitas à formação de professores como um campo de conhecimento teórico-prático na área da educação, com o qual os outros dois campos se relacionariam.

E isso, mesmo considerando-se que a organização coletiva dos estudiosos do campo da Formação de Professores, no Brasil, já vinha se constituindo, desde o início da década de 1990. Nessa direção, registre-se que o Grupo de Trabalho (GT) de Formação de Professores da Associação Nacional de Pós-Graduação e Pesquisa em Educação (Anped) organizou-se como tal no ano de 1993, pela transformação do GT de Licenciatura, que se iniciara em 1984 (Anped, 2020). Acresce-se a isso o fato de o Congresso Estadual Paulista sobre Formação de Educadores ter tido sua primeira versão no ano de 1990, em Águas de Lindoia. Além disso, conforme estudo de Diniz-Pereira (2013), no Brasil, o campo da pesquisa sobre a Formação de Professores já conta com estudos desde a década de 1970, embora boa parte da produção acadêmica correspondente não se baseasse em dados empíricos ou referenciais teóricos de análise.

No entanto, de fato, constata-se que a Formação de Professores como um campo, com sistematizações teóricas consolidadas, começa a adentrar de forma mais expressiva a Didática e o Currículo, no Brasil, apenas a partir da segunda metade da década de 1990. E é no ano de 2000, que, ao analisar a produção dos 20 anos de Endipe, Oliveira (2000) registra que os últimos encontros da década constituíram-se em verdadeiros encontros de Formação de Professores.

Reforçando o exposto, aquelas construções sobre Didática e Currículo fazem referências frequentes às práticas pedagógicas escolares e/ou de sala de aula, na escola básica. Com isso, defende-se o *campo geral da Didática e também do Currículo para essas práticas ou nessas práticas*, subsumindo, de certa forma, a referência à Formação de Professores propriamente dita, quer nas práticas, quer nos corpos teóricos dessa formação.

Já a análise das relações entre os campos da Didática e da Formação de Professores, tal como expressa na produção específica que as discute, constroem-se numa direção diferente, ou seja, *do campo geral da Didática para a Formação de Professores, relações estas mediadas pela disciplina Didática nos cursos de licenciatura*. E nessa condição, os agentes da Didática perguntam: que contribuição a Didática, enquanto campo de conhecimento e disciplina pedagógica, nesses cursos, propicia para a formação e a prática docente na escola básica? Dessa forma, a questão da formação de professores encontra-se explícita, mas, não como um campo de conhecimento em si mesmo considerado.

Entretanto, embora com menor frequência, as relações em pauta, são analisadas a partir de outra perspectiva. Aqui, afirma-se que a área da formação de professores demanda a ressignificação da Didática, tal como argumentam Pimenta (1998; 2018) e Faria (2014). Isso acaba situando aquela formação na centralidade do processo de construção da Didática.

Embora se possa arguir que todas essas formas de tratamento do tema em pauta representam, a rigor, a mesma condição em sua materialidade, não se pode desconhecer que elas indicam relações de interferência mútua e relação de mediação entre os campos da Didática e da Formação de Professores. Mas como se configuram essas relações, discutida na produção específica sobre a matéria?

Conforme já se evidenciou, essas relações são construídas mais na condição do âmbito disciplinar da Didática em contextos de formação docente. De acordo com estudos de agentes desses campos, têm-se as considerações a seguir.

Uma primeira questão relaciona-se, exatamente, com aquela caracterização da subárea da Formação de Professores como um campo de conhecimento teórico-prático, em suas relações com a Didática. Neste caso, Libâneo (2011), questiona a própria legitimidade dessa caracterização, pelo argumento de que aquela subárea não atenderia a requisitos epistemológicos para tal. No entanto, pelas posições expressas no início deste texto, não se compactua com esse questionamento.

Outra questão refere-se à defesa da importância da Didática nos cursos de formação inicial e continuada de professores. Esta é feita em vários estudos como os de Andrade Pinto (2012) e Marin (2018). Esta autora é contundente ao afirmar, com base em suas pesquisas, que os conteúdos da Didática são vitais para a formação docente; para ela, a didática é a disciplina pela qual se ensina a ser professor. Na mesma direção, Rios (2014, p. 651) defende que a didática faz parte do ser professor e Libâneo (2013b) e Roldão (2014) atribuem à Didática a posição de centralidade na formação de professores, ao lado de outras disciplinas pedagógicas.

Assim, de um lado, a importância e a centralidade da Didática na formação docente, de outro, a centralidade dessa formação entre o campo geral da Didática e as práticas da/na escola básica junto à influência exercida pela formação docente na construção do campo da Didática evidenciam a complexidade da influência recíproca entre Didática e Formação de Professores.

No entanto, embora se constate, pelo estudo de Gatti (2018), a presença de conhecimentos da Didática para a formação de professores, no Plano Nacional de Educação, a relevância da disciplina didática nos cursos de licenciatura tem sido objeto de debate.

Finalmente, algumas pesquisas que se relacionam ao tema evidenciam, entre outros aspectos, pouca clareza em produção da área e, também, por parte professores de Didática sobre os conteúdos dessa disciplina que lecionam (ANDRÉ & CRUZ, 2013; CRUZ, 2017); a predominância de uma didática instrumental em currículos de pedagogia (LIBÂNEO, 2010); ou, ainda, a separação entre os conhecimentos pedagógicos e disciplinares, em cursos de licenciatura (LIBÂNEO, 2013b).

Nessa complexidade de relações entre os campos da Didática e o campo da Formação de Professores, envolvendo influências recíprocas e mediações nas relações entre eles, fica a questão: como construir relações emancipadoras entre esses campos, sobretudo considerando que a Didática tem ponto de partida e de chegada na formação docente?

Para o enfrentamento dessa questão, termino com o que venho defendendo em meus estudos, nos quais chamo a atenção para uma formação docente de qualidade social e que vai ao encontro de relações emancipadoras entre os campos de conhecimento em pauta. Assim, sobretudo no contexto de precarização do trabalho docente, como discute Moreira (2013a), a formação de professores não pode descurar da valorização da profissão docente e do seu trabalho nas escolas do país, buscando formar professores, com:

> • Rigoroso domínio teórico-prático na área profissional específica em que o docente trabalha, integrada com a área pedagógica.
> • Características de um profissional trabalhador, cidadão crítico que domina os fundamentos científicos e sócio-históricos do trabalho docente, e que é solidário na construção de um projeto educativo mediador das relações entre trabalho e educação na perspectiva emancipatória. Projeto este relacionado a educabilidade dos que vivem do trabalho e comprometido com a ética, com o desenvolvimento sustentável, com a superação das desigualdades e da dominação econômica, e, assim, com a superação do par categorial inclusão-exclusão (OLIVEIRA, 2014, p. 22).

Considerações finais

Para terminar, reitera-se que, na constituição histórica dos campos da Didática, do Currículo e da Formação de Professores, eles estabelecem relações de diálogo entre si, que implicam ou potencializam reflexões e ações emancipadoras na área da educação. Elas encontram evidências em condições estreitamente relacionadas ou seja: no reconhecimento da natureza de campo de conhecimento teórico-prático, com abrangência em diferentes âmbitos, por parte de cada um dos campos em relação aos outros; nas estratégias de sobrevivência de cada um; na resistência comum às características da contemporaneidade adversas à educação emancipadora, ao lado da defesa pela identidade e importância de cada campo, na área da educação; na contribuição da Didática para a Formação de Professores e desta para a Didática. Essas relações são construídas num contexto de lutas, contradições e mediações, expressando, em última instância, a utopia de um trabalho coletivo entre os agentes dos campos em questão. Reafirmo a importância dessas relações na luta contra, entre outros aspectos, o recrudescimento do conservadorismo e do autoritarismo nas políticas públicas para a educação que estamos vivenciando no país.

Referências

ANDRADE PINTO, U. "A docência em contexto e os impactos das políticas públicas em educação no campo da didática". In: LIBANEO, J.C. & ALVES, N. (orgs.). *Temas de pedagogia*: diálogos entre didática e currículo. São Paulo: Cortez, 2012, p 513-533.

ANDRÉ, M.E.D.A. "Formação de professores: a constituição de um campo de estudos". In: *Educação*, vol. 33, n. 3, set.-dez./2010, p. 174-181. Porto Alegre.

ANDRÉ, M.E.D.A. & CRUZ, G. B. "A produção do conhecimento didático e a formação de professores no Brasil". In: OLIVEIRA, M.R.N.S. & PACHEDO, J.A. (orgs.). *Currículo, didática e formação de professores*. Campinas: Papirus, 2013, p. 167-193.

ANPED. *Histórico do GT 8 – Formação de Professores* [Disponível em http://www.anped.org.br/content/historico-do-gt-8-formacao-de-professores – Acesso em 02/02/2020].

BOURDIEU, P. *Questões de sociologia*. Rio de Janeiro: Marco Zero, 1983a.

_____. "O campo científico". In: ORTIZ, R. (org.). *Pierre Bourdieu – Sociologia*. São Paulo: Ática, 1983b.

CANDAU, V.M. "Didática: novamente 'em questão'?" In: *Encontro Nacional de Didática e Prática de Ensino*, 2018 [Transmissão ao vivo] [Disponível em https://noosfero.ufba.br/articles/public/0002/6378/web/tiny.webm – Acesso em 12/12/2019].

CANDAU, V.M. & LEITE, M.S. "A didática na perspectiva multi/intercultural em ação: construindo uma proposta". In: *Cadernos de Pesquisa*, vol. 37, n. 132, set.-dez./2007. São Paulo.

CRUZ, G.B. "Ensino de didática e aprendizagem da docência na formação inicial de professores". In: *Cadernos de Pesquisa*, vol. 47, n. 166, out.-dez./2017.

DINIZ-PEREIRA, J.E. "A construção do campo da pesquisa sobre formação de professores". In: *Revista da Fazeba – Educação e contemporaneidade*, vol. 22, n. 240, jul.-dez./2013, p. 127-136. Salvador.

EVANGELISTA, O. "Qualidade da educação pública: Estado e organismos multilaterais". In: LIBÂNEO, J.C.; SUANNO, M.V.R. & LIMONTA, S.V. (orgs.). *Qualidade da escola pública*: políticas educacionais, didática e formação de professores. Goiânia: Ceped, 2013, p. 13-45.

FARIA, L.R.A. "O movimento da didática crítica: contexto, razões e proposições". In: MONTEIRO, S.B. & OLINI, P. (orgs.). *Didática, saberes docentes e formação*. Cuiabá: EdUFMT/Ed. Sustentável, 2019, p. 173-197 [Coleção Encontro Nacional de Didática e Prática de Ensino, vol. 1].

_____. "O campo da didática e a formação de professores: questões teórico-investigativas". In: FARIAS, I.M.S. et al. (orgs.). *Didática e prática de ensino na relação com a formação de professores*. Vol. 4. Fortaleza: EDUECE, 2015, p. 654-670 [Coleção Práticas Educativas].

FERRAÇO, C.E. "Possíveis tessituras entre currículo e didática: sobre conhecimento, experiências e problematizações". In: LIBANEO, J.C. & ALVES, N. (orgs.). *Temas de pedagogia*: diálogos entre didática e currículo. São Paulo: Cortez, 2012, p. 98-123.

FRANCO, M.S. "Renovar a didática crítica: uma forma de resistência às práticas pedagógicas instituídas pelas políticas neoliberais". In: SILVA, M.; NASCIMENTO, C.O. & ZEN, G.C. *Didática*: abordagens teóricas contemporâneas. Vol. 1. Salvador: Ufba, 2019, p. 65-88 [(XIX Endipe. Faced/Ufba, 2018].

GATTI, B.A. "Didática e formação de professores: provocações". In: *Cadernos de Pesquisa*, vol. 47, n. 166, out.-dez./2017, p. 1.150-1.164. São Paulo.

HYPÓLITO, A.M. "Políticas educativas, currículo e didática". In: LIBANEO, J.C. & ALVES, N. (orgs.). *Temas de pedagogia*: diálogos entre didática e currículo. São Paulo: Cortez, 2012, p. 534-551.

KOSIK, K. *Dialética do concreto*. Rio de Janeiro: Paz e Terra, 1986.

LEITE, C. "Currículo, didática e formação de professores: algumas ideias conclusivas". In: OLIVEIRA, M.R.N.S. & PACHEDO, J.A. (orgs.). *Currículo, didática e formação de professores*. Campinas: Papirus, 2013, p. 193-207.

LIBÂNEO, J.C. "Presente e futuro do campo disciplinar e investigativo da didática: Que conteúdos?" In: D'ÁVILA, C. et al. (org.). *Didática*: saberes estruturantes e formação de professores. Vol. 3. Salvador: Ufba, 2019, p. 149-159 [XIX Endipe. Faced/Ufba, 2018].

_____. "As políticas de formação de professores, o conhecimento profissional e aproximações entre didática e currículo". In: OLIVEIRA, M.R.N.S. (org.). *Professores*: formação, saberes e problemas. Porto: Porto Ed., 2014, p. 137-160.

_____. "Internacionalização das políticas educacionais e repercussões no funcionamento curricular e pedagógico das escolas". In: LIBÂNEO, J.C.; SUANNO, M.V.R. & LIMONTA, S.V. (orgs.). *Qualidade da escola pública*: políticas educacionais, didática e formação de professores. Goiânia: Ceped, 2013a, p. 47-72.

_____. "Didática como campo investigativo e disciplinar e seu lugar na formação de professores no Brasil". In: OLIVEIRA, M.R.N.S. & PACHEDO, J.A. (orgs.). *Currículo, didática e formação de professores*. Campinas: Papirus, 2013b, p. 131-166.

_____. "O ensino da didática, das metodologias específicas e dos conteúdos específicos do Ensino Fundamental nos currículos dos cursos de pedagogia". In: *Revista Brasileira de Estudos Pedagógicos*, vol. 1, n. 229, set.-dez./2010, p. 562-583. Brasília.

LIBÂNEO, J.C. & ALVES, N. (orgs.). *Temas de pedagogia*: diálogos entre didática e currículo. São Paulo: Cortez, 2012.

MARIN, A.J. "A disciplina didática na formação de professores: conhecimentos, saberes e mediação didática". In: D'ÁVILA, C. et al. (org.). *Didática*: saberes estruturantes e formação de professores. Vol. 3. Salvador: Ufba, 2019, p. 17-31 [XIX Endipe. Faced/Ufba, 2018].

MARIN, A.J. & TOMMASIELLO, M.G.C. "A didática e o currículo na formação docente". In: OLIVEIRA, M.R.N.S. (org.). *Professores:* formação, saberes e problemas. Porto: Porto Ed., 2014, p. 33-48.

MOREIRA, A.F.B. "Currículo e formação de professores: notas para discussão". In: LIBÂNEO, J.C.; SUANNO, M.V.R. & LIMONTA, S.V. (orgs.). *Qualidade da escola pública*: políticas educacionais, didática e formação de professores. Goiânia: Ceped, 2013a, p. 107-130.

_____. "Em busca da autonomia docente nas práticas curriculares no Brasil". In: OLIVEIRA, M.R.N.S. & PACHEDO, J.A. (orgs.). *Currículo, didática e formação de professores.* Campinas: Papirus, 2013b, p. 69-96.

_____. "A internacionalização do campo do currículo". In: *Revista Contemporânea de Educação*, vol. 7, n. 13, jan.-jul./2012.

_____. "Didática e currículo: questionando fronteiras". In: OLIVEIRA, M.R.N.S. (Org.). *Confluências e divergências entre didática e currículo.* Campinas: Papirus, 1998, p. 33-52.

OLIVEIRA, M.R.N.S. "Formação de professores para a educação profissional: concepções, contexto e categorias". *Trabalho e Educação*, vol. 26, n. 2, mai.-ago/2017, p. 47-64. Belo Horizonte.

_____. "A formação de professores e a sua centralidade em didática e currículo". In: OLIVEIRA, M.R.N.S. (org.). *Professores:* formação, saberes e problemas. Porto: Porto Ed., 2014, p. 17-32.

_____. "Algumas ideias-força e pontos de tensão relacional em didática, currículo e formação de professores". In: LIBÂNEO, J.C.; SUANNO, M.V.R. & LIMONTA, S.V. (orgs.). *Qualidade da escola pública*: políticas educacionais, didática e formação de professores. Goiânia: Ceped, 2013, p. 131-148.

_____. *A reconstrução da didática*: elementos teórico-metodológicos. Campinas: Papirus, 1992.

OLIVEIRA, M.R.N.S. (org.). *Confluências e divergências entre didática e currículo.* Campinas: Papirus, 1998.

OLIVEIRA, M.R.N.S. & PACHECO, J.A. (orgs.). *Currículo, didática e formação de professores.* Campinas: Papirus, 2013.

PACHECO, J.A. "Currículo e didática: Que inter-relação?" In: *Encontro Internacional de Educação, Currículo e Didáticas*: tendências, contextos e dinâmicas, 1, Ponta Delgado, 2011 [texto digitado].

PACHECO, J. A. & OLIVEIRA, M.R.N.S. "Os campos do currículo e da didática". In: OLIVEIRA, M.R.N.S. & PACHEDO, J.A. (orgs.). *Currículo, didática e formação de professores.* Campinas: Papirus, 2013, p. 21-44.

PIMENTA, S.G. "A prática (e a teoria) docente ressignificando a didática". In: OLIVEIRA, M.R.N.S. (org.). *Confluências e divergências entre didática e currículo*. Campinas: Papirus, 1998, p. 9-32, 153-176.

PIMENTA, S.G. "As ondas críticas da didática em movimento: resistência ao tecnicismo/neotecnicismo neoliberal". In: SILVA, M.; NASCIMENTO, C.O. & ZEN, G.C. *Didática*: abordagens teóricas contemporâneas. Vol. 1. Salvador: Ufba, 2019, p 19-64 [XIX Endipe. Faced/Ufba, 2018].

PINAR, W. et al. [Entrevista]. In: *Revista Teias*, vol. 11, n. 22, mai.-ago./2010, p. 187-208. Rio de Janeiro.

RIOS, T.A. "É possível formar professores sem a didática?" In: FARIAS, I.M.S. et al. (orgs.). *Didática e prática de ensino na relação com a formação de professores*. Vol. 4. Fortaleza: Eduece, 2015, p. 643-653 [Coleção Práticas Educativas].

ROLDÃO, M.C. "Currículo, didáticas e formação de professores: a triangulação esquecida?" In: OLIVEIRA, M.R.N.S. (org.). *Professores*: formação, saberes e problemas. Porto: Porto Ed., 2014, p. 91-104.

SOARES, M. "Vinte anos de Endipe: uma tentativa de compreensão do campo". In: CANDAU, V.M. (org.). *Didática, currículo e saberes escolares*. Rio de Janeiro: DP&A, 2000, p 177-186.

UNESP. *Congresso Formação de Professores* [Disponível em http://www.unesp.br/aci/jornal/182/graduacao.htm – Acesso em 02/02/2020].

VEIGA-NETO, A. "Conexões..." In: OLIVEIRA, M.R.N.S. (org.). *Confluências e divergências entre didática e currículo*. Campinas: Papirus, 1998, p. 101-130.

VIANA, C.M.Q.Q. "Currículo e suas relações com a didática". In: FARIAS, I.M.S. et al. (orgs.). *Didática e prática de ensino na relação com a formação de professores*. Vol. 4. Fortaleza: Eduece, 2015, p. 160-170 [Coleção Práticas Educativas].

15
Didática e Formação de Professores: caminhos e construção emancipatória

Bernardete A. Gatti

Pensar sobre os caminhos da Didática, em suas implicações com currículo escolar e formação de professores, expresso por aqueles que refletiram, praticaram e construíram conhecimentos nesse campo, com trajetórias e pensamento sujeitos às injunções do seu tempo histórico, e de seu contexto, nos leva a buscar Coménio (1592-1670), homem do século XVII, século que respira os ares do movimento da reforma e suas divergências internas, e o da contrarreforma e sua agressividade persecutória. Religioso protestante, teólogo, pensa o futuro do homem em outra vida e tudo guiado por Deus, criador da natureza e, esta, fundamento do homem e de sua formação. Formação que considera imprescindível para a vida e a construção dos valores. Sem entrar na discussão dos aspectos teológicos com que Coménio justifica a elaboração e publicação de uma obra não propriamente teológica – A Didática Magna –, é importante lembrar que foi Coménio quem propôs pioneiramente a Didática como ciência do ensino e da formação do humano, a importância da escola para todos sem distinção, a relevância dos conhecimentos e da formação de professores especificamente para esse trabalho, o que nos leva a reflexões sobre o momento atual e o tempo que decorreu. Ao trazer suas posições vou recorrer neste texto a citações *in verbis* para manter sua própria forma de expressão, utilizando como referência a tradução portuguesa, direta do latim, realizada por Joaquim Ferreira Gomes, publicada pela Fundação Calouste Gulbenkian. em 2006 (5ª edição), mantendo seu nome de autor como consta nessa edição – Coménio – apenas para as citações. No mais, utilizo seu nome em latim, como mais usualmente se faz – Coménio.

Em meados do século XVII, em 1657, Coménio publica sua Didática Magna. É uma obra que toca em política educacional, gestão da educação, organização da escola, processos de ensino e formação de professores. Abre o livro com uma Saudação aos Leitores dizendo: "1) Didática significa a arte de ensinar. Acerca desta arte, desde há pouco tempo alguns homens eminentes, tocados de piedade pelos alunos condenados a rebolar o rochedo de Sísifo, puseram-se a fazer investigações, com resultados diferentes" (COMÉNIO, 1657/2006, p. 45). Ao expandir o título desta sua obra explicita que se trata de um

> processo seguro e excelente de instituir, em todas as comunidades de qualquer Reino cristão, cidades e aldeias, escolas tais que toda a juventude de um e de outro sexo, sem exceptuar ninguém, em parte alguma, possa ser formada nos estudos, educada nos bons costumes, impregnada de piedade, e desta maneira possa ser, nos anos da puberdade, instruída em tudo o que diz respeito à vida presente e à futura, com economia de tempo e de fadiga, com agrado e com solidez (COMÉNIO, 1657/2006, p. 43).

Considerando sua temporalidade na história, mostra um pensamento à época diferenciado, e que lhe custou oposições, em que preconiza que todos – sem distinção de sexo, classe social ou qualquer outra, mesmo os portadores de deficiências (COMÉNIO, 1657/2006, p. 140-141) devem ser educados nas artes, nas ciências e na moral. Ninguém deve ser excluído.

Vale reproduzir a observação que repete várias vezes:

> Desde há mais de cem anos espalhou-se uma grande quantidade de lamentações sobre a desordem das escolas e do método, e, sobretudo nos últimos trinta anos, pensou-se ansiosamente nos remédios. Mas, com que proveito? As escolas permaneceram tais quais eram (COMÉNIO, 1657/2006, p. 467).

Refere-se a vários estudiosos que, naquele século e em alguns países, "desgostosos com a confusão dos métodos utilizados nas escolas, se puseram a investigar um método mais curto e mais fácil para ensinar as línguas e as artes", alguns alcançando sucesso maior que outros. Mas seu propósito é mais amplo. Estuda os métodos e decide "refazer tudo por mim mesmo e a examinar o assunto e a procurar as causas, os métodos, os processos e os fins daquilo que, com Tertuliano, chamamos, se isso nos é lícito, de "aprendizagem" (COMÉNIO, 1657/2006, p. 50). Com quais propósitos realizou esse trabalho? Homem de sua época, cristão renovado, vivendo em período das perseguições dos católicos aos protestantes, experimentou as agruras da Guerra dos Trinta Anos, vem a escrever sobre, e defender, a reconciliação das seitas protestantes entre si e com a igreja católica, e, assim, conforme nos diz Gomes (2006, p. 20) pode ser considerado um dos pioneiros do movimento ecumênico. Expressava angústias sobre a formação das pessoas, o desarranjo social e das escolas, onde abundava, segundo ele, o enfado e o trabalho inútil (COMÉNIO, 1657/2006, p. 44). Assim, o eixo de sua Didática Magna é a ideia da virtude, que na expressão de Malheiros (2008) encontra seu sentido nos bons hábitos de fazer escolhas bem fundamentadas. Enfatizava Coménio que a formação para a virtude implica o conhecer, o bem conhecer as coisas da natureza e do homem, e essa formação deve levar à construção de critérios sólidos para nortear valores e atitudes. Nessa obra – é autor de muitas outras obras para o ensino – apresenta os fundamentos de sua abordagem ancorados na teologia e em uma filosofia educacional em que o homem é tomado como a mais excelente obra da criação (COMÉNIO, 1657/2006, p. 55), considerando que, com o tempo, ocorreram desarranjos de todos os tipos e as virtudes foram desprezadas. Com base no exame da realidade (de seu tempo) e da experiência vivenciada, observada e refletida, postula que o homem para que se torne homem tem necessidade de ser formado e coloca a urgência e a importância da formação das crianças e da juventude, propugnando pela abertura de novas escolas e propondo reformulações para todas escolas. Analisou sob vários ângulos os problemas encontrados na forma como se trabalhava nas escolas propondo alternativas de organização e método. Assim, propõe a formação desde a infância, e, ao mesmo tempo em que isto se comece a fazer seria preciso simultaneamente formar a juventude de modo diferente da forma como se vinha fazendo. Lamenta o despreparo dos professores que em sua maioria ignoram a arte de ensinar, de motivar os alunos, mantê-los atentos e animados com o aprender. Dirige-se, e faz apelo, pela importância da educação e da instrução para o futuro da humanidade, aos pais, aos professores, aos estudantes, às escolas, aos Estados, à igreja. Defendia a reformulação completa das escolas – nos horários, na organização das matérias e dos grupos de alunos – defendia sua expansão a todos os recantos para atender a todos, e propôs nova formação para os professores – o que considerava essencial para a Didática como propunha (COMÉNIO, 1657/2006, p. 73, 74, 119, 127, 133, 139 e 163s.).

Particularizou e detalhou questões que são relativas à formação dos educadores, a saber: (a) sobre os fundamentos para ensinar e aprender com facilidade e solidamente; (b) sobre o método para o ensino das ciências (a observação direta, por ações com os objetos, pelo uso de imagens, análise das causas); (c) das artes e dos ofícios (que se aprenda a fazer coisas fazendo); (d) das línguas (coloca como principal a materna, o saber bem nomear as coisas, devendo acompanhar as etapas dos conteúdos das outras aprendizagens); (e) da moral e da piedade (formar nos costumes, praticar e trabalhar a prudência, a justiça, a fortaleza e a temperança). Trata dos requisitos para colocar em prática o método que fundamenta as ações educacionais que preconiza, e trata da disciplina escolar e da organização do ensino segundo a idade e o aproveitamento. Privilegiava o pensamento indutivo e experimental para a construção das aprendizagens. Uma proposta de caráter universal. Um método segundo a qual a formação das pessoas para viver bem passa pela aquisição dos conhecimentos essenciais para a construção de sua autonomia de escolha dentro de balizas da virtude e de um bem comum, este, para ele, em conformidade com os ensinamentos do cristianismo (COMÉNIO, 1657/2006, cap. XVI-XXIV).

Foi chamado por diversos governos para ajudar nas questões da educação escolar em várias regiões da Europa. Viajou muito e escreveu muito sobre a necessidade de mudar as escolas, o método, detalhando aspectos do ensinar. Sua obra atingiu muitos países e, segundo Gomes (2006, p. 33), Coménio, por suas ideias e os trabalhos que assumiu foi considerado o *"Bacon da pedagogia"* e o *"Galileu da educação"*.

O tempo histórico e suas vicissitudes

As nações e os povos passaram por muitas e diferentes vicissitudes desde então. As populações humanas cresceram muito, hoje as fronteiras entre países se modificaram e se flexibilizaram, as distância estão sendo superadas pelas tecnologias, as ciências avançaram, as religiões se desdobraram e o ocidente conheceu as fés do oriente, os conhecimentos, as artes, os modos de vida mudaram e os valores adquiriram nuances variadas. Os desafios sociais, educacionais e escolares também foram sofrendo mutações, com questões que podemos chamar de universais, e muitas outras, regionais e locais. Mas, há sempre, nas análises e propostas que podem ser consideradas como do campo da Didática, uma filosofia educacional em seus fundamentos. Em Coménio, a emancipação do homem e da mulher para a vida espiritual. Para outros, a emancipação é proposta por um humanismo clássico, e, hoje, por um humanismo muito reformulado. Para outros ainda, pela superação das classes sociais, e outros pela equidade. E, aqui, trago, Paulo Freire, homem do século XX, cujo pensamento e contribuições à Didática se colocam em posição muito diferente das proposições práticas de Comênio, mesmo que ambos pensem na emancipação do humano.

Ana Maria e Alexandre Saul (2017) mostram como ideias pedagógicas contidas em várias das obras de Paulo Freire, contribuem para a Didática considerando a dimensão saber/fazer docente. Os autores acima citados, trabalhando com a trama de relações própria aos conceitos freireanos, em várias de suas obras, constroem integradamente os princípios que fundamentam para Paulo Freire o saber/fazer docente, os quais constituem uma perspectiva em Didática. Primeiramente partem do conceito de "dodiscência" – não há o ensinar sem aprender, o professor aprende ao ensinar. O ensinar também é um ato de conhecimento de todos os envolvidos na relação pedagógica. Citam Freire (SAUL & SAUL, 2017, p. 7):

> Quero dizer que ensinar e aprender se vão dando de tal maneira que quem ensina aprende, de um lado, porque reconhece um conhecimento antes aprendido e, de outro, porque, observando a maneira como a curiosidade do aluno aprendiz trabalha para apreender [...], o ensinante se ajuda a descobrir incertezas, acertos, equívocos" (FREIRE, 1993b, p. 27).

Conforme análise daqueles autores, com base em textos diversos de Paulo Freire, isso implica que para ele, ensinar não é transferir conhecimento, e a ação de ensinar/aprender pressupõe respeitar os saberes dos educandos, refletir contínua e criticamente sobre a prática, abrindo-se ao diálogo, objetivando a autonomia do educando e do educador (SAUL & SAUL, 2017, p. 7-11). Estes princípios formam o núcleo do saber/fazer docente em Paulo Freire. Nas palavras desses autores:

> Em um saber/fazer docente, capaz de informar uma didática crítico-emancipatória, professor e educando são compreendidos como seres capazes de intervir e lutar para a modificação de sua realidade, praticando e refletindo criticamente sobre sua prática para aprofundá-la, na sala de aula ou fora dela, para refazê-la e aperfeiçoá-la. É aí que se encontra o movimento de criar, recriar e decidir que, segundo Freire, permite a inserção política do ser humano em seu contexto e não sua mera adaptação (SAUL & SAUL, 2017, p. 12).

É necessário sempre lembrar que para Freire (1993a) o educar e o ensinar/aprender é um ato político em amplo sentido, uma vez que para ele não pode haver autonomia de escolha e ação, emancipação, nem verdadeiro exercício da cidadania, sem conhecimento, e este é base de valores. Os professores têm papel essencial e seus modos de estar/agir na relação pedagógica devem harmonizar-se com propósitos do sentido social do ensino – autonomia e emancipação cidadã por meio dos conhecimentos que permitem fundamentar decisões e ações. Mas os conhecimentos não podem ser empacotados e, sim apreendidos de forma crítica e problematizadora, em contexto, na relação dialógica educador-educando. Significados e finalidades são essenciais. No texto Pedagogia do Oprimido (*o manuscrito*), na publicação de 2006, lê-se:

> Na medida em que o educador apresenta aos educandos, como objeto de sua "ad-miração", o conteúdo, qualquer que ele seja, do estudo a ser feito, "re-ad-mira" a "ad-miração" que antes fez, na "ad-miração" que fazem os estudantes (FREIRE, 2006, p. 15).

Então, os professores precisam estar preparados para desenvolver uma

> [...] educação libertadora, problematizadora, já não pode ser o ato de depositar, ou de narrar ou de transferir, ou de transmitir "conhecimentos" e valores aos educandos, meros pacientes [...] (FREIRE, 2006, p. 13).

Para Freire (1996) sem conhecimentos básicos não há possibilidade de verdadeiro exercício da cidadania porque, sem eles, não há possibilidade de interpretar o mundo. Mas, não se trata de um conhecimento asséptico, Deve estar aliado a uma postura crítica com intencionalidade conscientizante, em perspectiva transformadora por parte dos docentes e destes na relação com seus estudantes, vinculada às condições do contexto onde a ação educacional se desenvolve. Se o professor tem que estar capacitado a ensinar os conteúdos de sua disciplina, nem por isso sua prática docente deve limitar-se ao puro ensino dos conteúdos, como transmissão, e sim, fazê-lo como um ato cognoscente, consciente, interpretativo e problematizador, aliado a um testemunho ético com atuação dialógica real, com respeito aos conhecimentos dos educandos e com coerência entre o que diz e o que faz.

Entre dois pensadores/educadores em temporalidades distantes

Na atualidade observamos que educadores se preocupam com o significado da preservação da vida, do cuidado de si e do outro, do ambiente urbano, rural ou florestal, do ambiente social, com as questões de justiça e equidade social, o que se considera essencial para escolhas que visem o bem comum, e, este significado não adquire sentido e força por mera inculcação ou doutrinação, mas, sim, por domínio de conhecimentos básicos advindos das ciências e das humanidades estudados pelo professor de forma crítica, entendendo os limites e a mutabilidade dos conhecimentos, conhecimentos que devem ser trabalhados com os estudantes também a partir de problematizações em torno de temas significantes para eles. O exercício da docência, nesta perspectiva, implica sólida formação em conhecimentos e seus sentidos para a vida humana, formação em valores, na consciência clara do educar quem, onde, por quê, para quê, sempre em um sentido ético do bem comum e coletivo (GATTI, 2013; VASCONCELOS & ANDRADE, 2019; RAMOS et al., 2019).

Carvalho (2017), por outro lado, em longa e profunda argumentação, chama a atenção para o esvaziamento do sentido existencial da experiência escolar, apontando que um indício claro dessa situação é a dificuldade em se atribuir ao trabalho desenvolvido nas escolas sentidos para a vida pessoal e social. Propõe a necessidade de se cuidar da formação do humano na perspectiva da vinculação da educação a uma formação ética, uma formação do espírito, superando o que hoje se observa, o ser tomada como um empreendimento econômico apenas, ou simplesmente como função reprodutiva.

Ideias emergem de realidades – materiais, sociais, culturais – ao mesmo tempo que influenciam ações que constroem e reconstroem realidades e, assim, provocam a necessidade de sua própria reconstrução ao serem confrontadas com as novas realidades historicamente gestadas. Em realidades tão diversas, portanto com formas de pensar e propor educação com perspectivas bem diferenciadas – homens de seu tempo – Coménio e Paulo Freire – nos chamam a atenção para a importância dos conhecimentos e dos valores, da formação dos seres humanos e da importância das formas de agir dos docentes na formação das novas gerações. Em termos diferentes, em concepções próprias a seu tempo histórico, buscam a construção da emancipação do ser humano pela educação: a possibilidade de escolher, de decidir, com fundamento, visando seu bem e o bem comum. Daí a importância do conhecer – ciências, artes, humanidades – mas, conhecer com significado e sentido social e ético. O que outros educadores retomam, mesmo que em perspectivas diversas. Fica a pergunta: com que meios e em quais condições conduzir as novas gerações a esse tipo de conhecimento? Este é o desafio, a cada tempo histórico, posto para a Didática, como aquele campo de saberes que, no dizer de Coménio é a "arte das artes" e ensiná-la é

> [...] um trabalho sério e exige perspicácia de juízo, e não apenas de um só homem, mas de muitos, pois um só homem não pode estar tão atento que lhe não passem desapercebidas muitíssimas coisas" (COMÉNIO, 1657/2006, p. 47).

Nos tempos atuais

Observando, seja pela experiência direta, seja pelas pesquisas, a situação das escolas, as dinâmicas curriculares, as aprendizagens escolares e a formação dos professores em nosso país nas últimas décadas temos hoje problemas que se assemelham aos constatados por Coménio no século XVII, problemas que são bem configurados em muitos estudos como os de Oliveira et al. (2013), Sampaio e Oliveira (2015), Soares e Delgado (2016), Alves et al. (2016), Pimenta et al. (2017), Monfredine et al. (2013); Marin e Giovanni, 2013; Gatti et al. (2012), Gatti (2014), Gatti et al. (2019), dentre tantos outros. Estando no século XXI, não há como não considerar que há aproximações com as análises de Coménio no século XVI – quatro séculos atrás. Ele falava nos primeiros capítulos da Didática Magna das incertezas daqueles tempos, das dificuldades sociais e das violências, hoje voltamos a falar de incertezas, de vulnerabilidades, de uma sociedade líquida (BAUMAN, 2001), de uma sociedade em transição cultural, de uma sociedade cibernética que está gerando um novo mundo, novos modos de pensar, trabalhar e viver, criando inclusões sociais mas também exclusão de muitos, e assim, nos debatemos com as desigualdades e as iniquidades sociais e educacionais (CASTEL, 1998; GOHN, 2007; CASTELLS, 2006). Estamos continuamente, nas últimas décadas, discutindo rumos para a educação escolar, existindo nesse cenário entrechoques de posições, sucessão abrupta de políticas educacionais, às quais não se dá muita sequência, mais vinculadas a objetivos de grupos de interesse do que em perspectivas de largo e longo espectro, com base nas realidades. Mas, as escolas, os estudantes e docentes vão tecendo seus caminhos de ensino/aprendizagem cotidianamente nas circunstâncias de seus contextos – nem sempre adequadas, nem sempre justas – onde estão, como estão, com que condições tenham, e, assim, como lhes é possível – aos gestores e docentes por sua formação e condições de trabalho, aos alunos por seu entorno sociocultural. A importância do cotidiano escolar ressalta aos olhos porque é ali que a formação das pessoas, em grande parte, se faz. Leis, normas, orientações, balizam mas não realizam. A Didática, desde a Grécia Antiga, sempre traduziu a ideia de ação qualificada do ato de educar, da atenção, estudos e contribuições aos processos a se serem desenvolvidos entre mestres e aprendizes, vivências e reflexões de, sobre e para as relações pedagógicas intencionais. Ela visa e penetra com seus fundamentos e conhecimentos as práticas educacionais, ela é portadora da característica de poder adentrar nos cotidianos escolares, nas vivências dos atos de ensinar/aprender. Por que, então, esse conhecimento não tem sido valorizado nas formações de professores? Por que não tem sido valorizado no mundo acadêmico? Por quê todo conhecimento que diz respeito a práticas educacionais – que são atos culturais, portanto prenhes de significado – tem sido desvalorizado?

Conhecimentos acumulados

Dispomos de valorosos conhecimentos acumulados no campo da Didática. Nos quatro séculos decorridos desde a configuração mais estruturada desse campo de conhecimento, com a publicação da Didática Magna de Coménio, muitos outros educadores, em diferentes espaços e tempos, dedicaram-se ao mesmo tema, contribuindo para a construção de uma ciência Didática, com base em diferentes formas de formular seu pensamento educacional, em circunstâncias históricas diversas. No Brasil, os estudos e discussões sobre as questões da Didática tomaram novo fôlego nos anos de 1980, a partir do Seminário "A Didática em Questão", organizado pela Pontifícia Universidade Católica do Rio de Janeiro, realizado em 1982, visando a construção de novas perspectivas nesse campo, em especial a consideração da multidimensionalidade relativa aos assuntos educacionais e os diferentes fatores implicados nos processos de ensino-aprendizagem. Seminário que resultou em publicação de uma Coletânea até hoje referência na área (CANDAU, 1984). Nas últimas décadas muitos debates se travaram em torno da definição do campo da Didática e de seu objeto, de suas teorizações e das implicações para o ensino e a formação de professores. Muitas ideias foram aventadas, polêmicas explicitadas, problemas apontados (SOARES, 1976; BRANDÃO, 1982; CANDAU, 1984; 1989; 2018; CANDAU, 1987; WARDE, 1991; LIBÂNEO, 1991; 2010a; 2015; OLIVEIRA & ANDRÉ, 2003; PIMENTA, 2010; FRANCO, 2010; MARIN, 2014; MARIN & PIMENTA, 2015; CRUZ et al., 2014) VEIGA, 1988; 2012; 2016; LONGAREZI & PUENTES, 2016; CRUZ, 2017).

As reuniões do Endipe – Encontro Nacional de Didática e Práticas de Ensino, desde a década de 1980, vieram estimular a pesquisa e a exposição, o debate, revisão, mutação e construção dos conhecimentos no campo. Em trabalho encomendado para o XII Endipe (2004), com objetivo de lançar um olhar avaliativo sobre aquele encontro, teci algumas considerações que considero válidas para o que se realiza no campo da Didática ainda hoje. Isto digo, com base em análise, "a voo de águia", de trabalhos apresentado naquele encontro e trabalhos anteriores que foram discutidos em alguns dos encontros realizados até então, e, agora, também nestes últimos anos, com base naquilo que pude abarcar por um olhar lançado para as apresentações nos encontros mais recentes, e, por algumas publicações, localizadas em revistas científicas da área, de trabalhos que foram expostos nos encontros nacionais. Os Anais são ricas fontes para perceber traços consolidados ou emergentes no trato dos conhecimentos em Didática, entre nós. Assim, em perspectiva de ensaio de uma meta-análise, observei à época, e observa-se ainda, que a variedade e a riqueza das apresentações/discussões nos Endipes – das conferências aos painéis, às mesas redondas, do tema aos subtemas – nos mostram que os caminhos da reflexão na área da Didática e das práticas de ensino, das políticas e discussões sobre currículo e formação para a docência, como também para a pesquisa, assumem características bem diversificadas, evidenciando riqueza de abordagens, autonomias do pensar e do pesquisar, acolhidas nesses eventos. Encontram-se reflexões que apontam para contradições e perplexidades, as quais sem dúvida se colocam a partir de uma história que se constrói nas condições de uma transição social e cultural que ainda escapa a explicações simplistas. O que nos leva a pensar, com Miriam Warde (1991, p. 54), que o que cabe à Didática, enquanto campo de conhecimento, é "o enfrentamento metódico dos temas com os quais historicamente vem lidando" e esse enfrentamento se faz rompendo-se com padrões cientificistas, o que leva a pensar a Didática como um campo de conhecimento que se constrói e reconstrói na história, um campo sempre em mutação, que não se pode analisar numa ótica fechada na ideia de amoldamento a um paradigma unicista.

Outro ponto importante é que boa parte dos estudos e problematizações trazidas pelas falas e trabalhos diversos sinalizam as inquietações que permeiam a vida educacional no Brasil, particularmente a vida nas escolas e a busca de alternativas para a ação pedagógica. Grande parte do corpo das narrativas presentes nos encontros ancora-se em fatos e intervenções (muitas de natureza participativa), com buscas das relações intrínsecas desses fatos. Em boa parte dessas narrativas observa-se que não se ignoram aspectos em favor de outros, e assim, apresentam uma tessitura complexa. Observo que, a desconsideração de aspectos de eventos e fatos analisados conduz à perda de informação e desenvolvimento de uma compreensão enviesada. Se esses cuidados se apresentam em muitos dos trabalhos, há também incompletudes e certa generalidade em algumas análises, o que se reporta à validade e consistência do proposto, o que nos leva a considerar a necessidade de se aprofundar na área estudos de natureza teórica – o aprofundamento analítico de textos de referência, como também a apreensão mais sólida de aspectos epistemológicos e metodológicos.

O tratamento dado às questões curriculares mostram questionamentos sobre qual currículo deveremos ter ou construir na escola, quais dinamismos da relação didática mudar ou enfatizar, que valores, práticas e atitudes devem compor as relações educacionais. A articulação do produzido está a necessitar um trabalho de garimpagem, em foco multifacetado, mas que poderia mostrar mais claramente caminhos concretos a seguir, implementar, avaliar, rever.

O retrato que alguns dos estudos apresentados traz, inova nas lentes e nas perspectivas. O cotidiano das escolas com seu movimento interno, pessoas com pessoas buscando formas de entendimento mútuo e alternativas de comportamento, gestando linguagens, ajustando lógicas diferentes, conflitando-se. Mostra-se a multiplicidade de ocorrências que são próprias do cotidiano das relações pedagógicas em ambientes de grande heterogeneidade cultural. Há alguns novos olhares para o espaço escolar, mergulha-se aí, para sua compreensão, com outras posturas em relação a anos atrás, outras disposições e valores, trazendo mais nuances sobre a vida cotidiana de professores e alunos, pondo em questão visões homogeneizantes e abstratas sobre essa realidade. Tratam do que nesse espaço se cria. É justamente este tipo de questão que vem colocada nos estudos em discussão: a aula e os campos do conhecimento, a dialética na relação cotidiana de professores e alunos, o âmbito ético dessa relação, a interveniência aí de conhecimentos, universais ou locais, no entrechoque sociocultural de parceiros desiguais. Fazem aparecer as assincronias do "modus vivendi" na atualidade e as perplexidades e contradições no agir educativo. Estas se ampliam na discussão das práticas sociais e políticas que perpassam o mundo escolar. Fazem ver também, que, por mais que tentemos homogeneizar as escolas e a vida escolar, a ela são levados hábitos sociais diferenciados, múltiplas etnias, culturas específicas, representações parcelarias, situações sociais díspares, pronúncias diferentes, linguajares grupais, valores heterogêneos etc. A interação geracional que aí se processa está em busca de novas perspectivas em didática e práticas de ensino, na medida em que o sentido da aula está em mediar o contato e a elaboração cultural em diferentes setores do conhecimento, da vida ética e social. O que se observa é que nas escolas se processam muitas mediações não tão acomodadoras e padronizadoras quanto certas análises pretendiam fazer valer como sendo a única realidade da escola.

Sobre a formação de professores há variadas contribuições e seria interessante proceder a uma análise do que está subjacente aos relatos nos trabalhos que tratam de relações pedagógicas e de ensino, e dos cotidianos escolares, e que informariam aspectos didáticos importantes para a formação para a docência, que poderiam ser socializados nas formações. Sobre a formação de professores há evidências de que em seus currículos, e nas formações continuadas, há pouco espaço para a disciplina Didática e que nas práticas de ensino oferecem-se conhecimentos genéricos e pouco se abordam metodologias, seus fundamentos, limites e aspectos críticos em relação a tipos de abordagem, o que é tratado em profundidade por vários estudos (LIBÂNEO, 2010b; PIMENTA et al., 2017; GATTI et al., 2010; GATTI et al., 2019).

Por fim, destaque-se a ampliação do reconhecimento das diversidades, da variedade de ambientes sócio-bio-geográficos e de situações, da multiculturalidade, dos direitos humanos, das diferenças nas percepções e sentimentos, nos modos de ser. Um rico espectro que paira entre os trabalhos. Observa-se também, reproduções e enquadramentos teóricos rígidos. Todo este conjunto leva à consideração de como permeia esse espaço de conhecimentos variados as tensões no campo e a tensão dos aspectos ligados ao cenário das últimas quatro décadas. Tensão que mobiliza para mudanças. Nas ciências humanas estas tensões têm se assentado em preocupações *éticas* – tolerância, respeito ao diferente, direitos e responsabilidades compartilhados – e, em preocupações *sociais* – respeito ao direito de viver com dignidade. Estas preocupações éticas e sociais sinalizam o desconforto e a desconfiança com alguns dos modelos analíticos imperantes sobretudo no século XX, seja para o conhecimento, seja para as soluções sociais. No contexto que vivenciamos nessas décadas do século XXI o reconhecimento do diferente e das diversidades impõe-se, mas, é preciso sinalizar, como o faz Freitas (2005), que reconhecimento e respeito à diversidade não quer dizer descompromisso com desigualdades que aviltam a própria condição humana. A condição humana, com uma nova consciência emergente, pede ao espírito investigativo novas interpretações quanto ao seu processo constitutivo. Também requer novas concepções quanto aos saberes disseminados nos processos de socialização, em particular pela educação escolar, processos esses que são meios de expansão civilizatória e de sobrevivência, e que fazem um chamamento aos conhecimentos da Didática. Educar e ensinar são os objetos dessa ciência. Nesse ponto volto a Paulo Freire e Coménio: sem formação e conhecimentos não podemos falar em verdadeiras possibilidades de escolhas e decisões, para o bem coletivo, sobre as questões da vida e do mundo que habitamos. O trabalho educativo é o meio para criar essas possibilidades. A Didática pode balizar fundamentos e processos para essas possibilidades.

Referências

ALVES, M.T.G.; SOARES, J.F. & XAVIER, F.P. "Desigualdades educacionais no Ensino Fundamental de 2005 a 2013: hiato entre grupos sociais". *Revista Brasileira de Sociologia*, vol. 4, 2016, p. 49-82.

BAUMAN, Z. *Modernidade líquida*. Rio de Janeiro: Zahar, 2001.

BRANDÃO, Z. "Abordagens alternativas para o ensino da didática". In: *Seminário "A Didática em questão"* – Anais. Rio de Janeiro: PUC-Rio, 1982.

CANDAU, V.M. "Tem sentido hoje falar de uma didática geral?" In: *Tecnologia Educacional*, vol. 16, n. 78/79, set.-dez./1987, p. 36-39.

CANDAU, V.M. (Org.). *Didáticas*: tecendo/reinventando saberes e práticas. Rio de Janeiro: 7 Letras, 2018.

_____. *Rumo a uma nova didática*. Petrópolis: Vozes, 1989.

_____. *A didática em questão*. Petrópolis: Vozes, 1984.

CARVALHO. J.S. "Os ideais da formação humanista e o sentido da experiência escolar". In: *Educação e Pesquisa*, vol. 43, n. 4, 2017, p. 1.023-1.034.

CASTEL, R. *Metamorfoses da questão social*: uma crônica do salário. Petrópolis: Vozes, 1998.

CASTELLS, M. "A sociedade em rede: do conhecimento à política". In: CASTELLS, M. & CARDOSO, G. (orgs.). *A sociedade em rede:* do conhecimento à acção política. Lisboa: Imprensa Nacional, 2006, p. 17-30.

COMÉNIO, J.A. *Didáctica magna* – Tratado da arte universal de ensinar tudo a todos. 5. ed. Lisboa: Fundação Calouste Gulbenkian, 2006 [Trad. e notas de Joaquim Ferreira Gomes].

CRUZ, G.B. "Ensino de didática e aprendizagem da docência na formação inicial de professores". In: *Cadernos de Pesquisa*, vol. 47, n. 166, 2017, p. 1.166-1.195.

FRANCO, M.A.S. (Org.). *Didática*: embates contemporâneos. São Paulo: Loyola, 2010.

FREIRE, P. *Pedagogia do oprimido*. São Paulo: Instituto Paulo Freire, 2018.

_____. *Pedagogia da autonomia* – Saberes necessários à prática educativa. São Paulo: Paz e Terra, 1996.

_____. *Política e educação*. São Paulo: Cortez, 1993a.

_____. *Professora sim, tia não* – Cartas a quem ousa ensinar. São Paulo: Olho d'Água, 1993b.

FREITAS, L.C. *Uma Pós-modernidade de libertação* – Reconstruindo as esperanças. Campinas: Autores Associados, 2005.

GATTI, B.A. "Formação inicial de professores para a educação básica: pesquisas e políticas educacionais". In: *Estudos em Avaliação Educacional*, vol. 25, n. 57, 2014, p. 24-54.

_____. "Educação, escola e formação de professores: políticas e impasses". *Educar em Revista*, n. 50, 2013, p. 51-67, 2013. Curitiba.

GATTI, B.A. et al. *Análises pedagógico-curriculares para os cursos de licenciatura vinculados às áreas de artes, biologia, história, língua portuguesa, matemática e pedagogia no âmbito da UAB e do Parfor – Documento técnico*. Brasília: Unesco/MEC/Capes, 2012.

_____. "Formação de professores para o Ensino Fundamental: instituições formadoras e seus currículos". In: *Estudos & Pesquisas Educacionais*, n. 1, 2010, p. 95-138. São Paulo: Fundação Victor Civita.

GATTI, B.A.; BARRETTO, E.S.S.; ANDRÉ, M.E.D.A. & ALMEIDA, P.C.A. *Professores do Brasil*: novos cenários de formação. Brasília: Unesco, 2019.

GOHN, M.G. *Teorias dos movimentos sociais*: paradigmas clássicos e contemporâneos. São Paulo: Loyola, 2007.

GOMES, J.F. "Introdução". In: COMÉNIO, J.A. *Didáctica magna* – Tratado da arte universal de ensinar tudo a todos. 5. ed. Lisboa: Fundação Calouste Gulbenkian, 2006, p. 5-41.

LIBÂNEO, J.C. "Formação de professores e didática para o desenvolvimento humano". In: *Educação & Realidade*, vol. 40, n. 2, abr.-jun./2015, p. 629-650. Porto Alegre.

_____. "A integração entre didática e epistemologia das disciplinas: uma via para a renovação dos conteúdos da didática". In: DALBEN, A. et al. (org.). *Convergências e tensões no campo da formação e do trabalho docente*: didática, formação de professores, trabalho docente. Belo Horizonte: Autêntica. 2010a, p. 81-104.

_____. "O ensino da Didática, das metodologias específicas e dos conteúdos específicos do Ensino Fundamental nos currículos dos cursos de Pedagogia". In: *Revista Brasileira de Estudos Pedagógicos*, vol. 91, n. 229, 2010b, p. 562-583. Brasília: Instituto Nacional de Estudos e Pesquisas Educacionais Anísio Teixeira.

_____. "A didática e as tendências pedagógicas". In: *Ideias*, São Paulo: FDE, 1991, p. 28-38.

LONGAREZI, A.M. & PUENTES, R.V. (org.). *A Didática no âmbito da pós-graduação brasileira*. Uberlândia: Edufu, 2016.

MALHEIRO, J. "O papel dos hábitos e virtudes afetivas, no pensamento de Tomás de Aquino, como fonte de motivação na aprendizagem". In: *Aquinate,* n. 6, 2008, p. 252-276.

MARIN, A.J. "Didática e docência: ensinar, aprender e ensinar a ensinar". In: CRUZ, G.B.; OLIVEIRA, A.T.C.C.; NASCIMENTO, M.G.C.A. & NOGUEIRA, M.A. (org.). *Ensino de*

Didática: entre recorrentes e urgentes questões. Vol. 1. Rio de Janeiro: Quartet, 2014, p. 147-169.

MARIN, A.J. & GIOVANNI, L.M. "Formação de professores para o início da escolarização: fragilidades". In: *Intermeio*, vol. 19, 2013, p. 52-68. UFMS.

MONFREDINI, I.; MAXIMIANO, G.F. & LOTFI, M.C. (org.). *O deserto da formação inicial nas licenciaturas e alguns oásis*. Jundiaí: Paco, 2013.

OLIVEIRA, M.R.N.S. & ANDRÉ, M.E.D.A. "A prática do ensino de didática no Brasil: introduzindo a temática". In: *Pedagogia Cidadã* – Cadernos de Formação, 2003. São Paulo: Unesp.

OLIVEIRA, R.P.; BAUER, A.; FERREIRA, M.P.; MINUCI, E.G.; LISAUSKAS, F.; ZIMBARG, R.; CASSETTARI, N.; CARVALHO, M.X. & GALVAO, F.V. "Análise das desigualdades intraescolares no Brasil". In: *Estudos e Pesquisas Educacionais*, vol. 4, 2013, p. 19-112. São Paulo: FVC.

PIMENTA, S.G. "Epistemologia da prática re-significando a didática". In: FRANCO, M.A.S. (org.). *Didática*: embates contemporâneos. São Paulo: Loyola, 2010, p. 15-41.

PIMENTA, S.G. et al. "Os cursos de licenciatura em pedagogia: fragilidades na formação inicial do professor polivalente". In: *Educação & Pesquisa*, vol. 43, n. 1, mar./2017, p. 15-30.

RAMOS, A.; HOFFMANN, P.R.P. & RAZZERA, G. "Projeto Imagine – Formando educadores para uma docência multicultural, inclusiva e inovadora". In: *Textos FCC*, vol. 57, 2019, p. 9-25. São Paulo.

SAMPAIO, G.T.C. & OLIVEIRA, R.L.P. "Dimensões da desigualdade educacional no Brasil". In: *Revista Brasileira de Política e Administração da Educação*, vol. 31, n. 3, 2015, p. 511-530.

SAUL, A.M. & SAUL, A. "O saber/fazer docente no contexto do pensamento de Paulo Freire: contribuições para a Didática". In: *Cadernos de Pesquisa*, vol. 24, n. 1, jan.-abr./2017, p. 1-14. São Luís.

SOARES, J.F. & DELGADO, V.M.S. "Medida das desigualdades de aprendizado entre estudantes de Ensino Fundamental". In: *Estudos em Avaliação Educacional*, vol. 27, 2016, p. 754-780.

SOARES, M.B. "A linguagem didática". In: NAGLE, J. (org.). *Educação e linguagem*, São Paulo: Edart, 1976.

VASCONCELOS, M. & ANDRADE, V.C. *Formação de professores e projetos interdisciplinares*: perspectiva para uma outra escola. Curitiba: Brazil Publishing, 2019.

VEIGA, I.P.A. "Prefácio". In: LONGAREZI, A.M. & PUENTES, R.V. (org.). *A Didática no âmbito da pós-graduação brasileira*, Uberlândia: Edufu, 2016, p. 15-18.

_____. *Didática:* entre o pensar, o dizer e o vivenciar. Ponta Grossa: UEPG, 2012.

VEIGA, I.P.A (coord.). *Repensando a Didática*. Campinas: Papirus, 1988.

WARDE, M.J. "O estatuto epistemológico da Didática". In: *Ideias*. São Paulo: FDE, 1991, p. 48-55.

16
Por uma relação outra entre Didática, Currículo, Avaliação e qualidade da educação básica

Luciola Licínio Santos

A qualidade da educação é uma temática recorrente no campo educacional e também tem sido objeto de discussão em diferentes esferas de instituições políticas e sociais. Com diferentes perspectivas essa temática tem sido abordada por estudos no campo do currículo, da didática e da avaliação. As políticas públicas em curso têm estabelecido uma forte relação entre esses campos, com base em uma visão da educação de caráter economicista. Essa visão de educação será debatida neste artigo, apontando alternativas que visem superá-la.

Estudos no campo do currículo evidenciam como as propostas curriculares estão sendo padronizadas e como essa padronização se relaciona com o sistema de avaliação sistêmica implantado no Brasil (SANTOS & DINIZ-PEREIRA, 2017). Esse sistema de avaliação e as propostas curriculares a ele conectadas, por sua vez, têm introduzido reformas nos cursos de formação docente e modificado as condições de trabalho do professor. É que nessa perspectiva as práticas dos docentes passam a ser orientadas em função do desempenho dos alunos nos testes nacionais. Nesse cenário, a qualidade da educação está diretamente relacionada ao resultado das avaliações sistêmicas, uma vez que o bom resultado nesse sistema de testagem indicaria um adequado preparo da mão de obra, o que é considerado indispensável para aumentar a competitividade do país, ou seja, sua capacidade de atrair capital.

Mas serão essas relações, acima descritas, a única forma de se pensar em uma educação de qualidade? Como o campo do currículo, da formação docente e da avaliação podem estabelecer relações outras, diferentes das que estão sendo atualmente impostas?

Para discutir essa temática, neste trabalho, primeiramente, vou abordar o campo do currículo com destaque para a Base Nacional Comum Curricular, em seguida o campo da didática e da avaliação, finalizando com uma discussão sobre as relações outras que podem ser estabelecidas entre esses campos e deles com a qualidade da educação básica. É importante deixar claro, que no campo da didática farei referência apenas à formação docente, destacando as novas diretrizes para essa área.

O campo do currículo

Como já disse anteriormente, a produção na área do currículo no Brasil avançou bastante, desde que Moreira (1991) mapeou a emergência e o desenvolvimento do campo, no início dos anos de 1990. A tendência crítica, predominante na área na década de 1990 e que ainda conta com um grupo significativo de estudos, procurou analisar e diagnosticar problemas, bem como elaborar sugestões e recomendações, com vistas à superação de problemas crônicos presentes no currículo escolar. Nesse período, buscando tornar a educação mais democrática e evitar que a escola continuasse a legitimar diferenças e assimetrias sociais e culturais, ampliou-se a produção e as atividades do campo com a publicação de artigos, a realização de seminários e conferências e a prestação de assessoria às redes de ensino.

Nesse cenário, foram criticados os currículos disciplinares, a hegemonia da cultura acadêmica nos conteúdos curriculares, a hierarquização de disciplinas no interior das propostas curriculares, as discriminações de classe, gênero e etnia, presentes tanto nos currículos oficiais como nos materiais didáticos e nas práticas escolares. Multiplicaram-se os trabalhos que defendiam os currículos integrados, a necessidade de conhecimento das culturas dos alunos, o respeito às diferenças culturais, a aproximação do currículo da vida cotidiana e da cultura da comunidade em que a escola se insere, a necessidade de a escola não apenas trabalhar conteúdos cognitivos, mas também valorizar e trabalhar o corpo, as emoções e as habilidades e valores sociais. Defendia-se ainda a reorganização da sala de aula, no sentido do estabelecimento de práticas mais democráticas e o uso de materiais e recursos variados no ensino. Foi também discutida a influência do currículo na formação das subjetividades dos alunos, em função não apenas dos conteúdos ministrados, mas também das formas de ensino utilizadas (SANTOS, 2007).

Gradativamente, sobretudo a partir dos anos de 2000, multiplicaram-se as críticas a essa corrente que busca traçar parâmetros para que o currículo garanta uma educação de qualidade principalmente para as crianças das escolas públicas. Para alguns acadêmicos essa preocupação em definir critérios e/ou conteúdos curriculares considerados mais inclusivos tem como consequência a elaboração de propostas prescritivas, marcadas por um tom moralista, essencialista e metafísico. É que para a chamada corrente crítica para dar resposta às demandas das escolas, significa adentrar em questões como seleção e organização de conteúdos. Tarefa essa que pode levantar questões de pertinência, relevância e qualidade. Para o grupo no interior do campo do currículo que trabalha com as tendências pós-críticas essas questões se colocam no campo de valores e de juízos morais. Problemas estes já ultrapassados, para este grupo, e compartilhados apenas, no seu ponto de vista, por intelectuais que acreditam que é possível definir quais são as melhores alternativas, como se existisse alguma garantia para isso. Para este grupo, como não há certezas objetivas que assegurem o que é melhor e pior, não há como trabalhar nessa perspectiva.

O que se pode observar é que há, na atualidade, uma grande tensão quando se pensa nos currículos escolares no Brasil. Como modificar a educação escolar, propiciando um bom desempenho das camadas populares nos testes estaduais e nacionais? Como tornar a escola mais inclusiva e mais acolhedora garantindo a permanência de crianças e adolescentes? Abre-se mão das novas atividades, das práticas lúdicas introduzidas nas escolas? Volta-se a enfatizar o currículo disciplinar? Tem sentido em um país tão marcado por diferenças regionais e locais a proposta de conhecimentos básicos a serem ensinados em cada série a todos os alunos do país?

Apesar das diferentes abordagens acima apontadas, parece que há um consenso em relação à Base Nacional Comum Curricular (BNCC), que de fato representa uma proposta detalhada de um currículo nacional. É que, fundamentados em razões e perspectivas diferentes, a maioria dos pesquisadores do campo parece convergir na rejeição à BNCC. As críticas vão desde a recusa à definição do que deve ser ensinado nas escolas, passando pela necessidade de o currículo contemplar a diversidade e a diferença, indo até a constatação que, a partir das características locais, os currículos serão reinterpretados e ressignificados de acordo com as tradições e as culturas de cada comunidade a que se destina. Em síntese, grande parte dos acadêmicos que trabalha a partir do referencial da corrente crítica e também os que se orientam pela literatura pós-crítica defende a ideia de que o currículo deva ser definido a partir das especificidades das culturas locais, rejeitando propostas impostas às escolas de cima para baixo.

Formação docente

Formação docente é um campo que se desenvolve crescentemente no Brasil desde o final dos anos de 1970. Os trabalhos nesse campo tratam da formação inicial e continuada, dos saberes docentes, da prática dos professores, da identidade e profissionalização do professorado, das condições de trabalho, incluindo saúde do professor, das políticas sobre trabalho e formação docente, da carreira, salário, das organizações/manifestações e sindicato dos docentes.

Se na década de 1980 predominaram os estudos sobre formação docente de orientação marxista, nas décadas seguintes outros referenciais mais ecléticos vão fundamentando os estudos nesse campo, resultado da proliferação de diferentes teorias no campo das ciências sociais. Os trabalhos nessa área passam, então, a analisar o professor sob novos prismas. Busca-se compreender como o professor constrói sua identidade profissional. Busca-se estudar sua história profissional e sua história de vida, analisando como estas se cruzam. Busca-se conhecer como o professor durante sua formação inicial e antes dela e por meio do exercício de sua profissão vai construindo um saber sobre seu ofício. Tanto no campo da formação continuada como da formação inicial desenvolvem-se estudos e trabalhos com histórias de vida para uma melhor compreensão do próprio processo de formação.

Foi neste contexto que nos anos de 1990 os estudos de Schon (1983) e de seus seguidores sobre o profissional reflexivo tiveram ampla repercussão, tanto nas pesquisas como nas propostas relacionadas à formação de professores. Foram também discutidas propostas que advogavam a necessidade de o professor se tornar um intelectual crítico, na direção do que foi proposto por Giroux (1997) ou um professor-pesquisador, proposta defendida em diferentes trabalhos de Zeichner (1998). Alguns trabalhos voltaram-se para mostrar como o discurso no campo das teorias pedagógicas vai construindo a identidade dos docentes, podendo ser dado como exemplo desse tipo de análise o trabalho de Ball (2002). Merecem ainda destaque os estudos centrados na discussão de propostas de formação inicial e de formação continuada e as pesquisas sobre as políticas públicas existentes nessas áreas. Questões como profissão, profissionalidade e ética têm também sido foco de investigação e de publicações.

Em 2019 foram homologadas as Diretrizes Curriculares Nacionais para a Formação Inicial de Professores para a Educação Básica e Base Nacional Comum para a Formação Inicial de Professores da Educação Básica (BNC-Formação), cujo parecer e resolução do Conselho Nacional de Educação foram aprovados em 2019 e publicados no Diário Oficial da União em fevereiro de 2020 (BRASIL,

2019). Diretrizes essas que receberam críticas das organizações e associações docentes por diversos motivos.

Primeiramente, é preciso dizer que essa proposta (BNC-Formação), objeto de discussões em diferentes fóruns, parte de um ministério dirigido por uma das lideranças nacionais da guerra ideológica travada pelas forças da extrema direita, que atacam as universidades federais e defendem medidas e iniciativas que revelam uma visão mercantil da educação, como o projeto Future-se. Nessa proposta de diretrizes se defende, equivocadamente, a ideia de que os professores são os principais responsáveis pelo desempenho dos estudantes. Seus elaboradores ignoram, assim, décadas de estudos da sociologia da educação que mostram que os resultados escolares estão relacionados, primeiramente e mais fortemente, às condições socioculturais e econômicas das famílias dos estudantes. Logo, o documento se fundamenta na premissa enganosa de que professores bem formados resolveriam os problemas da educação.

Em segundo lugar, essas diretrizes compartilham a ideia de que a simples mudança dos currículos dos cursos levaria à formação de professores bem preparados. O equívoco aqui é duplo, pois o documento pressupõe que os cursos mudariam seus currículos de acordo com essa proposta, ignorando as tradições e experiências acumuladas por cada instituição e as diferentes transformações e mudanças que sofre um texto quando interpretado e adaptado à realidade local. O outro equívoco é pensar que teremos professores bem preparados sem alterações nas condições de trabalho e na valorização salarial e social do magistério.

Em terceiro lugar, o documento retoma a ideia da formação docente ser oferecida em institutos de formação de professores, tese defendida no governo de Fernando Henrique Cardoso e rechaçada por grande parte de educadores.

Em quarto lugar, o documento atrela a formação dos professores à BNCC da educação básica, o que gera uma série de problemas, uma vez que não há entre os educadores, sobretudo, entre os professores do Ensino Superior, uma concordância em relação a essas diretrizes, que foram também fortemente criticadas pelos órgãos e associações de docentes.

Em quinto lugar, o documento coloca que os professores tanto podem ser formados por cursos presenciais como por cursos a distância. Posição essa que contraria a maioria dos acadêmicos do campo da formação docente que argumenta que a formação inicial dos professores exige cursos presencies em que os futuros profissionais estabeleçam um diálogo vivo com seus professores e colegas e por meio da exposição a experiências diversas possam iniciar seu processo de socialização na profissão.

Avaliação sistêmica

A avaliação do desempenho dos alunos, realizada por meio de testes nacionais e internacionais, faz parte de um conjunto de medidas desencadeadas em diferentes países do globo, com o objetivo de reformar os sistemas educacionais, visando melhorar o desempenho escolar em todos os níveis de ensino. Há cerca de três décadas, acadêmicos de indiscutível prestígio analisam essas reformas (BEECH, 2011; BALL; 1992; 1994; 2002; LADWIG, 1994; POPKEWITZ, 1997; APPLE, 2003; WHITTY, 2003, entre outros), denunciando a orientação mercantilizada da educação que as presidem, como parte das mudanças que estão ocorrendo na políticas públicas que trabalham de acordo com a cartilha do "nova gestão pública" (*new public management*).

Jenny Ozga e Sotiria Grek (2008), no artigo intitulado *Governando por números? Modelando o sistema educacional através de dados*, afirmam que os sistemas de avaliação têm dado maior prioridade aos resultados da aprendizagem que estão mais diretamente relacionados ao desenvolvimento econômico e à empregabilidade. No mesmo sentido Dias Sobrinho (2008, p. 79) salienta que o problema maior das avaliações realizadas pelo estado é que são orientadas por uma visão econômica da educação. Isto leva a educação a se afastar das questões relacionadas à formação humana, para cumprir papéis relacionados às metas econômicas, servindo para o governo como mecanismo para controlar a eficiência e a produtividade das instituições.

Um ponto comum nessas críticas à cultura da avaliação reside no fato das políticas educacionais estarem baseadas em estatísticas, que levam em conta apenas aspectos da realidade educacional que são mensuráveis. Lima (2011, p. 74) ressalta esse ponto ao argumentar que a ênfase nas atividades escolares é colocada nos produtos e não nos processos de aprendizagem, quando são priorizados apenas os resultados. Sá (2009, p. 99) também enfatiza que ao tomar o resultado dos testes nacionais como indicador da qualidade da escola abre-se possibilidade para diferentes desvios no processo educacional. É que esse processo induz a secundarização de aprendizagens mais dificilmente mensuráveis.

Barriga (2009, p. 27) falando sobre os testes nacionais realizados na educação básica no México afirma que os relatórios dos resultados não fornecem aos professores informações que lhes possibilitem ver em que conteúdos os alunos tiveram dificuldade, ou seja, a avaliação não cumpre seu papel de informar aos professores aquilo que precisam melhorar em seu ensino.

Casassus (2009, p. 75) vai mais longe ao afirmar que qualidade, considerada a partir do resultado em testes, deixa de lado aspectos que são finalidades importantes da educação, "o desenvolvimento da personalidade, o respeito, a cidadania, a curiosidade, o desenvolvimento de valores, a vontade de descobrir conhecimentos, o compromisso com a sabedoria".

Stephen Ball (2002), que é um autor que tem analisado e criticado as políticas públicas que se pautam por critérios e princípios empresariais, argumenta que estas implicam mudanças, não apenas em aspectos técnicos ou organizacionais, mas também em mudanças na subjetividade das pessoas – elas buscam "reformar professores para mudar o que significa ser professor". Os professores mergulhados nessa cultura da avaliação que, em muitos casos, associa a remuneração ao desempenho, começam a ficar inseguros, se questionando o tempo todo se realmente estão agindo corretamente. É que as pessoas interiorizam os princípios que regem estas tecnologias políticas e começam a julgar a si, aos outros a partir deles. Nesse contexto, as relações pessoais correm o perigo de se transformarem naquilo que o autor denomina de relações de julgamento "nas quais as pessoas são valorizadas apenas pela sua produtividade" (BALL, 2002, p. 11).

Na mesma direção, Grek e Ozga (2008) afirmam que as estatísticas, os números, levam os responsáveis pela educação, desde as autoridades educacionais, os diretores de escola e os professores a se autorregularem. Esses processos de mensuração agem para disciplinar ou governar o sistema e os indivíduos que passam a se comportar de acordo com as normas, ou seja, com os valores, os princípios, os critérios da educação e da aprendizagem que estão diretamente ligados ao crescimento e à competitividade econômica.

Em síntese, a literatura, que analisa criticamente a criação e o desenvolvimento dos sistemas de avaliação do desempenho dos alunos, mostra como tais sistemas têm servido como referência para definir a qualidade da educação e aponta os desvios e as distorções que essa associação pode causar aos sistemas educacionais. Os testes, ao classificarem as escolas e estabelecerem metas a serem alcançadas por elas, instauram um movimento de competição, modificando as relações entre as escolas e dessas com a comunidade, uma vez que as escolas passam também, mesmo que de forma disfarçada, a selecionar seus alunos e/ou a pressionar e cobrar das famílias, cada vez mais, empenho no acompanhamento escolar dos filhos, responsabilizando-as pelo insucesso escolar de seus alunos.

Os currículos escolares tendem a se estreitarem, dando ênfase apenas ao que será avaliado. A avaliação que deveria ser um dos elementos do currículo passa a ser o elemento que define o currículo. Os professores também sofrem os efeitos da pressão exercida sobre as escolas para atingirem melhores resultados. Como consequência há um visível crescimento do absenteísmo, aumento do adoecimento e crescente insatisfação com o trabalho. As relações no interior da escola também se modificam quando as pessoas passam a ser vistas apenas pelo prisma da produtividade.

Outras relações entre currículo, formação docente e avaliação

Espera-se que a escola pública ofereça uma educação de qualidade, capaz de garantir o direito à educação básica, de acordo com o que é declarado na legislação do país. Essa educação de qualidade, no meu ponto de vista, pressupõe que o aluno tenha acesso a conhecimentos que o ajude a entender melhor o mundo social e natural que o cerca, possibilitando a continuidade dos estudos. Ao lado disso, as experiências escolares devem ser significativas de tal forma que permitam que os estudantes se tornem cidadãos críticos, solidários capazes de resolverem seus problemas e de participarem das diferentes esferas da vida pública. Enfim, a educação de qualidade precisa de bons professores que saibam trabalhar com experiências valiosas em que os alunos se sintam acolhidos e estimulados a aprender e a viver melhor.

Para isso, são necessárias duas frentes de trabalho. A primeira diz respeito às medidas voltadas para a melhoria das condições de vida da população e a segunda se relaciona com a superação de problemas ligados aos fatores intraescolares responsáveis pelo fracasso escolar dos estudantes. A primeira inclui políticas nas áreas de saúde, habitação e emprego, capazes de proporcionarem à população condições de uma vida digna que garanta o bem-estar de seus filhos, condição indispensável para uma educação de qualidade. A segunda coloca em foco a formação do professor, o currículo e a avaliação, ao lado de outras questões fundamentais, que vão desde a melhoria da infraestrutura da escola – prédios e equipamentos até o aumento dos salários dos docentes no interior de uma carreira.

Diferentes conceitos de qualidade disputam espaço no campo educacional. Para melhor compreensão desses conceitos é importante analisar as políticas e práticas educacionais presentes nos sistemas públicos de ensino para se identificar as diferentes orientações a elas subjacentes e identificar o que realmente fica explícito ou implícito nessas propostas como uma educação de qualidade.

No final dos anos de 1990 Carnoy e Moura (1997) ao analisarem as políticas educativas na América Latina observaram que as reformas em curso foram impulsionadas por questões diretamente relacionadas ao financiamento, à competitividade ou à equidade. Assim, foram implementadas ações objetivando: a redução de despesas ou a utilização dos gastos de forma mais produtiva (financiamento); a melhoraria da qualidade da mão de obra, tornando os países mais competitivos (competitividade), e a necessidade de inclusão no sistema de ensino dos alunos pertencentes às camadas populares, procurando aumentar a mobilidade e reduzir o desnível social (equidade). Todas essas reformas, segundo os autores, diziam estar voltadas para a melhoria da qualidade da educação, mas na maioria delas houve uma intenção oculta nos discursos – a redução dos gastos educacionais.

Como foi visto ao longo deste trabalho, no campo do currículo a proposta da BNCC[5] congregou opositores que fazem parte da tradição crítica e pós-crítica, que por motivos diversos rejeitam a padronização do ensino que é uma proposta alinhada à visão economicista da educação. No mesmo sentido, a proposta da BNC-Formação e as avaliações sistêmicas têm sido criticadas, por também fazerem parte da mesma orientação política. É importante ressaltar, como já foi observado, que a visão economicista da educação tem como foco a formação de uma força de trabalho capaz de aumentar a competitividade econômica do país e, como os recursos financeiros para a educação são escassos, buscam a eficiência e eficácia como forma de obter mais com menos.

De forma diferente, algumas propostas políticas colocam como seu eixo estruturante a democratização da educação e são dirigidas por um princípio básico que é a inclusão escolar dos alunos das camadas populares. Em suas orientações definem a educação como um processo de formação humana. Tais propostas se baseiam em princípios da chamada pedagogia crítica[6] e recomendam, entre ou-

---

5. Apesar de não se colocar como uma proposta de currículo, a BNCC, na realidade, exerce esse papel e se torna elemento fundamental na formação docente, conforme preconizam as diretrizes para os cursos de licenciatura, servindo ainda de matriz de referência para o sistema de avaliação sistêmica do país.

6. Muitas vezes foram utilizadas neste trabalho expressões como pedagogia crítica e educadores críticos, sem uma definição do sentido em que essas expressões estão sendo utilizadas. De forma bem sintética essas expressões englobam, de acordo com Bernstein, as propostas

tras coisas: currículos descentralizados; criação de novas formas de organização do ensino, com a introdução no âmbito do currículo de novos conteúdos e de novas práticas pedagógicas; a preponderância da avaliação da aprendizagem realizada pelo professor com ênfase na avaliação diagnóstica e formativa; maior autonomia dos docentes que devem passar a orientar seu trabalho por uma reflexão crítica sobre sua prática e por compromissos éticos relacionados à superação dos mecanismos intraescolares responsáveis pela exclusão dos estudantes das camadas populares.

Em síntese, os estudos nos campos do currículo, da formação docente e da avaliação, de forma simplificada e mesmo correndo os erros das posições binárias, podem ser descritos como tributárias de duas tendências. De um lado, a defesa de maior controle sobre o currículo, a formação e o trabalho docente, de outro lado advoga-se a descentralização dos currículos e a autonomia dos professores como condição para uma educação crítica e comprometida com valores éticos. É importante esclarecer que esta polarização em torno de duas tendências está sendo feita somente para maior compreensão das ideias aqui defendidas. Quando as propostas educacionais são analisadas no terreno em que se desenvolvem pode-se identificar diferentes matrizes do ponto de vista filosófico e político. Matrizes essas que se chocam e/ou se combinam, sendo quase impossível enquadrá-las em um determinado modelo teórico.

Finalizando, quero relembrar que vivemos tempos difíceis, e que a resistência é um dos nossos instrumentos de luta. Não podemos deixar que pessoas estranhas ao meio educacional, que desconhecem suas lutas e tradições decidam, legislem e atuem, definindo os rumos da educação brasileira. As bandeiras democráticas devem continuar a ser levantadas. Vamos dar continuidade a luta por uma educação sintonizada com as necessidades da maioria da população, de modo a contribuir para a formação de pessoas que produzam um mundo mais solidário e mais justo do que esse em que vivemos.

---

pedagógicas que enfatizam os processos de aquisição de conhecimentos, habilidades e valores pelos alunos, ao invés de se centrarem nos processos de transmissão. No entanto, seria importante, hoje, acrescentar outras características para classificá-las, uma vez que a centralidade nos processos de aprendizagem se tornou um terreno comum no campo pedagógico. Logo, além deste aspecto, o adjetivo crítico ou progressista é utilizado aqui para as propostas pedagógicas que dão ênfase ao compromisso político da educação; ou seja, seu compromisso com a escolarização das camadas populares e sua visão como um processo relacionado à emancipação dos segmentos e grupos marginalizados e discriminados, tanto do ponto de vista econômico quanto social e cultural.

Referências

APPLE, M. *Educando à direita*. São Paulo: Cortez, 2003.

BALL, S. "Reformar escolas/reformar professores e os terrores da performatividade". In: *Revista Portuguesa de Educação*, vol. D15, n. 2, 2002, p. 3-23.

_____. *Educational reform* – A critical and post-structural approach. Filadélfia: Open University Press, 1994.

BALL, S. et al. *Reforming education & changing schools*: case studies in policy sociology. Londres: Routledge, 1992.

BARRIGA, A.D. "A avaliação na educação mexicana – Excesso de programas e ausência da dimensão pedagógica". In: *Revista de Ciências da Educação*, n. 9, 2009, p. 19-30.

BEECH, J. *Global panaceas: Local realities* – International agencies and the future of education. Frankfurt a. Main: Peter Lang, 2011.

BRASIL/Conselho Nacional de Educação. *Resolução n. 02* – Diretrizes Curriculares Nacionais e a Formação Inicial de professores para a Educação Básica e Base Nacional Comum para a Formação Inicial de Professores da Educação Básica (BNC-Formação), 20/12/2019.

CASASSUS, J. "Uma nota crítica sobre avaliação estandarizada: a perda da equidade e a segmentação social". In: *Revista de Ciências da Educação*, n. 9, 2009, p. 71-78.

CASTRO, C.M. & CARNOY, M. *Como anda a reforma da educação na América Latina*. Trad. Luiz Alberto Monjardin e Maria Lúcia Leão Velloso de Magalhães. Rio de Janeiro: Fundação Getúlio Vargas, 1997.

GIROUX, H. *Os professores como intelectuais*: rumo a uma pedagogia crítica da aprendizagem. Porto Alegre: Artmed, 1997.

GREK, S. & OZGA, J. "Governing by numbers? – Shaping education through data". In: *CES Briefing Centre for Educational Sociology*, n. 44, 2008.

LADWIG, J. "For whom this reform? – Outlining educational policy as a social field". In: *British Journal of Sociology of Education*, vol. 15, n. 3, 1994, p. 341-363.

LIMA, L.C. "Avaliação, competitividade e hiperburocracia". In: ALVES M.P. & DE KETELE, J.M. (org.). *Do currículo à avaliação, da avaliação ao currículo*. Porto: Porto Ed., 2011, p. 71-82.

MOREIRA, A.F.B. *Currículos e programas no Brasil*. Campinas: Papirus, 1991.

POPKEWITZ, T.S. *Reforma educacional: uma política sociológica* – Poder e conhecimento em educação. Porto Alegre: Artes Médicas, 1997.

SÁ, V.A. "(Auto)avaliação das escolas: 'virtudes' e 'efeitos colaterais'". In: *Ensaio*: avaliação e políticas públicas em educação, vol. 17, n. 62, 2009, p. 87-108.

SANTOS, L.L.C.P. "Currículo em tempos difíceis". In: *Educação em Revista*, v. 45, 2007, p. 291-306. IFMG.

SANTOS, L.L.C.P. & DINIZ-PEREIRA, J.E. "Tentativas de padronização do currículo e da formação de professores no Brasil". In: *Cadernos Cedes*, vol. 36, 2016, p. 281-300.

SCHON, D. *The reflective practitioner*. Nova Yok: Basic Books, 1982.

WHITTY, G. *Making sense of education policy*. Londres: Paul Chapman Publishing, 2003.

ZEICHNER, K.M. "Tendências da pesquisa sobre formação de professores nos Estados Unidos". In: *Revista Brasileira de Educação,* n. 9, set.-dez./1998, p. 76-87.

17
Didática da Educação Superior: construindo, caminhos para a prática pedagógica

Ilma Passos Alencastro Veiga

Introdução

Existem vários motivos para elaborar um artigo acadêmico e submetê-lo à apreciação do leitor, seja ele docente, seja pesquisador e seja estudante, entre outros. No âmbito deste artigo a respeito da Didática da Educação Superior, três motivos impulsionaram-me à produção da presente pesquisa.

O primeiro motivo é o esforço de organização e sistematização, por meio de estudo e produção na área da temática de 1988 a 2018 (ARAÚJO, 2020). Nesse período as produções foram variadas bem como suas terminologias, ora Didática do Ensino Superior, ora Didática da Educação Superior.

Vale destacar que ambas as expressões *Ensino Superior* e *Educação Superior* estão presentes na Lei 9.394/96, LDB, nos art. 44, 45 e 47. O art. 44 distingue as *Instituições de Ensino Superior* das *Instituições públicas de Ensino Superior*. Já o art. 45 refere-se à *Educação Superior* que será ministrada em *Instituição de Ensino Superior*. Evidentemente, os termos *Educação Superior* estão legitimados pela LDB/1996, portanto a Didática é da Educação Superior. Além dos títulos Didática da Educação Superior e Didática do Ensino Superior, existem outros termos para designá-las: Metodologia do Ensino Superior e Metodologia do Ensino na Educação Superior, Pedagogia no Ensino Superior e Pedagogia no Ensino Superior. Ultimamente usam-se Pedagogia Universitária, Docência Universitária e Didática Universitária.

A preocupação e a inquietação com a Educação Superior estão focalizadas na formação de docentes para o exercício do magistério nas décadas de 1980-2000. Para não perder a lógica da exposição, não me proponho a analisar as produções terminológicas citadas. Quero apenas evidenciar a pluralidade terminológica e, ao mesmo tempo, à luz do referencial que assumi atualmente, demonstrar minhas convicções a respeito da Didática da Educação Superior no bojo da Pedagogia Histórico-crítica. Não pretendo, portanto, negar as produções desenvolvidas sob a esteira de outros referenciais teóricos, mas apenas compartilhar os conhecimentos teórico-práticos produzidos e resultados de minhas experiências, meus estudos e minhas interpretações, provenientes das pesquisas interinstitucionais, coletivas e participativas.

O segundo motivo é o de explicitar que não há uma única didática comum para os dois níveis da educação: básica e superior. Há uma Didática Geral para a formação de professores para a educação básica e uma Didática da Educação Superior responsável pela formação docente para o exercício neste nível de educação. Essa percepção foi tornando-se clara a partir dos trabalhos acadêmicos de pesquisa e assessoria pedagógica desenvolvidos na Universidade de Brasília (UnB), na Universidade Federal de Uberlândia (UFU), na Universidade Federal de Pelotas (UFPel) e em uma instituição não universitária (Uniceub).

A minha trajetória profissional articulada com a responsabilidade de formar professores para a educação básica e, concomitantemente, a atuação em cursos de pós-graduação *lato e stricto sensu* permitiram compreender a complexidade desses processos didáticos, na esperança de que esse entendimento possa contribuir para a concepção de que a Didática da Educação Superior se desdobra em várias específicas de acordo com as disciplinas dos cursos superiores em seus diferentes campos científicos.

Bourdieu (1983) concebe o campo científico como um espaço social delimitado contando com estratégias e disputas, cujos atores estão em busca de prestígio, e conta com lutas concorrências em relação de força, monopólios, interesses e lucros. Essa concepção foi ficando clara à medida que aprofundava a compreensão dos processos formativos de docentes sem formação pedagógica que atuam na Educação Superior em instituições de ensino universitárias e não universitárias.

O terceiro motivo está fundado na descoberta de que a disciplina Metodologia do Ensino Superior ofertada em cursos de especialização *lato sensu* e na pós-graduação *stricto sensu* em educação tinha como objeto de estudo a Educação Básica. A questão que se coloca agora é trabalhar os elementos constitutivos da Didática da Educação Superior voltados para a organização e a sistematização da prática pedagógica na instituição de Ensino Superior. A pesquisa desenvolvida por Veiga (2010) deixou claro que o processo de formação docente visa romper com o autodidatismo do professor da Educação Superior. Ficou evidenciado que os docentes que atuam na Educação Superior, de forma geral, são formados em cursos de bacharelado voltados para diferentes profissões. Há, portanto, um desconhecimento científico do que seja o processo didático em suas diferentes dimensões: ensinar, aprender, pesquisar, avaliar e socializar conhecimentos e tecnologias.

Esses motivos e as práticas pedagógicas desenvolvidas nas instituições de Ensino Superior vêm despertando inquietações e a busca de conhecimentos acerca da formação pedagógica para o exercício da docência neste nível de educação. Encaminhada dessa maneira, ou seja, os motivos para a elaboração do texto, reconheci que a Educação Superior constitui o segundo nível da composição de educação escolar. Dessa forma, a articulação entre os dois níveis de educação escolar ficou garantida na Lei 9.394/96.

Didática da Educação Superior: concepções e fundamentos

Existem diferenças marcantes entre o profissionalismo docente da Educação Básica e o da Superior. Para Formosinho, "[...] Essas diferenças remetem para o fato de em nós professores de crianças estarem muito mais acentuadas as dimensões de desenvolvimento humano" (2011, p. 144). De acordo com o autor, há uma "responsabilidade integral" e um "caráter interativo", como professores de um grupo constante de alunos (p. 144). Os docentes da Educação Superior são de campos científicos diversificados. São professores de estudantes pós-adolescentes, de adultos, e com organização do trabalho também diferente. Fica evidente a importância dessas diferenças e, principalmente, quando destacamos o objeto de estudo dessas didáticas. A Didática da Educação Superior, pelo nível de maturidade dos estudantes, futuros profissionais, apresenta possibilidades de construção do conhecimento bem diversificadas. Ela se ocupa com os estudos de aspectos abrangentes, fundamentos do processo didático.

Assim, a Didática Geral tem como objetivo a educação básica, suas intencionalidades, seus fundamentos, suas concepções e suas modalidades; é disciplina obrigatória para os cursos de licenciatura. A Didática da Educação Superior tem como objeto o Ensino Superior com foco nos fundamentos, nas finalidades, nos princípios e nas características do processo didático desse nível de ensino. Ela se ocupa do ensino de forma geral, com o objetivo de produzir aprendizagens; seus princípios e seus fundamentos são gerais e cabíveis a qualquer profissão, pois diz respeito à Educação Superior na formação do estudante.

A Didática da Educação Superior é uma disciplina formativa, área de estudo da Pedagogia, obrigatória nos cursos *lato sensu* e em muitos programas de pós-graduação *stricto sensu* em educação. É uma Didática mais geral, fundamentada na racionalidade crítica e emancipatória. Sob essa perspectiva, é importante compreender a Educação Superior, o seu papel na sociedade e os seus fenômenos socioeconômicos, políticos e educacionais. Nesse sentido, a Didática da Educação Superior é constituída pelas intencionalidades e pelos fundamentos em busca de uma prática social concreta, ou seja, a prática pedagógica.

É importante ressaltar que a Didática da Educação Superior não se resume apenas à contextualização política dos conteúdos curriculares para a formação profissional. Ela requer a apropriação epistemológica da educação como atividade humana, bem como a compreensão do campo metodológico mais adequado e coerente com a concepção de educação assumida. O que se espera é que os fundamentos e os elementos nucleares da referida Didática estejam integrados à concepção crítica da educação.

A educação é compreendida como o ato de "[...] produzir direta e intencionalmente, em cada indivíduo singular, a humanidade que é produzida histórica e coletivamente pelo conjunto dos homens" (SAVIANI, 2019, p. 18). Isso significa que a educação é mediação no seio da prática social global, bem como seu "[...] fundamento metodológico que busca expressar o movimento do conhecimento constituído como a passagem do empírico ao concreto pela mediação do abstrato, ou seja, a passagem da síncrese à síntese pela *mediação da análise*" (GALVÃO; LAVOURA & MARTINS, 2019, p. 127) (grifos meus). A concepção de educação como *mediação* de prática social "[...] explicita exatamente que a educação é uma modalidade de prática social, o que significa que em hipótese alguma saímos da prática social para desenvolvermos atividades de estudo e depois retornarmos a ela para agir praticamente" (p. 128).

Pensar a Didática da Educação Superior implica concebê-la como práxis, como categoria filosófica que permite a unicidade da teoria-prática por meio de uma proposição metodológica. A prática pedagógica é o trabalho do professor, que envolve o processo didático nas dimensões de ensinar, aprender, pesquisar, avaliar e socializar conhecimentos e tecnologias. Nessa concepção, ela é um processo consciente, intencional e sistemático, pelo qual se trabalham os conhecimentos científicos, pedagógicos produzidos historicamente. Para ilustrar isso, Saviani (2019, p. 73) explicita:

> [...] Assim, a prática é a razão de ser da teoria, o que significa que a teoria só se constitui e se desenvolve em função da prática que a opera, ao mesmo tempo, como seu fundamento, finalidade e critério de verdade. A teoria depende, pois, radicalmente da prática. Os problemas de que ela trata são postos pela prática e só faz sentido enquanto é acionada pelo homem como tentativa de resolver os problemas postos pela prática.

Para o autor, elas não se excluem, são termos opostos que se incluem, pois, sem a teoria, a prática gera o pragmatismo e a teoria sem a prática vai gerar o verbalismo; isto é, "[...] o falar por falar, o blá-blá-blá, o culto da palavra oca e o ativismo, é a ação pela ação, a prática cega, o agir sem rumo claro, a prática sem objetivo" (p. 74).

Os elementos constitutivos da Didática da Educação Superior e suas relações

Os fundamentos já discutidos sugerem a possibilidade de diálogo com os elementos constitutivos e nucleares da Didática da Educação Superior e suas relações. Dessa maneira, a didática como mediação do processo de ensino-aprendizagem fortalece o papel do docente na condução da aprendizagem dos estudantes. A relação entre os elementos constitutivos do processo didático – o professor, o estudante, o conhecimento – forma as categorias que representam o conteúdo da didática: finalidades e objetivos; seleção e organização dos conteúdos; metodologia; recursos didáticos; avaliação; condições de se ensinar e de se aprender; planejamento. É importante ressaltar que esses elementos cruciais que deverão orientar o processo didático e, consequentemente, a prática pedagógica são características e conteúdos da formação pedagógica de docentes.

a) Os sujeitos do processo didático

A atividade de quem ensina é do professor e a atividade de aprender é do estudante que assume a posição de aprendiz. Assim, "[...] quanto mais o ensino se efetiva e institui como uma atividade *mediadora* da relação sujeito-objeto, mais o aluno é capaz de saturar o objeto de determinação, mais ele capta de maneira concreta" como explicitam, Galvão, Lavoura e Martins (2019, p. 155; grifo meu).

O ensino é uma prática social, com várias dimensões, como a social, a cultural, a política, a pedagógica etc., para compreender as relações entre professor –

estudante – conhecimento. A aprendizagem é orientada por tarefas cognitivas que mobilizam a formação pedagógica do bacharel – docente.

Diante das situações detectadas, temos de compreender, então, a natureza da Educação Superior e definir critérios para efetuar a crítica teórica e apresentar soluções, como orienta Saviani (2019). Quero acentuar a importância dos conhecimentos na construção da relação pedagógica entre professor e estudante com vínculos libertadores. Essa relação pedagógica é assegurada por meio dos conhecimentos.

b) As finalidades e os objetivos educacionais

O art. 2º da Lei 9.394/96, LDB, indica como finalidade da educação nacional "[...] *o pleno desenvolvimento* do educando, seu preparo para o exercício da *cidadania*, sua *qualificação* para o trabalho" (grifos meus). Em resumo, pleno desenvolvimento, cidadania e trabalho são elementos estruturantes das práticas pedagógicas que precisam ser analisadas e compreendidas na sua totalidade. Construir a Didática da Educação Superior que considera as finalidades desse nível de educação significa, ainda, analisar o art. 43 da LDB, Lei 9.394/96, o qual estabelece as finalidades da Educação Superior:

> I – Estimular a *criação cultural* e o desenvolvimento do *espírito científico* e o *pensamento reflexivo*;
> II – Formar *diplomados* nas diferentes áreas do conhecimento *aptos* para a inserção em setores profissionais e para a *participação* no desenvolvimento da sociedade brasileira, e colaborar [...] formação contínua;
> III – Incentivar o trabalho de *pesquisa* e *investigação científica*, o desenvolvimento da ciência e da tecnologia e da *criação* e *difusão* da cultura, e, desse modo, desenvolver o *entendimento* do *homem* e do *meio* em que vive;
> IV – Promover a *divulgação* de *conhecimentos* culturais, científicos e técnicos que constituem patrimônio da humanidade e *comunicar* o saber através do *ensino*, de publicações ou de outra forma de comunicação;
> V – Suscitar o *desejo* permanente de *aperfeiçoamento cultural e profissional* e possibilitar a *correspondente concretização, integrando os conhecimentos* que vão sendo adquiridos numa *estrutura intelectual* sistematizadora do conhecimento de cada geração;
> VI – Estimular o *conhecimento dos problemas* do mundo presente, em particular os *nacionais* e *regionais*, *prestar serviços* especializados à *comunidade* e estabelecer com esta uma *relação de reciprocidade*;

VII – Promover a *extensão*, aberta à *participação* da população, visando à difusão das conquistas e benefícios resultantes da criação cultural e da pesquisa científica e tecnológica geradas na instituição; e
VIII – Atuar em favor da universalização e do aprimoramento da educação básica, mediante a formação e a capacitação de profissionais, a realização de pesquisas pedagógicas e o desenvolvimento de atividades de extensão que aproximem os dois níveis escolares" (LDB, 1996; grifos meus).

O art. 43 é permeado pelos fundamentos da dimensão ideológica da Educação Superior, visando atingir os valores éticos, estéticos, políticos, sociais e educacionais. Essas intencionalidades têm demonstrado uma preocupação em orientar a Educação Superior na elaboração, na implantação e na avaliação dos projetos pedagógicos institucionais, de cursos e de ensino. Assim, a instituição de Ensino Superior e, principalmente, as universidades, ao habilitar agentes sociais, formam pessoas com capacidade de criação cultural e desenvolvimento do espírito científico, crítico e criativo.

Formar para o exercício do ensino, da pesquisa e da extensão no movimento dos princípios da intencionalidade e da indissociabilidade significa que eles são gerais e coerentes com o nível de Educação Superior. Cabe, portanto, à Didática da Educação Superior planejar, organizar e avaliar a dinâmica do processo de ensino-aprendizagem; isto é, dar conta da complexidade da tarefa de ensinar para produzir aprendizagem.

A intencionalidade da Didática da Educação Superior constitui um processo consciente, sistemático e deliberado que possibilita a compreensão do processo didático: ensinar, aprender, pesquisar, avaliar e socializar conhecimentos e tecnologias. Trata-se, portanto, de ação humana adequada a finalidades guiada por objetivos delineados que se pretendem atingir. Destaco que as finalidades educativas são mais gerais, abstratas e referem-se aos efeitos intencionalmente pretendidos e almejados nos documentos legais e institucionais.

A partir das finalidades apresentadas, compete ao professor a delimitação dos objetivos educacionais no Projeto Político Pedagógico do Curso e no Plano de Ensino. Eles devem traduzir as expectativas, os interesses e as necessidades do professor, pois "[...] o que deseja obter dos alunos no decorrer do processo de ensino tem sempre um caráter pedagógico, porque explicita o rumo a ser imprimido [...] em torno de um programa de formação", como lembra Libâneo (1994, p. 126). Não há, portanto, prática pedagógica sem a definição de objetivos, os quais são mensuráveis, concretos e indicam a ação que se espera do estudante. Por serem concretos e mensuráveis, eles orientam o processo avaliativo. Diante de tanta complexidade, tanto a formação como a prática pedagógica buscam o desenvolvimento de habilidades cognitivas, efetivas e psicomotoras.

c) Os conhecimentos do ensino-aprendizagem: elaborados e sistematizados

Entendo que os conhecimentos, ou seja, os conteúdos da Didática da Educação Superior, estão voltados para a compreensão do objeto da didática, o estudo do processo de ensino na educação na sua totalidade. Ela tem o objetivo de analisar criticamente as relações das políticas públicas, a natureza, as características da complexidade da Educação Superior já citadas. Para tanto, há necessidade de estabelecer critérios pedagógicos e didáticos para a seleção e a organização dos conteúdos em três dimensões: a das políticas públicas nacionais, a das proposições institucionais e a do professor, como pessoa e profissional formador.

Outros critérios de seleção e organização dos conteúdos são a relevância social, a contemporaneidade, o nível de complexidade e a historicidade entre outros. Fica evidente que a seleção e organização do conteúdo envolve a definição de critérios e, portanto, não ocorrem de maneira espontânea. Eles dialogam com as Diretrizes Curriculares Nacionais (DCN) definidas para os diversos cursos de graduação, bem como as orientações normativas institucionais.

Vale salientar a importância da dimensão coletiva representada pelo papel do coordenador do curso, como dirigente das reuniões departamentais, dos colegiados e o Núcleo Docente Estruturante (NDE). São espaços importantes para se discutir a respeito dos conteúdos curriculares da formação.

d) A proposta metodológica

Cabe agora discorrer a respeito da proposta metodológica no âmbito da Didática da Educação Superior, com base nos momentos explicitados por Saviani (2019):

> • O primeiro momento é a prática social como ponto de partida, comum ao docente e aos estudantes, mas apreendidos por estes de forma *sincrética* e por aquele de forma *sintética*. Significa aprender o que a prática pedagógica realmente é como prática social.
> • O segundo momento é a *problematização*; isto é, a identificação dos problemas postos pela prática social que exigem uma resposta de educação. Vale destacar que as demandas decorrentes do pro-

cesso ensino-aprendizagem em passagem, "[...] o não domínio ao domínio de determinado conhecimento, em certo grau de complexidade, permite que novas problematizações sejam colocadas em pauta" (GALVÃO; LAVOURA & MARTINS, 2019, p. 133). Não se trata de uma sequência linear de passos, porque a problematização não se restringe aos conteúdos a serem aprendidos, pois guarda relações com aspectos infraestruturais, salários, condições de trabalho etc.

• O terceiro momento é a *instrumentalização* para garantir o cumprimento da função social da Educação Superior com a apropriação dos conhecimentos teóricos e práticos para responder os problemas detectados. Assim, a instrumentalização desenvolver-se-á como resultado da problematização da prática social. Ela é nuclear para a Didática da Educação Superior, pois, sem a fundamentação teórico-prática, a prática pedagógica permanece limitada ao senso comum.

• O quarto momento é quando a problematização produziu avanços no domínio dos estudantes em relação ao conteúdo. Este é o ponto culminante do processo pedagógico, quando ocorre a efetiva incorporação dos instrumentos culturais, pedagógicos e didáticos para alterar qualitativamente a prática pedagógica do docente que atua na Educação Superior. O processo de *catarse*, "[...] aponta na direção do produto que se almeja por meio do processo de ensino e visa destacar o papel da educação escolar na transformação dos indivíduos, tendo-se por transformação a lenta e gradual superação dos limites das formas de ser e agir" (GALVÃO; LAVOURA & MARTINS, 2019, p. 135).

• O quinto momento, o *ponto de chegada*, é a própria prática social, compreendida não mais em termos *sincréticos* pelos estudantes. Nas palavras de Saviani, p. 76), "[...] Nesse momento, ao mesmo tempo em que os alunos ascendem no nível *sintético* em que já se encontrava o professor no ponto de partida, reduz-se a precariedade da *síntese* do professor, cuja compreensão se torna cada vez mais orgânica" (2019, p. 76; grifos meus).

Esses cinco elementos imbricam-se e não são relações estanques e paralelas. São momentos intercomplementares e têm o caráter de processualidade entendido como "[...] um conjunto articulado de fundamentos lógicos, os quais alicerçam toda a organização e desenvolvimento do trabalho educativo..." (p. 122).

e) Os procedimentos, as técnicas e os recursos didáticos

O planejamento do trabalho docente envolve além da definição de finalidades e objetivos, da seleção e da organização de conteúdos, a escolha da metodologia de ensino, implica selecionar os procedimentos, as técnicas e os recursos didáticos e tecnológicos mais adequados que permitam a assimilação dos conhecimentos referidos à prática social. Essas formas pedagógicas devem estar alicerçadas na concepção de mundo que se pretende transmitir.

Os procedimentos e as técnicas de ensino-aprendizagem são de fontes de "ordem operacional e têm em vista a ação, as práticas pedagógicas", como argumenta Araújo (2017, p. 21). Eles têm como marco teórico a metodologia histórico-crítica, portanto não são autônomos. As técnicas participativas constituem uma interessante alternativa didática, pois estimulam o diálogo e o protagonismo do aluno no contexto do processo de ensino-aprendizagem.

Outro ponto de destaque é a questão da relação entre docentes e estudantes, mediada pelas tecnologias. Na Educação Superior, as instituições ampliam o uso das Tecnologias Digitais da Informação e Comunicação (Tdic) no processo ensino-aprendizagem com o objetivo de contribuir para uma prática pedagógica inovadora. Entre as Tdics empregadas destaco o processador de textos e a consulta à base de dados, como a Scielo e a Web Of Science. Em geral é muito utilizado o Google e plataformas como Mega, Cloud Drive etc.

Além das plataformas, incluo vídeos disponíveis em canais como o YouTube e outras tecnologias muito utilizadas, como Power Point, Prezzi, Redes Sociais, entre inúmeras outras ferramentas.

Em didática os procedimentos, as técnicas e os recursos pedagógicos e tecnológicos permitem a efetivação dos conteúdos levando em conta os estudantes a que se destinam, sempre orientados pela concepção de sociedade, educação, pedagogia e didática.

f) O lugar da Avaliação na Didática da Educação Superior

A avaliação, no âmbito da Pedagogia Histórico-Critica, implica refletir a relação que ela mantém com os demais elementos constitutivos e cruciais da Didática da Educação Superior. Ela tem objetivos educativos e formativos e fornece informações para a melhoria da qualidade do processo ensino-aprendizagem.

Construir propostas avaliativas para a Educação Superior significa estabelecer o diálogo entre os diferentes níveis e modalidades da avaliação. É preciso, portanto, ampliar o diálogo para que os professores que atuam na Educação Superior tenham possibilidades de compreenderem a importância da avaliação diagnóstica, formativa e somativa. Para tanto, é essencial que os docentes dominem essa área de conhecimento para que possam fazer escolhas adequadas e adotar procedimentos avaliativos coerentes com os objetivos e os conteúdos. Avalia-se para diagnosticar avanços e dificuldades detectados, para apreender o que o estudante sabe ou não, para intervir. O sentido dessa prática avaliativa é muito positivo, pois os princípios éticos e formativos permeiam todo o processo e deve ser processual, contínuo e coerente com a perspectiva teórica assumida. A avaliação é contextualizada e problematizadora.

Um ponto que convém salientar é a compreensão de que o processo ensino-aprendizagem deve ser avaliado. Fernandes (2009, p. 59) concebe a avaliação formativa "[...] como o processo *eminentemente pedagógico, plenamente integrado* ao ensino e à aprendizagem, *deliberado, interativo*, cuja principal função é a de regular e de *melhorar* as aprendizagens dos alunos." (grifos meus). Por meio da avaliação formativa conduzida pelo professor, os estudantes participam da autoavaliação, da avaliação interpares e avaliam a atividade desenvolvida. A avaliação formativa investiga o processo ensino-aprendizagem e tem o sentido de formação, de orientação do processo planejado para promover as aprendizagens. A relação, a mediação, a interação e a intervenção constroem o diálogo, mas também "[...] o *feedback* é o processo que vai permitir ao aluno ativar, entre outros, os processos cognitivos que lhe vão permitir vencer as dificuldades", como complementa Fernandes (p. 72).

No que se refere à avaliação somativa, os professores terão um papel diferente que poderá ser facilitado se ela decorrer de acordo com o explicitado. É bom não esquecer que a avaliação somativa é certificativa. Fernandes (2009), explica, claramente, que se trata

> [...] de fazer uma *análise* e *intepretação* de *informação* e de *evidências* de *aprendizagem* que permita a elaboração de uma *apreciação global* e *integrada* do que o aluno sabe e é capaz de fazer, tendo em conta um qualquer tipo de estado a atingir" (p. 75; grifos meus).

Na Educação Superior, é imprescindível que a avaliação somativa concebida e praticada torne-se tema de reflexão dos espaços pedagógicos de forma crítica, ética e criativa. A avaliação somativa é de certificação que expressa, ao final de um período letivo, se o estudante aprendeu o previsto, se foi para além. Se não ele obteve resultado positivo, é necessário o emprego de nova oportunidade avaliativa. A avaliação como processo planejado, deliberado e integrado envolve o emprego de procedimentos e instrumentos avaliativos fundamentados em valores éticos, políticos, sociais, concepção crítica de Educação Superior, de sociedade, de sujeito, de pessoa humana. São empregados procedimentos formais e informais, como produções escritas, portfólios e projetos diversificados, apresentações orais, provas dissertativas e objetivas entre outros métodos necessários para documentar as aprendizagens dos estudantes.

Além da proposta de avaliação educativa, é importante considerar também os processos de regulação (supervisão e fiscalização) exercidos pelo Estado. A avaliação da Educação Superior é regida pelo Sistema Nacional de Avaliação de Educação Superior (Sinaes) visando à melhoria da qualidade desse nível de educação. Dos avanços significativos para operacionalizar a proposta, destaco o Conceito Preliminar de Cursos (CPC), o Índice Geral de Cursos (IGC), o Exame Nacional do Ensino Médio (Enem) e o Exame Nacional de Avaliação do Desempenho do Estudante (Enade). Vale acrescentar o trabalho da Comissão Própria de Avaliação (CPA) e a cultura da autoavaliação (VERHINE, 2018).

g) O Planejamento Educacional: relações entre diferentes níveis e modalidades

A atividade de planejar o processo educativo incorpora e reflete as políticas voltadas para a Educação Superior. As três modalidades do planejamento educacional, situado no macro institucional, são o Plano de Desenvolvimento Institucional (PDI) e a Proposta Pedagógica Institucional (PPI). No nível *meso* institucional, temos a elaboração do Projeto Pedagógico do Curso (PPC) e o nível micro é detalhado no Plano de Ensino (PE). As atividades do processo de planejamento devem manter a articulação com os três níveis e as modalidades. A discussão dos níveis e modalidades de planejamento educacional "[...] exige uma reflexão acerca da concepção de educação e sua relação com a sociedade e a instituição educativa, o que inclui uma reflexão sobre o estudante a ser formado, a cidadania e a consciência crítica" (VEIGA, 2019, p. 38).

Considerações finais

Ao longo das ideias expressas neste artigo, espero que a proposta de conceber uma Didática da Educação Superior contribua para avanços em sua compreensão. Com efeito, todo o aporte teórico-metodológico da Pedagógico Histórico-Crítica (PHC) foi o caminho complexo e necessário para que os docentes que exercem suas atividades pedagógicas na Educação Superior possam compreender os elementos constitutivos dessa Didática de cunho mais geral para sustentar as Didáticas específicas e disciplinares.

A Didática da Educação Superior é uma disciplina formativa e investigativa, orientada pelos princípios da indissociabilidade de ensino, pesquisa e extensão e pela interdisciplinaridade. É necessário afirmar o fundamento teórico da Didática da Educação Superior, "[...] entendendo que a prática pedagógica será tanto mais consistente e coerente quanto mais desenvolvida for a teorização sobre ela", como afirmam Galvão, Lavoura e Martins (2019, p. 160).

Como se pode observar o trato da Didática da Educação Superior tem ponto de partida e de chegada na prática pedagógica, em um movimento dialógico, de processualidade e de correlação. Ela procura superar as metodologias tradicionais e conservadoras para privilegiar a atividade e a iniciativa dos estudantes sem relegar a segundo plano a iniciativa e a responsabilidade do professor. A Didática da Educação Superior propicia o diálogo dos estudantes entre si, com o professor e com os conhecimentos teórico-metodológicos acumulados historicamente.

Finalizo afirmando que a formação que transforma a prática pedagógica é a que possibilita ao professor articular e promover o diálogo entre os diferentes elementos constitutivos nucleares da Didática da Educação Superior. Objetiva, ainda, efetivar uma prática pedagógica condicionada pela materialidade da realidade social e política. O primado da prática sobre a teoria tem de ser levado em consideração nos momentos já explicitados, o que evidencia a circularidade que representa a totalidade, o pertencimento, a conexão criando-se um movimento espiral.

Referências

ARAÚJO, J.C. "Sobre a Didática da Educação Superior e o lugar das técnicas de ensino-aprendizagem". In: VEIGA, I.P.A. & FERNANDES, R.C.A. *Por uma Didática da Educação Superior* [no prelo].

_____. "Da metodologia ativa à metodologia participativa". In: VEIGA, I.P.A. (org.). *Metodologia Participativa e as técnicas de ensino-aprendizagem*. Curitiba: CRV, 2017.

BOURDIEU, P. "Campo científico". In: ORTIZ, R.O. *Pierre Bourdieu – Sociologia*. São Paulo: Ática, 1983.

BRASIL. *Lei 9.394/96, de 20/12/1996* – Estabelece as Diretrizes e Bases da Educação Nacional, 23/12/1996 [*DOU*].

FERNANDES, D. "Avaliação interna: dos fundamentos e práticas". In: FERNANDES, D. *Avaliar para aprender*: fundamentos, práticas e políticas. São Paulo: Unesp, 2009.

FORMOSINHO, J. "Dilemas e tensões da atuação da universidade frente à formação de profissionais de desenvolvimento humano". In: PIMENTA, S.G. & ALMEIDA, M.I. (orgs.). *Pedagogia universitária – Caminhos para formação de professores*. São Paulo: Cortez, 2011.

GALVÃO, A.C.; LAVOURA, T.N. & MARTINS, L.M. *Fundamentos da Didática Histórico-crítica*. Campinas: Autores Associados, 2019.

LIBÂNEO, J.C. *Didática*. São Paulo: Cortez, 1994.

SAVIANI, D. *Pedagogia Histórico-crítica, quadragésimo ano*: novas aproximações. Campinas: Autores Associados, 2019.

VEIGA, I.P.A. *Planejamento educacional – Uma abordagem político-pedagógica em tempos de incertezas*. Curitiba: CRV, 2018.

_____. "Alternativas pedagógicas para o professor da Educação Superior". In: VEIGA, I.P.A. & VIANA, C.M.Q.Q. (orgs.). *Docentes para a educação superior*: processos formativos. Campinas: Papirus, 2010.

VERHINE, R. "O Sistema Nacional de Avaliação da Educação Superior após 14 anos: avanços e desafios". In: FRANCO, S.R.K.; FRANCO, M.E.D.P.; LEITE, D.B.C. (orgs.). *Educação Superior e conhecimento do centenário da reforma de Córdoba*: novos olhares em contextos emergentes. Porto Alegre: Edipucrs, 2018.

18
Explorando o campo de conhecimento da Educação em perspectiva internacional

Menga Lüdke

Introdução

Lembro-me de ter sido interrogada por uma jovem colega, há alguns anos, sobre uma expressão que usei no calor de um debate sobre um dos muitos problemas que nos afligem no campo educacional, ao exclamar: "é preciso que gente da educação assuma isso". A jovem, originária de uma das áreas paralelas ao nosso campo educacional, creio que da Antropologia, pediu-me singelamente que lhe explicasse o que queria dizer a minha expressão, ou seja, quem era mesmo da educação. Hesitei talvez apenas um segundo e como estávamos ambas em um táxi, num trajeto bastante longo, pudemos usufruir da confortável privacidade para expressar certas ideias que agora me atrevo a tornar públicas. Respondi-lhe, também de maneira singela, como eu via (e vejo) o que significa "ser da educação". Não se trata, necessariamente, de pessoas que receberam em sua formação uma preparação específica para o exercício de funções educativas, ou que exercem essas funções, ainda que sem essa preparação. Não é o caso, portanto, de procurar qualificações em diplomas ou títulos, como os de pedagogos, doutores ou mestres em educação, ou mesmo professores ou educadores para encontrar essas pessoas, que na minha expressão e no meu pensamento designo como da educação. Elas podem e acho mesmo que devem estar entre essas pessoas, mas também podem não se encontrar ali. Como podemos encontrar fora dessas qualificações e títulos pessoas que, a meu ver, se enquadram bem dentro, daquela designação. São pessoas que conhecem e reconhecem a importância do papel da educação para a sociedade, bem como as dificuldades e problemas para o efetivo exercício desse papel e como profissionais qualificados dentro do campo, ou como pais e mães, como membros da sociedade nos mais diferentes setores, como políticos ou governantes, assumem, dentro dos limites e possibilidades das suas funções, uma posição positiva e ativa frente aos problemas e dificuldades enfrentados pela educação

A formação de professores se encontra bem no centro do grande quadro que constitui o que conhecemos como Educação, em posição-chave entre o que vem antes e o que vem depois, que passa literalmente pelo seu crivo. São os professores os encarregados pela introdução dos que chegam à sociedade e devem ser preparados para assegurar sua continuidade, articulando como puderem o que é preciso manter e o que precisa mudar. Sua formação tem implicações diretas sobre o desempenho dessa função preparadora. Pelo seu lado, essa formação se acha vinculada à própria concepção de educação em cada grupo, em cada sociedade. Ideias como essas me acompanharam ao longo de um estudo (LÜDKE, 2018) desenvolvido junto ao Institut of Education, University College London. Como é entendida a educação na Inglaterra, como é entendida em nosso país? Será possível aproximarmos mais da compreensão do que se passa entre nós em relação à educação se conseguirmos captar como ela é concebida em nosso tempo, em nossa sociedade, pelos que detêm o poder de agir sobre ela, sendo a formação de professores um importante fator de sua manutenção ou de sua mudança? Que relações poderíamos supor entre esses poderosos e a grande massa, diferenciada que compõe nosso país? O que é explícito e o que é escondido na expressão que chega ao público pelas propostas políticas? E pela mídia? O que pode ser revelado, ou desvelado, pela pesquisa sobre educação e seus problemas? Encontrei essas e outras questões reunidas por dois conhecidos pesquisadores ingleses, em um estudo, cujas análises e sugestões me proponho compartilhar neste texto (WHITTY & FURLONG, 2017).

Estímulos de um estudo abrangente e ousado

Ao final do período de estudos junto ao IOE consegui uma entrevista com o Professor Geoff Whitty, esperada desde o início do período e conseguida graças ao empenho de um amigo comum, o Professor Michael Young. Tinha grande interesse em entrar em contato com Whitty, que já conhecia como professor, no começo de sua carreira no IOE e acompanhava pelas suas publicações sobre pesquisa. Meu interesse cresceu ao inteirar-me sobre sua carreira como professor, pesquisador e também diretor do IOE por dez anos, o que o coloca em posição privilegiada em relação ao tema da formação de professores, com condições de examiná-lo em diferentes perspectivas. O fato de estar à frente de uma importante instituição dedicada à formação e professores e à pesquisa por um período pelo qual se sucederam diferentes governantes, com suas propostas de políticas educacionais, certamente ofereceu ao pesquisador uma experiência desafiadora e estimulante. A entrevista, várias vezes adiada por problemas do tratamento ao qual o Professor Whitty se submetia, permitiu-me apresentar rapidamente o essencial de minha pesquisa e receber do professor muito bons comentários e sugestões, inclusive sobre a publicação em breve de um livro organizado por G. Whitty e J. Furlong (2017), cuja leitura recomendo muito.

Os autores, ambos com ampla experiência e importante produção no campo da educação, lançaram-se em uma empreitada que requeria, de fato, pesquisadores dessa envergadura, resultando em um livro destinado a cumprir um papel há muito esperado pelos que trabalham na educação. Pesquisadores, professores, estudantes, legisladores terão nele uma fonte segura de informações, análises, discussões e sugestões sobre uma questão central no campo da educação, como seu próprio título indica: *Knowlege and the study of Education – an international exploration*, em tradução, "Conhecimento e o Estudo da Educação – uma exploração internacional". Os autores procuram perceber como se apresenta o conhecimento da educação, nos vários âmbitos em que se desenvolve seu estudo e dentro do possível, em uma perspectiva internacional. Apresenta-se, de imediato, uma série de desafios que sempre acompanham pensadores que se dedicam ao tema da educação, sejam historiadores, filósofos, sociólogos, psicólogos, professores, educadores de modo geral. O primeiro e principal se refere à especificidade do conhecimento em educação, preocupação permanente para todos com ela envolvidos, de modo especial aqueles que já há algum tempo trabalham com a realidade dos profissionais desse campo e sua preparação, como é o caso dos dois autores. Uma posição aceita de modo consensual, sobre a composição múltipla desse conhecimento, a partir da confluência de várias disciplinas que trazem para ele sua contribuição, começa a ser questionada quando se coloca o desafio da formação do profissional. Inerente à questão da especificidade desse conhecimento se apresenta a indagação sobre a sua natureza e se anuncia a inevitável dicotomia entre teoria e prática como suas fontes. Esses são alguns dos muitos desafios enfrentados pelos autores, que ainda se propõem desenvolver um trabalho de ambição internacional. Como são dois pesquisadores muito bem qualificados e experientes, com muita produção e vivência dentro do campo da educação, "cascudos" o bastante para carregar no dorso a carga da empreitada, convém confiarmos em sua coragem e aproveitarmos o caminho aberto por eles. Focalizar a concepção de educação e a composição de seu conhecimento específico, em diferentes perspectivas históricas e culturais, trará importante contribuição ao estudo dos problemas ligados à formação de professores, ajudando a esclarecer pontos-chave da interação estreita entre esses temas.

Para desenvolver seu estudo os autores lançaram mão de sua importante rede de relações acadêmicas, desenvolvida ao longo de suas atividades como professores, pesquisadores, autores, participantes de organizações profissionais e governamentais, dentro e fora de seu país, o que lhes permitiu constituir um amplo quadro de participantes, visto que a proposta envolvia o trabalho em seis países, além da Inglaterra. A ideia central era tentar apreender como vem se desenvolvendo a concepção de educação e o encaminhamento para uma possível delimitação do conhecimento específico, próprio do campo educacional, preocupação que vem se tornando crescente em toda a comunidade de estudiosos da educação. Os autores procuraram fazer a escolha dos países mais próxima da ambição do projeto, dentro dos recursos disponíveis. Foram assim escolhidos seis países que apresentam diversidade sob os aspectos histórico, cultural, econômico para assegurar as análises e reflexões esperadas do estudo, sem configurara uma amostragem feita de acordo com critérios pré-estabelecidos a partir de um ponto de vista estatístico. Os trabalhos foram confiados a pesquisadores desses países, de longo contato com os autores. Foram elaborados seis relatos muito bem cuidados, oferecendo uma visão histórica da evolução dos trabalhos com educação em cada um dos seis países, com atenção sobre a formação de professores. Os países estudados foram França, Alemanha, Letônia, Austrália, China, Estados Unidos, além da Inglaterra, país dos autores, tratado por eles ao longo de todo o estudo. Um deles, J. Furlong, em obra de 2013, muito citada, sobre tema também bastante ousado, *Education – an Anatomy of the Discipline: rescuing the university Project?*, oferece contribuições muito próximas ao interesse central do estudo.

Após análise aprofundada dos relatos, com base nas reflexões sobre a situação do tema nos seis países, os autores apresentam um esquema reunindo diferentes tipos de tradições de conhecimentos, partindo da classificação proposta por B. Bernstein (1999), com conhecimentos verticais e horizontais, bem como singulares e regionais, segundo a capacidade de aprofundamento e de singularidade próprios a cada disciplina ou domínio de conhecimentos. Procederam então a uma análise histórica sobre como essas tradições se desenvolveram nos vários países, procurando entender como se configura em cada um deles o campo da educação como disciplina, procurando também captar como se compõe o conhecimento dessa "possível" disciplina, nas diferentes tradições propostas. Salientando, a partir dos anos de 1990, a universidade como uma instituição acadêmica dominante nos estudos sobre a educação, os autores expressam sua esperança que, conhecendo melhor as tradições e práticas de conhecimento em diferentes jurisdições, os acadêmicos da educação (nós!) estarão mais habilitados para entender os desafios que correntemente enfrentam e, talvez, desenvolver respostas mais apropriadas (p. 15). Levantar questões sobre conhecimento em educação, segundo os autores, é sempre importante, não importa se já foram levantadas no passado, pois elas sempre voltam à tona, ao lado de outras que surgem. Que contribuição, neste tempo de competição entre instituições educativas, tem sido atribuída aos estudos sobre educação? Será que eles ajudam a melhorar a prática educativa, perguntam-se os autores, considerando os termos cada vez mais estreitamente utilitários com que a questão vem sendo tratada. Em vários países, inclusive entre os que foram estudados e de modo especial na Inglaterra, a resposta de políticos a essa questão é que essa ajuda é pequena ou mesmo nula, prosseguem os autores, acrescentando que em relação à formação de professores, nesses países, a contribuição tradicional da universidade vem sendo cada vez mais marginalizada pelas sanções oficiais (p. 14-15).

Essas posições claramente assumidas pelos autores, não apenas em relação ao trabalho apresentado, mas aos problemas da educação em geral e da formação de professores em especial, nos animam a entrar em diálogo com eles, na certeza de que suas análises, baseadas em informações fornecidas por colaboradores muito credenciados e conhecedores de suas respectivas realidades, podem nos oferecer pistas e sugestões para aprofundarmos o conhecimento e proporemos iniciativas sobre problemas que sofremos, a partir de uma perspectiva ainda pouco estudada entre nós, voltada para questões teóricas e metodológicas.

Para os autores, tradições de conhecimento em educação partem de uma visão ampla e inclusiva de educação como um campo, composto por um conjunto de tradições diferentes, cada uma com sua concepção própria de conhecimento educacional, que pode variar de país para país. Quanto à natureza essas tradições reúnem dois tipos de questões, as sociológicas e as epistemológicas, respondendo respectivamente ao aspecto social, histórico, político pelas quais transitam e evoluem e ao aspecto epistemológico, coberto por métodos de pesquisa e protocolos em busca do estabelecimento da "verdade" (p. 15). No âmbito sociológico o estudo nos vários países revelou o papel de *sites* sociais múltiplos, com suas diferentes concepções de educação, com destaque para instituições acadêmicas, como universidades e IES para formação de professores, órgãos nacionais reguladores e redes ou associações acadêmico profissionais. Fica claro que em cada uma das jurisdições analisadas, como são designados os vários países no estudo, convivem e se enfrentam esses diferentes *sites* sociais, com suas concepções próprias de educação e as influências delas decorrentes. Os autores ressaltam a importância de associações profissionais, algumas de amplitude internacional, como, por exemplo, a Aera (American Educational Research Association) sobre a concepção, a produção, a expansão do conhecimento em educação e eu acrescento o que isso pode representar em termos de penetração, cooptação ou mesmo colonização? Os autores, comentam a ação de órgãos reguladores da educação em âmbito nacional, ao que eu acrescentaria a ação dos internacionais, por exemplo, a Ocde (Organização para a Cooperação e Desenvolvimento Econômico) e sua atuação em inúmeros países por meio do Pisa (Programa Internacional de Avaliação de Estudantes) e sua imensa e discutível influência sobre a educação de jovens e crianças muito distantes nacional e culturalmente do círculo de elite composto pelos países originários do teste.

Na discussão das questões epistemológicas as diferentes tradições de conhecimentos têm um terreno muito fértil, de modo especial nos ambientes acadêmicos. Há uma tendência ao estabelecimento de pares de conceitos dicotômicos, como conhecimento "sagrado" e "profano", o que se tornou patente na consideração das profissões estabelecidas com base sobre conhecimentos específicos, dominados apenas pelos profissionais a elas pertencentes, com direito a presidir à admissão de novos participantes. Essa distinção já tinha sido tratada por Dürkheim, sendo retomada bem mais tarde por B. Bernstein (2000) com o discurso vertical, baseado em estruturas simbólicas especializadas, permitindo conceitualizações abstratas e construção de hipóteses, levando o pensador além de sua experiência imediata. E o discurso horizontal, local, dependente do contexto e do senso comum. Para os autores essa classificação de Bernstein deixa clara uma superposição hierárquica entre os dois tipos de discurso, sendo o vertical mais apropriado para análises sérias no campo da educação e com maior poder como conhecimento (p. 18).

Bernstein (2000) ainda focalizou essa classificação de conhecimentos na contraposição entre os que chamou de singulares com conceituação própria, exclusiva de uma domínio específico e os regionais, frutos de uma combinação de conceitos, cobrindo o que designava como uma região de múltiplos conhecimentos como parece ser o caso da educação, campo de composição múltipla e complexa. No campo da sociologia essa dupla de conceitos sagrados e profanos, teve vivência intensa continuando muito ativa no campo da educação até nossos dias, inclusive na constante discussão entre teoria e prática como fontes de conhecimentos e suas implicações sobre o trabalho efetivo de professores em suas escolas e o pensamento de políticos e governantes em suas legislações. Além das reações da própria sociedade às quais a mídia faz eco e estimula.

A ideia de profanos é vista como aproximada do que se conhece como conhecimentos ligados ao mundo da prática, ou horizontais, distantes dos sagrados, ou verticais, próximos do trabalho teórico, mais desenvolvido na universidade. Essa dicotomia acompanha há muito tempo os trabalhos em educação, as discussões a esse respeito, suas instituições, as pesquisas sobre seus problemas, os ensaios, artigos, livros e por certo a legislação que os rege ao redor do mundo. Há debates acalorados, entre grupos que se colocam em posições opostas, ao tratar de temas cruciais, como a construção de conhecimentos dentro do campo, para alguns dependentes de conceitos oriundos de um trabalho de aprofundamento vertical em busca de sua singularidade e de seu poder. Enquanto outros consideram insuperável a distância que percebem entre esses conhecimentos e os necessários para atender ao trabalho do dia a dia de professores e alunos e se voltam para a prática desenvolvida por estes para inspiração dos conhecimentos importantes para o campo educacional e para a formação de futuros professores. Entre essas posições e suas derivadas multiplicaram-se tradições de conhecimento em educação, incorporadas por instituições, como entre nós a importante escola normal, de inspiração no sistema francês, no qual ainda se registram traços de sua influência, também presentes hoje no sistema chinês, como analisado nos respectivos capítulos do livro. São experiências que buscam na prática de professores e suas habilidades a base para a preparação de futuros professores, havendo entre elas as que também se beneficiam do aporte teórico, como ressaltam os autores.

Também são registradas, a partir da análise do material colhido no estudo da educação nos sete países, experiências centradas na base teórica composta por conceitos de natureza predominante vertical, voltados para análises de aprofundamento, porém preocupadas também em conseguir uma relação desses conceitos com a demanda dos profissionais engajados diretamente no trabalho prático das escolas. Há, conforme atestam os autores, uma variedade de tendências, mas também uma busca de aproximação entre opostos, que merece consideração.

Uma importante distinção ainda deve ser registrada em cada tradição quanto ao seu conhecimento: se é visto como "objetivo", ou de maneira oposta como "normativo". Segundo os autores essas expressões não devem ser tomadas a partir de seu uso mais corrente; por exemplo "objetivo" não se aproxima do que comumente se entende como "positivista", mas como o que é considerado como conhecimento a partir dos protocolos requeridos para testagem, dentro de comunidades epistemológicas particulares. Abordagens normativas ao conhecimento, por outro lado, tendem a partir de uma posição valorativa; por exemplo, sobre como ou o que os alunos devem aprender.

Após a cuidadosa análise dos trabalhos desenvolvidos sobre cada um dos sete países, os autores se propuseram um esforço de reunir o que denominaram de tradições de conhecimento em três amplos núcleos. O assunto é de grande interesse atual e em âmbito internacional, não recebeu ainda um estudo com esta amplitude. Durante a entrevista com Whitty, já mencionada, não pude deixar de lastimar que o estudo não tivesse incluído um dos nossos países da América Latina, com o que Whitty concordou. Creio que poderíamos apresentar uma situação ainda não coberta pela variedade de componentes conseguida pelo estudo, com nossa juventude, nossas carências, nossas possibilidades tocadas por um vento do Sul...

Dentro das limitações indicadas pelos autores os núcleos que reúnem as tradições estudadas representam um instrumento de muita ajuda para as nossas observações sobre como elas atuaram e ainda atuam na nossa história e como têm influenciado nossas instituições educativas. O primeiro deles traz as tradições de conhecimento voltadas para o conhecimento acadêmico e estão frequentemente distantes do conhecimento que circula na educação como um campo de prática. Um segundo núcleo reúne tradições baseadas sobretudo no mundo da prática, não deixando de eventualmente extrair elementos do conhecimento acadêmico. Finalmente, um terceiro núcleo inclui tradições que tentam de modo explícito reunir muito diferentes formas de conhecimento, acadêmico e prático, em algum tipo de relações entre eles. Em cada um dos núcleos há tradições específicas que aspiram ser primariamente "objetivas", enquanto outras estão marcadas fortemente por elementos "normativos". A partir dos três núcleos, os autores, organizam um quadro (p. 20) onde são reunidos o que consideram como algumas das maiores tradições no estudo da Educação, extraindo exemplos das sete jurisdições estudadas, baseando-se na tipologia proposta por Bernstein sobre conhecimentos singulares, de regiões e genéricos.

No primeiro núcleo, *Tradições de conhecimento acadêmico*, estão situadas tradições ligadas a conceitos singulares no campo da educação, que os autores designam como "Disciplinas da Educação" ou *Sciences de l'éducation* muito desenvolvidas na França, onde várias disciplinas específicas, como Sociologia, Psicologia, Filosofia, História entre outras, constituindo singulares, bem separados, com uma multiplicidade de discursos orientados para questões de educação, a partir de distintas perspectivas epistemológicas, elas oferecem potencialmente um quadro intelectual rigoroso. Com grande expansão para vários países, sobretudo os de fala inglesa, assumindo uma importante posição em vários deles como disciplinas fundamentais na formação de professores (como entre nós), essa tradição traz, segundo os autores, algumas dificuldades entre as quais a de combinar diferentes perspectivas teóricas dos campos específicos, para abarcar a realidade da educação, bem mais ampla. Outra dificuldade está em suas relações com a prática. Embora se registre uma orientação geral para a prática nessas disciplinas, ainda é bastante problemático o estabelecimento efetivo de relações com ela, sendo os discursos entre os dois campos bastante distintos. Ainda assinalam os autores o risco de que a expectativa confiante no conhecimento teórico do *expert* possa transformar o profissional da prática ou o propositor de políticas em "técnicos".

A Teoria Educacional Alemã também se enquadra neste primeiro núcleo, alinhando-se com o trabalho com conhecimentos singulares no campo da educação, cujo estudo, diferentemente do que ocorre com as disciplinas citadas acima, começa diretamente nesse campo. E apresentam um segundo traço distintivo sendo explicitamente normativo, tanto no nível da sociedade em geral como no do aprendiz individual. As questões bastante complexas envolvidas nesses dois níveis não são confiadas a trabalhos empíricos, mas a reflexões filosófico-hermenêuticas contando com apoios da Pedagogia e da Didática. A pesquisa é vista como uma atividade técnica, por pessoas com treino apropriado, seja em Filosofia, ou Economia ou Psicologia. E o que resulta desta tradição de pensamento é conhecimento educacional primariamente acadêmico em sua natureza, com frequência bem distinto do que circula no dia a dia nas escolas (p. 25).

Dentro do primeiro núcleo ainda os autores inscrevem tradições de conhecimento acadêmico em educação situadas no que Bernstein designa como regiões, compostas por um número de singulares recontextualizados em maiores unidades e operando nos dois campos, das disciplinas e da prática. Exemplos de regiões são a Medicina, a Engenharia, a Arquitetura, assim como a ciência cognitiva e a Administração. Embora possam ser conhecidas como um campo específico, funcionando como uma disciplina, na realidade elas são formadas por um número de diferentes subdisciplinas. Algumas apresentam fronteiras mais sólidas, com uma identidade sociológica mais forte, podendo influenciar mais a produção de conhecimentos em suas várias subdisciplinas, como a Medicina.

Na educação os autores indicam uma série de importantes tradições intelectuais que funcionam como regiões ou sub-regiões, que denominam de Applied Educational Research and Scholarship, em tradução "Pesquisas e estudos aplicados em Educação". Nesse conjunto se encontram grupos de pesquisa e de estudos unidos pelo interesse e dedicação a alguns tópicos de substancial importância, tais como educação infantil, avaliação, educação comparada, entre muitos outros. Do ponto de vista epistemológico, a maioria dessas regiões ou sub-regiões são altamente ecléticas, recebendo suas concepções de conhecimento, suas teorias e metodologias de uma variedade de fontes, vendo a si mesmas como multidisciplinares. Como aplicadas essas iniciativas apresentam uma considerável força por responderem ou procurarem responder a problemas vividos na realidade de estudantes e professores em suas escolas, bem como em todas as múltiplas situações onde a educação está presente. Elas florescem em atendimento a esse chamado e no estímulo ao trabalho investigativo de *practitioners* e seu impacto na avaliação da qualidade de pesquisas e no esforço de estudiosos que se preparam e se empenham no esclarecimento daqueles problemas e na busca de suas soluções. Entretanto, como assinalam os autores, há uma inegável fraqueza na sua composição multidisciplinar, sem o apoio de uma sólida base teórica, epistemológica e metodológica que possa assegurar a validade de seus produtos, dificultando a consolidação de sua produção e mesmo de suas estruturas de trabalho. O que leva os autores a lastimar a ausência hoje de uma marca clara própria das disciplinas em relação à responsabilidade sobre o rigor (p. 27).

Em estreita relação com a questão do rigor ou a falta dele, na tradição das pesquisas e estudos em educação aplicados, os autores indicam mais uma recente tradição, a "Nova Ciência da Educação", New Science of Education, como uma tentativa de responder cientificamente às limitações reconhecidas. É uma abordagem de expansão e poder crescentes em vários países, esperando conseguir significativas melhoras nos resultados educacionais procurando descobrir "o que funciona", pela aplicação de "pesquisas rigorosas", definidas como RCT, Randomised Controlled Trials, ou seja, testes de controle randômico. Liga-se a uma tendência já mais antiga de aproximar os estudos sobre educação de métodos rigorosamente científicos, agora ressurgindo com iniciativas em organizações de âmbito internacional, como a Ocde e sua proposta com o Pisa, já mencionadas. Porém, de acordo com os autores, apesar de procurar trazer rigor metodológico ao conhecimento, essa tradição traz uma conceituação reduzida dos complexos processos educacionais. Sua principal fraqueza, apesar de sua orientação para o mundo da prática, são seus métodos de natureza altamente técnica, resultando em formas de conhecimento muito distantes das que realmente circulam naquele mundo.

Em um segundo núcleo estão alojadas as *Tradições de conhecimento prático*. A primeira indicada se denomina "Educação como um 'genérico': competências e *standards*" (*Education as a 'Generic': competences and standards*). O termo "genérico", também cunhado por Bernstein, se refere a uma forma particular de conhecimento construído e difundido fora e independentemente de tradições disciplinares. A noção de "competência" foi percebida ainda por Bernstein nos anos de 1970, como exemplo de um genérico, mas ao lado do termo *standards*, ou padrões, tem ganho enorme espaço, como base para orientação da formação e do trabalho de professores em muitos países. Padrões definidos nacionalmente enquadram o conhecimento e as experiências práticas aos quais os futuros professores devem ser expostos e estimulados, tornando-se o currículo abertamente intencionado, integrando seletivamente conhecimento teórico e habilidades práticas. O quadro geral da educação, tão ligado outrora na Inglaterra às disciplinas na formação inicial de professores, hoje se encontra inteiramente mudado, lastimam os autores (p. 31).

Outro exemplo incluído pelo estudo neste núcleo é o da "Tradição da escola normal na formação de professores", em inglês "Normal College Tradition of Teacher Education". A longa história, de mais de 300 anos, da escola normal ligada à formação de professores na Europa, é analisada pelos autores em sua evolução, sendo preferida à da Universidade, pela sua eficiência em formar grande número de professores para enfrentar a expansão do ensino de massas, assim como a possibilidade de assegurar o controle moral e político pela Igreja e pelo Estado. Assim, essa instituição se expandiu pela França, China e Estados Unidos. Ao final do século XIX e início do século XX essas escolas normais se tonaram "*normal Colleges*"; isto é, instituições de Ensino Superior, continuando na China como escolas normais até o fim da Revolução Cultural. Mesmo com a alteração dos seus nomes as escolas normais e os *colleges* se voltavam, em sua maioria, para a preparação de professores para a escola primária e secundária. Com a expansão do ensino secundário durante o século XX, a formação de seus professores passou a ser concentrada na universidade. Com base em diferentes instituições os programas para o ensino secundário assumiram um caráter muito diferente dos oferecidos aos professores do ensino primário. Por exemplo, no Reino Unido, eles eram baseados nos princípios da educação liberal mais do que em um mero treinamento, como explica Furlong (2013).

Liberal Education + Craft Knowlwdge, "Educação liberal + conhecimento de habilidades" é a tradição seguinte na lista dos nossos autores, refletindo a posição há muito defendida pelo Cardeal Newman de que a educação profissional em Educação não tinha lugar na universidade moderna, na verdade não era necessária. Educação liberal acompanhada pela experiência prática era tudo que era necessário. Entretanto, as universidades se envolveram com o estudo da educação, mas sobretudo para uma elite de professores destinados às escolas do ensino secundário e privadas. Tanto na França como na Inglaterra e na Alemanha as escolas primárias e elementares tomaram um rumo diferente. As rusgas entre as escolas formadoras de professores primários, com sua orientação nitidamente pedagógica e as filosoficamente informadas, fornecedoras de professores para o *gymnasium* são observáveis ainda hoje na Alemanha. A perspectiva da educação liberal combinada com a noção de *kfraft knowledge*, ou conhecimento de habilidades, são visíveis em nossos dias no discurso público sobre educação e em políticas educacionais em todos os países cobertos pelo estudo.

A última tradição constando neste núcleo é a de *Network Professional Knowledge*, em tradução nossa "Conhecimento Profissional em rede". Com base no trabalho de Gibbons et al. (1994), que já diziam ser tempo para a emergência de um novo modelo de produção de conhecimento, que eles chamaram de Modo 2, muito diferente do Modo 1, identificado por muitos como o que se entende por ciência, onde os problemas são postos e resolvidos em um contexto acadêmico dominado pelos interesses de uma comunidade específica. Em contraste, o conhecimento do Modo 2 se desenvolve em um contexto de aplicação (p. 36), bem mais próximo da realidade das escolas. Na classificação de Bernstein seria um discurso horizontal, um conhecimento profano. O conhecimento é gerado no processo de busca de soluções de problemas trazidos do terreno, no contexto de aplicação. É mais analisado socialmente, inclui conjuntos de *practitioners*, colaborando sobre um problema definido em um contexto específico e localizado. A pesquisa em colaboração entre as escolas foi se tornando frequente na Inglaterra, recebendo para isso recursos governamentais, embora haja críticas a esse respeito do lado das universidades. Segundo os autores é difícil superestimar a significação desta nova abordagem para a produção do conhecimento educacional na Inglaterra. Ela forma a base de suporte para uma substancial parte das políticas educacionais.

Até aqui o estudo cobriu análises de experiências que ilustram tradições de conhecimentos oriundos majoritariamente da academia ou da prática, ainda que a distinção entre as duas fontes originais não seja sempre muito clara. Há, muitas vezes, uma certa combinação entre elas, o conhecimento prático sendo inspirado em teorias ou conceitos acadêmicos e o pessoal da academia vendo na prática a aplicação do trabalho acadêmico como uma disciplina aplicada, em análise em geral *ex post facto*, com auxílio de um *expert*. Há, entretanto, outras tradições de conhecimentos que se produzem não depois do evento, mas estão justamente no centro do processo produtivo. Depois de proceder à análise do conjunto de experiências, que acompanhamos neste texto, sumariamente, os autores apresentam uma proposta que procura captar, entre as muitas experiências discutidas no estudo, não necessariamente limitadas às dos sistemas dos países focalizados, mas a partir das análises nelas inspiradas, experiências que combinam elementos positivos em relação à produção de conhecimentos em educação. Eles denominaram essa proposta como Integrated Knowledge Traditions, em português "Tradições de integradas de conhecimentos" e indicam alguns exemplos dela.

O primeiro vem de um dos países estudados: *Pedagógija* da Latvia (Letônia),uma forte tradição intelectual ou uma ciência multidisciplinar mantida coesa por sua versão normativa sobre ambos, o ensino e a aprendizagem. De certa forma se aproxima da ideia de uma região de Bernstein. Que marca sua diferença de outras regiões e seu engajamento direto com o mundo da prática considerado central. Seu alvo é tornar-se uma forma de "filosofia-em-uso" (ZOGLA, 2017). O estudo de *Pedagógija* na Letônia tem uma longa história. Esta abordagem ao estudo da educação foi fortemente institucionalizada e até a nova orientação política de 1990 era a única vigente nas universidades e instituições para formação de professores. Atualmente, com o interesse crescente sobre as "Ciências / Disciplinas da Educação" há outros tipos e qualificações disponíveis, mas a tradição pedagógica continua a mais forte.

Outro exemplo do tipo de tradições integradas de conhecimento proposto pelos autores vem com o título *Practitioner Enquiry / Action Research*, de difícil tradução, já que o termo *practitioner* não se enquadra facilmente nas expressões "prático" ou "praticante", sendo proferível usar uma locução para ser fiel ao termo original: "Pesquisa do profissional engajado na prática / Pesquisa Ação". Assim podemos trazer a apreciação dos autores sobre um tipo de pesquisa há muito tempo conhecido pelos pesquisadores de educação entre nós. Eles confirmam a origem, a evolução e a importância dessa abordagem, a partir do trabalho original de Lewin (1948), passando pelos fundadores Stenhouse (1975), Elliott (1985), Carr e Kemmis (1986), Cochram-Smith e Lytle (2009) e tantos outros.

A próxima tradição, *Research Informed Clinical Practice*, "Prática Clínica baseada em pesquisa", em tradução livre, aproxima-se da anterior, sobre a *practitioner enquiry*, com a diferença que foi desenvolvida nos últimos 30 anos, com especial atenção à preparação de novos professores e não à experiência dos já engajados na prática. Procura responder a vários problemas ligados à formação de professores iniciantes, que conhecemos bem. Um deles é a aproximação do estudante ao conhecimento necessário a essa formação com a perene dicotomia teoria-prática pesando sobre a também complexa questão da introdução ao ambiente de trabalho por meio do estágio. A perspectiva básica dessa tradição é trazer ao estudante em formação a informação da pesquisa necessária a sua iniciação à prática, assegurando assim a relação entre os dois polos, com a vantagem de partir da atividade do próprio estudante, engajado já na pesquisa. Cenário ideal para a resolução de um drama que vivemos há muito em nossos cursos de licenciatura, com uma distância considerável entre as duas instituições formadoras, a universidade e as escolas onde os estudantes fazem seu estágio. São indicadas experiências tentando introduzir o novo esquema em vários países, como Estados Unidos, Reino Unido, Austrália, possivelmente com sucesso, mas também com recursos indispensáveis com os quais nós não contamos. A ideia é bastante interessante e estimulante pelo menos para nossa reflexão.

A última tradição apresentada *Learning Sciences*, "Ciências da Aprendizagem", representa talvez, junto com a anterior, uma espécie de ideal, ou de sonho para o estudioso de Educação, que espera ver o seu objeto de estudo recebendo um tratamento científico rigoroso, tal como é feito nas ciências que cercam a educação e para ela colaboram. É fortemente marcada pela interdisciplinaridade, o que assegura grande ajuda no estudo do fenômeno educacional, de natureza muito complexa. Talvez seu traço mais marcante, segundo os autores, é seu caráter como *design Science*, o que a aproxima da engenharia e da ciência computacional. E apresenta um engajamento com o mundo real, por meio de investigações empíricas sobre a aprendizagem, tal como ocorre em uma grande variedade de ambientes. Seu alvo é melhorar os resultados da aprendizagem pelo trabalho com uma "metodologia de pesquisa baseada em design", no qual intervenções são conceitualizadas, implementadas, observadas e então revisadas, no que os autores veem uma aproximação com a pesquisa ação ou a investigação do *practitioner*, também muito voltadas para melhorias do trabalho na prática. Porém ela difere dessas duas tradições em seu claro compromisso com perspectivas particularmente disciplinares e com os métodos rigorosos de pesquisa.

Abrindo a discussão

É indiscutível a magnitude do trabalho realizado pelos dois pesquisadores ingleses e da contribuição que pode oferecer para a reflexão frente à realidade de nossa educação. Já registramos a ausência de um *flash* direcionado especificamente ao Sul, mas nos sentimos com boa provisão de análises, sugestões e críticas pertinentes aos problemas que nos cercam. A partir de semelhanças e diferenças, os autores procuraram organizar os conhecimentos relativos ao campo da Educação em tradições que se apresentam com maior ou menor predominância nos diferentes países, sempre lembrando que sua configuração não apresenta necessariamente uma composição uniforme, podendo haver a presença de tipos de conhecimentos distintos, sempre sujeitos à evolução histórica de cada realidade nacional.

Entre as questões iniciais que deram impulso ao estudo, sob o ponto de vista epistemológico, os autores destacam a que se refere ao caráter normativo ou objetivo da Educação. Reconhecem que o acento normativo original da função educativa continua a persistir, de maneira mais visível em algumas tradições; por exemplo, como a que historicamente caracteriza o sistema educativo da Alemanha, com forte inflexão filosófica. Mas também pode-se notar traços normativos mesmo na pesquisa ação, nitidamente voltada para a importância da prática, do trabalho do *practitioner*, como fonte para a construção do conhecimento, mesmo em experiências marcadas por forte componente crítico. Mesmo no tipo de prática clínica com base em resultados de pesquisa (research informed clinical practice) os autores encontram a inflexão normativa, visivelmente presente entre os descendentes da tradição das escolas, ou dos *colleges* normais, comprometidos com um trabalho prático diretamente voltado para comunidades locais e regionais. Entre nós há exemplos claros dessa inflexão normativa nos cursos para formação de professores. Mas podemos encontrá-la mesmo no interior da comunidade de pesquisadores da área, como tive oportunidade de registrar em uma de minhas pesquisas (LÜDKE, 2008, 2009). A esse respeito vejamos o que Whitty e Furlong (2017) comentam: "O que é notável para nós é que este lado normativo do conhecimento educacional é hoje tão raramente comentado, tão raramente discutido e, onde ainda é utilizado, tão raramente justificado" (p. 45). E acrescento, mesmo, por vezes, nem sequer, é percebido, sendo aceito tacitamente, o que no caso da pesquisa do professor ganha um significado fundamental, como foi bem assinalado ao longo do estudo, ao comentar as pesquisas apontadas a alguns dos tipos de pesquisas mais próximos da realidade do dia a dia das escolas e das demandas dos professores, como é a pesquisa ação e a que é realizada pelo professor. A validade do conhecimento por eles produzido continua muito questionada por boa parte da comunidade educacional global.

A análise cuidadosa do desenvolvimento do campo de estudos da Educação, nos sete países focalizados, deixa patente uma riqueza material a ser explorada por pesquisadores da área e um avanço em direção à construção do conhecimento específico do campo da Educação, e talvez à própria constituição de uma disciplina. Os polos teoria e prática continuam como fontes de inspiração na construção de conhecimentos em educação e a relação entre eles prossegue como grande desafio aos que procuram, como os autores, um caminho proveitoso para o trabalho em educação, em todos os seus setores, contando com a fundamental contribuição da pesquisa. Quanto a esta, o estudo dedica especial atenção às especificidades das denominadas pesquisa pura e pesquisa aplicada, suas possibilidades e limites no trabalho de construção do conhecimento, com as implicações já mencionadas e muito sentidas pelos pesquisadores da área no que diz respeito às questões de validade e reconhecimento. Procurando tratar com o mesmo cuidado e atenção tantos assuntos importantes, para o tema central do estudo, os autores apresentam como a mais importante questão do trabalho, procurar saber "se as tradições de conhecimentos se baseiam em conhecimento que está próximo ou distante do conhecimento que circula na Educação como um campo de prática. Esta, nós sugerimos, talvez seja a questão fundamental na formação (*shaping*) do campo, não apenas no mundo de língua inglesa, onde a "utilidade" sempre teve um papel-chave (p. 45) Assinalo esta afirmação como sinal de uma posição assumida pelos pesquisadores na proposta geral dos estudo e de suas contribuições para nossas reflexões.

O grande esforço dos dois pesquisadores, de reunir um tão grande número de informações, de análises e de sugestões a respeito de um tema de importância básica para toda a comunidade de estudiosos e de profissionais envolvidos com o campo da Educação em todo o mundo, recebeu um comentário especial, encomendado pelos próprios autores, a David Labaree, professor das áreas de História e de Educação da Universidade de Stanford. Pouco conhecido entre nós, ele tem trabalhos reveladores sobre o campo educacional, ao se beneficiar de sua perspectiva como historiador, combinada com uma participação direta nesse campo, como é o livro *The trouble with Ed Schools*, de 2004. Depois de ressaltar a originalidade e abrangência do trabalho, Labaree destaca o que caracteriza como três grandes tensões que cobrem o campo educacional com variações entre as tradições de conhecimento, nos vários países estudados. Na primeira, a educação se divide entre uma direção normativa, com base nos valores esperados da educação dos jovens e uma direção objetiva com a oferta de conhecimentos e habilidades demandados pela sociedade. Uma segunda tensão se estabelece entre o conhecimento imbuído do contexto da prática educacional e o conhecimento abstraído desse contexto, ou seja, uma tensão entre o conhecimento prático e o teórico. Uma terceira tensão envolve a visão do conhecimento educacional como uma disciplina em si ou como uma multiplicidade de disciplinas. Labaree considera essas tensões como há muito tempo instaladas no campo da educação, quase como uma luta natural nesse campo, sendo mesmo fundamentais para a sua constituição.

Como uma provocação, entretanto, ele propõe uma quarta tensão, que considera insolúvel, envolvendo a educação e sua pesquisa. Trata-se de um conjunto de alvos, frente aos quais a educação está perplexa sem saber qual rumo tomar. Do conjunto Labaree destaca três *gols* que competem entre si: a construção da nação, um primeiro alvo na história de todas as nações modernas; um segundo alvo para o trabalho da educação escolar é o desenvolvimento econômico, também evoluído historicamente entre as nações, as escolas se tornando engenhos para a produção de capital humano e finalmente, um terceiro alvo com a escola voltada para a obtenção de *status* social. Há uma tensão constante entre esses três alvos em competição. O primeiro é político, o segundo econômico e o terceiro individual. Os dois primeiros veem a educação como um bem público, que beneficia todos na sociedade e não apenas os indivíduos que recebem a educação. O terceiro vê a educação como um bem privado. Segundo o autor, no século XXI, temos visto o discurso da política educacional convergindo num único grande alvo para a educação. A partir do Movimento Global para Reforma da Educação (Germ, em inglês) até seus aparatos políticos na Ocde e suas políticas de testagem e avaliação, com o Pisa, temos presenciado a derrubada de um alvo sobre outros, sendo a mensagem uniforme hoje "o capital humano acima de tudo". A corrida para o consenso criou um impulso para uma forma radical de utilitarismo social, que ameaça racionalizar a escolarização e a produção de conhecimento educacional em função do crescimento da produtividade econômica, elevando os resultados do Pisa e erradicando um rico conjunto de diferenças nacionais na forma e na função da educação "Aplicações práticas derrubam a pesquisa básica e testes de controle randômico se tornam "padrões dourados" (LABAREE, 2017, p. 281). Pensando no futuro da educação o autor dedica um pensamento aos pesquisadores: para resistir à pressão da engenharia social que visa só o sucesso do desenvolvimento econômico, eles podem se voltar para a pesquisa básica em educação, visando objetivos bem mais amplos para a educação escolar recordando a rica história da instituição e o valor de tradições nacionais da pesquisa que representam alternativas ao mundo da Ocde. "Podem trabalhar pela parceria entre universidade e escolas, com muito crescimento para ambas, em lugar da regra colonial" (p. 283). Dentro do quadro de determinismo econômico com uma multiplicidade de entidades trabalhando habilmente para benefícios próprios em nome da educação, precisamos urgentemente de pesquisadores que nos ajudem a esclarecer caminhos e descaminhos nele incluídos (ALENCAR, 2018).

Entre as muitas questões levantadas pelo denso estudo de Whitty e Furlong (2017), que vão continuar a estimular nossas reflexões e buscas por um trabalho mais efetivo no imenso e desafiador campo da educação (que ajudamos a construir em sua complexidade), quero ainda ressaltar duas contribuições. Uma delas vem de um dos iniciadores do reconhecimento do papel da pesquisa no trabalho e na formação de professores, John Elliott, que ao lado de Lawrence Stenhouse é um dos responsáveis pelo desenvolvimento da pesquisa ação, até hoje um dos mais importantes tipos de pesquisa feita pelo professor, pelo *practitioner*. Em plena atividade na Universidade de East Anglia, Inglaterra, ele continua a se preocupar e a se ocupar com as dificuldades enfrentadas pela pesquisa feita pelos que se encontram diretamente ligados aos problemas vividos nas escolas. Dúvidas em relação à validade e ao reconhecimento desse tipo pesquisa e de outros similares, continuam a dificultar o aproveitamento de sua importante contribuição, talvez a mais efetiva e necessária para os que precisam da ajuda da pesquisa e da teoria que a embasa para efetuar seu trabalho tão importante e urgente. Em obra de 2019, Elliott desenvolve uma sugestiva argumentação sobre a difícil questão de critérios relativos à qualidade de trabalhos de pesquisas, no caso específico das oriundas da pesquisa ação e similares. Considerando as condições especiais em que essas pesquisas se desenvolvem, voltadas expressamente às necessidades e características do contexto, a questão da universalidade de seus resultados fica bastante complicada, mas, quanto a sua validade, Elliott sugere que o sucesso ou o impacto da estratégia experimentada, pode ser considerado como um indicador. A sugestão de Elliott nos estimula a procurar saídas para essa intrincada situação na qual temos o que pode corresponder a um conhecimento construído, validado pelo êxito alcançado, sem que se possa contar com sua transferibilidade, dada sua natureza contextual. A menos que se veja no êxito um sinal indicador de um conhecimento de processo, ou seja construído por um processo exitoso. Por exemplo, quando o aluno aprende e o professor também aprende como foi que ele, aluno, aprendeu. Em correspondência recente (janeiro de 2020), Elliott me confirmou o crescente sucesso de pesquisas colaborativas entre profissionais da educação na Inglaterra (2019), uma boa notícia para os que trabalham com esse tipo de pesquisa.

Outra contribuição que quero registrar nesta discussão do trabalho oferecido ao estudo do campo da educação por Whitty e Furlong (2017) foi indicada pelos próprios autores, em suas considerações finais. Ao concluir suas reflexões sobre o tema tão vasto e importante como é o conhecimento específico da educação, eles sinalizaram para a importância do conhecimento em si, muito bem representada pelo trabalho de Michael Young (2014). Também fundador, como Elliott, de uma linha de pensamento ou uma perspectiva de pesquisa no campo da Sociologia (*Knowledge and Control*, 1971), ele tem desenvolvido um trabalho fundamental a respeito da importância do conhecimento no trabalho da escola e dos professores, que tem lhe valido a compreensão e adesão dos que trabalham pela educação de qualidade para todos, de modo especial pela atuação da escola pública e de seus professores que compreendem o currículo como um componente vivo desenvolvido na interação entre eles e seus alunos.

Em palestra no *King's College*, em dezembro de 2019, Michael Young após analisar sua própria concepção de conhecimento ao longo de sua carreira, termina com uma mensagem estimulante aos professores: como "uma visão de um futuro no qual 'adquirir conhecimento' é uma possibilidade real para todos, não apenas para poucos".

Um estudo amplo e cuidadoso sobre a construção do conhecimento no campo da Educação, em uma perspectiva histórica internacional, vem ao encontro da mensagem estimulante de Michael Young, oferecendo aos professores elementos que os ajudem na busca dos melhores caminhos para o esperado futuro.

Referências

AVELAR, M. "Advocacy as core business: new philanthropy strategies in Brazilian education policy-making". In: *The State, Business and Education*. Cheltenham: Edward Elgar, 2018.

BERNSTEIN, B. *Pedagogy, Symbolic Control and Identity*. Ed. rev. Nova York: Rowman & Littlefield, 2000.

_____. "Vertical and Horizontal Discourse: an essay". In: *British Journal of Sociology of Education*, 20 (2), 1999, p. 157-173.

CARR, W. & KEMMIS, S. *Becoming Critical*: education, knowledge and action research. Londres: Falmer Press, 1986.

COCHRAN-SMITH, M & LYTLE, S. *Inquiry as Stance*: practitioner research in the next generation. Nova York: Teachers College Press, 2009.

ELLIOTT, J. "Quality criteria for lesson and learning studies as forms of action research". In: *International Journal for Lesson and Learning Studies*, 2019.

_____. "Educational Action Research". In: *Research Policy and Practice.* Londres: Kogan Page, 1985.

FURLONG, J. *Education* – An Anatomy of the Discipline: rescuing the university Project? Londres: Routledge, 2013.

GIBBONS, M., et al. *The New Production of Knowledge*: the dynamics of science and research in contemporary societies. Londres: Sage, 1994.

LABAREE, D. *The trouble with Ed Schools.* New Haven, CT: Yale University Press, 2004.

LEWIN, K. *Resolving Social Conflicts.* Nova York: Harper & Row, 1948.

LÜDKE, M. "Ce qui compte comme recherche". In: *Recherche et Formation*, vol. 59, 2008, p. 11-25. Paris.

LÜDKE, M. (coord.). *O que conta como pesquisa?* São Paulo: Cortez, 2009.

LÜDKE, M. & SCOTT, D. "O lugar do estágio na formação de professores em duas perspectivas: Brasil e Inglaterra". In: *Educação & Sociedade*, vol. 39, 2018, p. 109-125.

STENHOUSE, L. *An introduction to curriculum research and development.* Londres: Heinemann, 1975.

WHITTY, G. & FURLONG, J. (ed.). *Knowledge and the study of education*: an international exploration. Oxford: Symposium Books, 2017.

YOUNG, M. (ed). *Knowledge and Control*: new directions for the sociology of education. Londres: Collier-Macmillan, 1971.

YOUNG, M. & MULLER, J. (eds.). *Knowledge, Expertise and the professions.* Londres: Routledge, 2014.

ZOGLE, I. "Pedagogija and Educational Sciences: competing traditions in the study of education in Latvia". In: WHITTY, G. & FURLONG, J. (eds.). *Knowledge and the study of education*: an international exploration. Oxford: Symposium Books, 2017.

Conecte-se conosco:

facebook.com/editoravozes

@editoravozes

@editora_vozes

youtube.com/editoravozes

+55 24 2233-9033

www.vozes.com.br

Conheça nossas lojas:

www.livrariavozes.com.br

Belo Horizonte – Brasília – Campinas – Cuiabá – Curitiba
Fortaleza – Juiz de Fora – Petrópolis – Recife – São Paulo

EDITORA VOZES LTDA.
Rua Frei Luís, 100 – Centro – Cep 25689-900 – Petrópolis, RJ
Tel.: (24) 2233-9000 – E-mail: vendas@vozes.com.br